NPO法人東アジア隣人ネットワーク〔企画〕
上田正昭〔監修〕
洪　萬　杓〔編集〕

民際―知と文化

鼎書房

百済金銅大香炉（韓国の国宝 287 号，国立扶余博物館蔵）
1994 年に陵山里古墳群近くの建物跡で発掘された。

武寧王陵（韓国・公州市）（西井稔氏提供）
1971 年に宋山里古墳群で墓誌が発見され，武寧王の墓と判明。

王の沓

王妃の沓

熊本県江田船山古墳、奈良県藤ノ木古墳、群馬県下芝谷ツ古墳などからも同形の飾履が出土している

武寧王陵出土の金銅製飾履（韓国・公州市博物館所蔵）

王興寺発掘現場（韓国・扶余）（西井稔氏提供）
奈良県の飛鳥寺の原型と言われている。

塔の一層目には唐軍により，百済国を滅ぼしたことを記念した落書きがある。

定林寺址五層石塔
（韓国･扶余）（西井稔氏提供）

扶蘇山から都大路を見る（韓国・扶余）（西井稔氏提供）

百済滅亡の跡をしのぶ（扶余・白馬江）（西井稔氏提供）

日本平より富士山および清水港を望む（清水港は庵原氏縁の地）
（大石一博氏提供）

赤城山、榛名山、浅間山などの火山に囲まれた群馬県は考古学の宝庫
（西井稔氏提供）

飛鳥寺の法号は法興寺
または元興寺で，百済
から送られて匠たちに
よって建てられた。

飛鳥寺と釈迦如来像（重文指定）（狩野輝男氏提供）

「民際」――知と文化――　目次

巻頭言

「民際」に学ぶ知と文化の「統摂」

洪《ホン》　萬《マン》　杓《ピョ》

韓国においては民主化以降、一九九一年の地方議会の復活を皮切りに、一九九五年から全面的な地方自治の実施によって、地方が自らの個性を見つめ直し、独自に活性化を求める制度的基盤が確立されました。こうした地方政策の流れの中で、様々な地域特性や歴史遺産を活かした地域づくりがなされてきましたが、古代百済の本拠地であった忠清南道では、百済文化をキーワードとして東アジアの交流を図ることに大きな可能性を見出し、百済文化を前面に押し出した国際交流の取り組みを積極的に展開しています。とくに私が二〇〇六年より韓国忠清南道に所属して以来、日本列島を行脚しつつ、「古代より同質性地域」で栄えた「百済文化」を媒介とし、『古代から未来を考える』をテーマにプロモーションを行ってまいりました。

とくに二〇〇七年、二〇〇八年には、シンポジウムを大阪と東京で開催したところ、参加者が五〇〇人を超えるなど大きな成功を収めました。二〇〇九年二月には札幌雪祭りにちなんで、百済文化の意味を考えようと札幌の有識者やマスコミ関係者と李完九《イ・ウァング》前忠清南道知事が語り合う懇談会形式の会合をも行ないました。さらに二〇〇九年には熊本県で、二〇一二年には群馬県でも開催してまいりました。

シンポジウムの様子からも日本での百済に対する関心の高さが伺え、日本にとって百済は古墳時代から飛鳥時代という国家制度の確立過程において先進的な大陸文化を学んだ窓口であり、大陸との交流を象徴いたしております。また、その歴史的遺産が日本各地に数多く存在していることから、それらを地域づくりに活用しようとする試みは各地で模索されています。

一例を挙げると、百済王伝説の残る宮崎県東臼杵郡美郷町南郷区では、日韓交流のシンボルとして一九九〇年に「百済の館」を建設するとともに、韓国の扶餘と姉妹都市提携を結んで国際交流を続けています。「百済の館」には百済時代の国宝・重要文化財のレプリカなどが展示されているだけではなく、日本全国の百済文化の足跡も詳しく紹介されています。

奈良県においては、百済文化の象徴ともいえる奈良・飛鳥時代の社寺、仏像を始め、かつて世界有数の国際都市であった古代首都「平城京」跡など、人類共通の貴重な文化財や遺産が保存整備され、これらは貴重な国民的財産となっています。「奈良県国際交流・協力推進大綱」にも、歴史文化遺産など奈良県が有する特性を活用した国際交流・協力を推進することが謳われています。

忠清南道は今日まで熊本県及び奈良県を初めとし、東京、大阪は勿論、静岡県、群馬県など、南は沖縄から北は北海道に至る多くの地方自治体との交流に努めてきました。お蔭さまで忠清南道についても日本各地の多くの方々に認識していただき、百済文化へのより一層の親しみを持っていただけたと感じております。

なぜ、このように交流に力を入れるのかとよく問われますが、交流の基本は人間の往来であります。つまり、「ヒトが渡来してからこそ異文化交流の始まり」なのです。人の往来は古代から日韓中の間で盛んに行なわれ、国と文化を築いてまいりました。現在の忠清南道に位置する百済は、日本と密接な関係を築き上げていました。近現代における韓日両国のギクシャクした関係を百済と倭国との関係から捉え直して、東アジアの平和と安定の共同体作りに役立てたいと考えております。今日、東アジアはその急速な経済成長によって世界の注目を浴びていますが、歴史的な交流の蓄積も大きく、稲作、宗教、漢字、律令制度など、幅広い文化的共通点を有しています。こうした東アジアにおける経済交流も含めた幅広い文化交流を発展させることは、東アジアの平和と繁栄を支えるとともに、世界に対する国際交流のモデルを提供することにもつながる可能性をも持っていると確信しています。

日本列島の古代国家形成におきましては、渡来人が大きな役割を果たしていましたが、現代におきましても日中韓の中間にある韓国の役割が重要ではないかと考えます。私も十数年間、日本で生活した一種のニューカマーでありましたが、このニューカマーの時代を通して身体で覚えてきた人間同士の信頼感を、東アジアの平和と安定のためにできるだけ役に立てたいと考えており、その根底になるのが人の交流なのです。

東アジアの将来に向かって出来ること、それは国レヴェルだけではなく、地方行政府レヴェルでも活発に交流することで築き上げる必要があります。さらに民間レヴェルでも多くのことが可能ではないかと考え、二〇〇九年東京で「東アジア隣人ネットワーク」というＮＰＯ法人を立ち上げました。そこでは様々な立場の人が、自由活発に討論できる場を提供することを使命と考えています。法人の活動の一環として、二〇〇九年十一月には「百済・飛鳥文化を考える市民の集い」を募り、大阪で会合を開きましたが、これは民間と公的機関とが補い合い、情報を共有することにより、東アジアの平和で安定的な将来像を組み立てていくこともできるのではないかと考えたからです。これらの取り組みをさらに発展させるため、今後、韓日を中心とする多様な主体によるエンパワーメントをめざしています。優先しがちな経済交流だけに留まらず、このような東アジアにおける幅広い文化交流を発展させ、東アジアの平和と繁栄を支えるとともに、世界に対する国際交流のモデルを提供することにもつながる可能性を持っています。

日韓交流の中で市民レヴェルの親密度は急速に高まっていると述べましたが、東アジア全体においても経済的発展や情報化の進行にあわせて、本格的な市民社会が到来しつつあり、草の根レヴェルでの東アジア交流を担う主体形成が進展しております。東アジアの草の根交流を更に深めるため、まさにこの時機を失することなく、関係主体が参画できるエンパワーメントの実現に向けて、歩みを進めなければならないと思います。そのためにも、現在の取り組みをさらに発展させるよう、今後も、アグレッシブに働きかけを行っていきたいのであります。

民主化以降、韓国は本格的な地方分権時代を迎えて、地方自治の行政にも哲学的な思考のアプローチが必要と思われます。方法論としては、絶えず真実は何かを追求する認識論的接近方法よりも、人間はいかに生きるべきかを工夫する存在論的接近方法をもって、将来おとずれるかもしれぬ地域社会の方向を予測提示すべきであります。その前提条件の一つがグローバリゼーションとどう向き合うかで、そのための意識改革と言えるでしょう。

人間や文化などの心情に即しつつ、歴史のみならず経済的な社会の論理に基づいた総合的な国際理解の努力が必要でありましょう。国際化時代における現実的な感覚とアカデミックな問題意識を通じて、感情と理論の統合こそが地域社会における文化的接近方式の時代性であります。国際理解における両国を通観する文化観及び接近方法の一つとして、共通の要素の共有と理解を方法論として積極的にお勧めしたいのであります。自国文化のアイデンティティの表出によるエスノセントリズムに陥ることなく、また他文化への排除のない文化相対主義（cultural relativism）に即した発想の転換であります。

周知のように文化相対主義とは、とくに古典的な文化進化主義（E・B・テーラー、J・G・フレーザー、L・H・モーガン等は文化進化論を発展段階として捉える）への批判の一つとして提起されたもので、如何なる文化もそれぞれ独自な発展をなしてきたのであり、このような文化に関して、特定の立場（例えば、ヨーロッパ文化）から他文化との優劣を云々するのはよろしくないとFranz Boasが主張する考え方であります。

ここで付言しますと、特定の文化的価値をもって他文化の価値を判断するのではなく、他の文化や社会を客観的に分析する方法であります。この目的を達成するための望ましい手段として、その社会の慣習を構成員の視点から記述することが上げられます。この方法が〈エスノセントリズム〉と対照的で、「現代（modern）」文化人類学の優秀性の証明として上げられます。

より一般常識的な意味で言えば、信念とは特定の社会にとってより相対的なものであり、他の社会と比較できるものではないのであります。

このようなことに基づき、韓日関係においては、永遠に交わることなき平行線状態の近・現代史の歴史認識を未来社会に託すのではなく、古代で共有してきた〝百済―飛鳥文化圏〟を現代的に再評価しないといけない時期にさしかかっているのではないかと考えます。その平行線を交わらせてくれる素朴な手段のひとつが〝百済―飛鳥文化圏〟の復興であり、また私たちもそれを希求していると敢えて言っておきたいのであります。

ここに、国家対国家ではなく、地方行政府としての接近方法を模索してみると、地方行政府の行動方針を制度的な装置として昇華させる必要性に達しているのでありましょう。この接近方法の端的な例として毛澤東の『実践論』を取り上げましょう。現代的意味としての受容価値を再考する必要はあるでしょうが、基本的に認識を深化させるには、直接体験から感情的認識を整理し、概念や判断の段階まで深化させ、理性的認識へ発展させなければなりません。だが、初期段階では実践へ身を投じるためには、感情的認識がきわめて重要且つ有効なのであります。

もう一つ、例をあげるならばデカルトの『方法序説』における科学的方法論で、第一に確実な真実以外には判断の対象から除外する、第二には問題をできるだけ多くの部分に分割する、第三に単純なものから複雑なものへスタートさせ、第四として、よくわからなかったことをもう一度考え直すという四つの法則による認識論の側面から接近する必要もあると考えます。

従って、韓日文化の接近を存在論的な認識方法と文化相対主義という国際理解の側面を基本的なコンセプトにして今後、〝百済―飛鳥文化圏〟における共同研究はもちろん、仏教文化の今日的な交流の推進、共通した歴史認識を基にした共同教材などの発掘による教育の場でも、両国の無関心的な思考（無知による無関心こそ、偏向的思考方式と差別意識を生むため、国際理解における基礎的な先決課題にもなる）と不幸であった過去から先行のイメージを払拭（脱構築）させることから始めなければなりません。

私は文化にも行政にも熱い心が常に息づいていなければならないと思います。なぜならば、それは未来の経済社会に通ずるのみならず、すでに経済形態が政治形態に優先、先行されているからであります。東アジアの未来のためには、国家間よりも、むしろ地方自治体間の活発な交流が、国や民族を超えた相互協力関係での信頼を高めることができるでしょう。そして、何よりも民間レヴェルの交流（民際）が先行されなければならないのは自明であります。

東アジア文化共同体の中心地として最もふさわしい場所は、百済の古代王宮があった公州と扶余だといっても過言ではありません。公州・扶余は二〇一一年二月に文化財庁の世界遺産委員会から、全羅北道益山市とともに優先的推進対象に選定され、「百済文化」としては初めての世界遺産登載を目指しております。

そこで、公州市の文化観光地に「百済・飛鳥文化の道」（仮称）を作ることを提唱し、これを支援する民間中心の「韓日共同推進協議会」（仮称）が設立できるよう、様々な形で働きかけているところです。何故ならば、何と言っても日本人の誰よりも「百済」にご関心とご造詣の深い今上天皇の武寧王陵ご訪問を期待しているからであります。

この歴史的な出来事を願う根拠として、天皇自らが公式の席上で三回（一九九〇、二〇〇一、二〇一〇）にわたり、武寧王の直系子孫（高野新笠）が桓武天皇の母であることを闡明されたことにあります。天皇の公州の武寧王陵訪問が実現できるのであれば、東アジアにおいては記念碑的な出来事になり、その歴史的な史実自体が、東アジアにおける平和と和解の嚆矢として東アジア史の歴史に刻まれることになるでしょう。

現在の東アジア社会に必要なものは、正に新たなゲマインシャフトを萌芽させることであるでしょう！　古代から伝承されてきている「同質文化」を再発掘、再発見していくことで、東アジアのもう一つの平和的な文化を咲かせることにつなげることとなるでしょう。

かの有名な歴史家であるE・H・カーの『歴史とは何か』の中に、「歴史とは現在と過去との尽きることない対話である」とあるように私たちの未来は歴史のなかに隠されているともいえるでしょう。現在、世界の殆どの国では、民主主義の基本的な価値である多様な生き方、多様な価値観を認め合い、共有・共存しているにも関わらず、東アジアにおいては「近現代における侵略の歴史認識」が錯綜しつつ、様々な問題の残滓と溝は払拭させることも埋められることもできなくなっています。

迷走しているときには、古代「百済時代」を思い浮かべようではありませんか。「新しい史観」を見つけようとするよりも、「人類の普遍的な史観」である「正しい史観」の視座を養うためにも、原点に戻り見つめ直してみると、必ず平和の未来への入り口が見えてくるに違いありません。なぜならば、政治形態は私たちの意識を支配するが、文化形態は私たちの無意識を左右するからです。それこそが古代との対話であり、そこから未来を学ぶことでありましょう。

言い換えると、良き古代から未来を考えると必ず答えは見出せるはずで、そのためにも互いに往来することからすべては始まると確信し、様々な形、様々な人的交流、所為「民際」を強く勧めるのであります。私たち人類の希求する平和な社会とは、「民際」に学ぶ古代と未来をつなぐ知と文化の「統摂」(Consilience)であると思えてなりません。

(韓国忠清南道/地域政策学博士)

序章

日本列島における百済文化の絆

——歴史と現在——

ふるさと群馬から東アジアの未来へ

群馬県知事　大澤正明

1．はじめに

群馬県は、草津温泉など全国有数の温泉地に恵まれており、また、尾瀬国立公園をはじめとする自然の素晴らしさについても、よく知られているところであります。

同時に、世界に名高い自動車・家電メーカーの大規模工場を抱えており、産業技術が厚く集積した内陸の工業地帯としても確固たる地位を築いております。私は、このような「ものづくり県」としての群馬の姿は、古代から現代までの歴史的なつながりの中で連綿と受け継がれた優れた技術と文化の上に成り立っているものと考えております。

そこで、今後、群馬県の持つ誇るべき歴史についても、しっかりと目を向け、これを本県の魅力として、広く国内外に向けて情報発信していきたいとの思いを強くいたしているところです。

そのような折に今回の寄稿のお話をいただきました。以下、我が県の誇るべき歴史の一端を御紹介するとともに、韓国を中心とした東アジアとの絆についての私の思いを記してまいりたいと思います。

2. 誇るべき歴史

我がふるさと群馬の先人は、大きく二度にわたって海外との多面的な交流を実現し、我が国の文化、産業、経済の発展に大きな役割を果たしてまいりました。

一つは、幕末から明治期においての日本の近代化における貢献であります。群馬県は、古くから養蚕・製糸・織物業が盛んで、その技術は遠く古代に、中国大陸や韓半島（朝鮮半島）から伝わったものと言われております。八世紀には本県で製糸が行われていたとの記録が残されておりますが、その後、千年以上の長きにわたり技術の継承と研鑽を重ね、近代に至り群馬の絹産業は大輪の花を咲かせたのであります。すなわち、幕末・明治期には群馬県産の絹糸・絹織物は世界市場を席巻し、マイバシ（前橋）シルクはヨーロッパ社交界憧れのブランドであったといいます。この象徴的存在こそ本県の「富岡製糸場と絹産業遺産群」であり、平成二十六年度の世界遺産登録に向け、大いに期待しているところであります。

そして、もう一つは我が県が誇りとする古代の「東国《とうごく》文化」であります。

「東国《とうごく》（あづまのくに）」は、群馬県を含む東日本一帯で、その中でも我がふるさと群馬は、ヤマト王権により関東から東北までの一帯を治めるための中心地として重視され、東国随一の豊かな国力を誇り、文化の華を咲かせておりました。

県内には一万五千近くもの古墳があったと推測されており、太田市にある天神山古墳（二一〇メートル）は東日本最大となります。全国的には古墳の規模が小さくなる六世紀に入っても一〇〇メートル級の大前方後円墳が県内平野部全域に造られるなど、古墳時代には東日本で圧倒的な質と量を誇っていました。

また、それらから出土した副葬品の豪華さ、豊富さもその特徴として知られているところです。埴輪では我が国唯一国宝に指定されている「武装男子立像」も太田市出土のものですし、卑弥呼の鏡とも称され、東日本では僅かしか見つかっていない三角縁神獣鏡《さんかくぶちしんじゅうきょう》が我が県では十二面も出土していますす。さらに、東日本ではごく僅かしか例のない、大王の棺と呼ばれる長持形石棺《ながもちがたせっかん》も、先ほどの太田市の天神山古墳と伊勢崎市のお富士山古墳の二例が知られ、ヤマト王権との強い結びつきを物語っています。

3．韓国との関わり

このような東国文化の中心地としての繁栄は、韓半島を中心とする東アジア世界との多様な交流によってもたらされたものと考えられています。

その交流の一端を、まずは百済《くだら》（ペクチェ）との関係を中心に紹介したいと思います。百済は、四世紀半ばに韓半島南西部に建てられた国で、ちょうど古墳時代をむかえていた倭国（七世紀以前の日本の呼称）とは終始友好的な関係が保たれ、人や技術や文物が盛んに交流しました。

百済中興の祖と言われる武寧《ぶねい》（ムリョン）王の陵墓において、王の頭部に置かれた最も中心的な鏡の同型鏡が本県高崎市の綿貫観音山古墳から出土しています。同市の八幡観音塚古墳からは、武寧王陵出土の銅托銀盞《どうたくぎんさん》に酷似の承台付銅鋺《うけだいつきどうわん》が見つかるなど、百済の遺物と群馬県の遺物は多くの点で共通していることが確認されています。今のところ、武寧王陵出土品の類似品がセットで見つかっているのは群馬県だけなのだそうです。

また、『日本書紀』を読んでおりますと、いにしえ、上毛野国《かみつけののくに》と呼ばれていた群馬県に深いゆかりをもつ豪族である上毛野君《かみつけののきみ》の活躍の伝承が記載されております。その中で、西暦六六三年には倭国は滅亡の危機に瀕していた百済を救援し復興するため、上毛野君稚子（わかこ／わくご）という人物が将軍の一人として、千槽の船、二万七千人の軍勢を率いて海を渡った、との話が出てまいります。また、上毛野氏の祖先が使者となって百済から儒教の専門家を招き、我が国の文教興隆にかかわったという伝承が『日本書紀』『続日本紀』に記され、古代貴族の共通認識となっていました。このように倭国にとって百済は古くから友好関係にあり、各種先進技術をはじめ中国の学術・思想や仏教の伝来に至るまで文化的にも多大な恩恵を受けてきた国でした。

さらに広く見ると、我が県は、古代韓半島の諸地域との交流の上に成り立っていたと考えられます。高崎市には、七世紀後半から八世紀前半に建てられた上野三碑《こうずけさんぴ》と呼ばれる山上碑《やまのうえ》、多胡碑《たご》、金井沢碑《かないさわ》の三つの石碑があり、それぞれ国の特別史跡に指定された我が国の古代の歴史を語る上で大変貴重な文化財です。平安時代以前の古代に建てられた石碑・石塔で現存するものは全国に十八例しかない中で、高崎市南部の限られた範囲に三基が集中する事実は極めて特筆すべきことです。これらは、新羅《しらぎ》における石碑建立の伝統の影響を受けたものと見られており、『続日本紀』の記述や出土品の様子から、現在の高崎市には最新の技術を駆使していた渡来人の子孫が多く住んでいたと推測されています。

また、我が県名は、この地方で豊かさや権威の象徴であった馬が多く飼育されていたことから、この字があてられたとも言われております。奈良・平安時代には中央政府へ献上する国内屈指の馬の生産地となっておりました。馬も先進的なその飼育技術とともに、五世紀に韓半島から我が国へもたらされたものとされておりますので、馬の名産地として栄えた群馬の姿も韓国との関係性の中にあると考えてよいと思います。

これらはほんの一例ですが、我がふるさと群馬が韓半島との多面的な交流の積み重ねによって輝きを増してきたことに学び、それらを群馬と東アジアの未来のために生かしていくことが大切だと思います。

4. 日韓交流と群馬県人

今回、求められたテーマは「民際」としての東アジアの絆と社会でありますが、国家レベルにおいても、我がふるさと群馬は、日韓交流に誇るべき足跡を記してまいりました。

群馬県は、ここ四〇年弱の間に四人の総理大臣、福田赳夫・中曽根康弘・小渕恵三・福田康夫の各氏を輩出してきました。このような県は他にありません。これだけでも誇れることなのですが、長きにわたり日韓の協力・親善・友好及び相互理解を支えている日韓協力委員会の第二代会長は福田赳夫元総理であり、現・第三代会長は中曽根康弘元総理です。

群馬県の政治家が日韓の平和・友好・協力の牽引者の役割を果たしてきたわけであり、我が県が、古代においてばかりでなく、現代においても東アジアの絆に貢献してきたことに誇りと自信を持ちたいと思います。

5．おわりに

昨年（平成二十四年）十一月、群馬県において、我が国ではじめて甲《よろい》を着装した人骨が発見され、全国に大きく報道されました。県民の古代についての関心も自ずと高まってきていると感じております。私は、これを機に、東国文化の中心地であった本県の歴史文化遺産が持つ価値を全国へ発信をする取組に、さらに力を入れていきたいと思っております。

一方、現在、我が県は、東アジアの活力を取り込むための経済戦略「群馬県国際戦略」に基づき、韓国については観光誘客に重点をおいて取り組んでいるところです。

今回御紹介したとおり、韓国とのゆかりが浅からぬ群馬県による、これらの取組の効果が相まって、本県ひいては我が国と韓国との歴史的な交流への関心が高まり、お互いの持つ文化・産業・自然などにも興味を持った日韓の人々が頻繁に行き来し、交流するようになることに大きな期待をしております。

こうした形で、将来、東アジアの絆がさらに強まることへの一助となれれば、この上ない喜びです。

百済と静岡との絆

静岡県知事　川勝平太

百済（現在の忠清南道）と静岡とは、一見、無関係のようにみえる。しかし、日本の歴史を、百済の滅亡（六六〇年）から現代までの一三五〇年という長い流れでみると、意外な縁で結ばれていることに気づかされる。「すごろく」でいえば、「振り出し」は白村江の海戦での敗戦（六六三年）であり、「上がり」はまさにその年から一三五〇年後の二〇一三年における忠清南道と静岡県の友好協定の締結である。それを以下で説明したい。

一、百済の滅亡―白村江の海戦での敗北

六六〇年七月、百済の首都泗沘《しび》城は唐・新羅連合軍に包囲され、百済の義慈王は降伏した。そのとき、義慈王の王子が日本にいた。余豊璋《よほうしょう》である。余豊璋は中大兄皇子から百済復興を託されて故国にもどった。そして六六三年、中大兄皇子は余豊璋のために強力な救援軍をおくった。その救援軍が静岡の軍隊である。

すこし具体的に説明しよう。静岡県の旧清水市（現在は静岡市）に「庵原《いはら》」という土地がある。『日本書紀』に、百済救援のために一万余の兵隊をひきつれ海をわたった庵原君臣《いおはらきみおみ》という人物が出てくるが、その人物のゆかりの土地である。『日本書紀』の六六三年八月の記事にこうある――。

「今《いま》し聞《き》かく、大日本国《やまとのくに》の救将《すくいのいくさきみ》庵原君臣《いほはらのきみおみ》、健児万《よろづ》余りを率《い》て、正《まさ》に海を越えて至らむときく。願はくは、諸将軍《もろもろのいくさきみ》等、預《あらかじ》め図《はか》るべし。我自《われみづか》ら往きて、白村《はくすき》に待ち饗《まあ》へむと欲《おも》ふ（今聞けば、やまとの援軍の将庵原《いおはら》君臣が、健児一万人余りを率いて、まさしく海を越えてやってくるという。どうか諸々の将軍たちは、事前に計画を立てていてほしい。私は自分で出向き、白村《はくすき》で援軍を迎えて饗応しようと思う）」。

檄を飛ばしている「我」とは、ほかならぬ百済王の余豊璋《よほうしょう》である。余豊璋は百済の義慈王の子として、いわば「人質」となって、六三一年に来日した。故国救援のため百済に戻るまでに三十年もの長期にわたって日本にいた。そのときすでに余豊璋は、中大兄皇子の厚い信任を得ており、実際、六六一年には中大兄皇子から冠位の最上位の「織冠」をさずかり、「多臣蒋敷《おほのおみのこもしき》（太安万侶の祖父）の妹《いも》を以《も》ちて妻にあはす」（『日本書紀』）とあるように、妻をもさずけられたほどである。

余豊璋は、中大兄皇子から百済の復興を託され、大軍をひきつれて故国にわたった。故国にもどるや、余豊璋は、百済軍総帥の地位にあった佐平鬼室福信《さへいきしつふくしん》から全権をゆだねられ、百済王になった。そして、唐・新羅連合軍を敵に総指揮をとることになったのである。

先の引用がしめしているように、百済王となった余豊璋が、諸将に向かって、静岡の庵原の援軍が来てくれるという吉報がはいったので、その援軍を白村《はくすき》にまでみずから出むかえにいくので、準備をしておくようにと述べているのである。いかに余豊璋が庵原君臣をたよりにしていたかがわかるであろう。

しかし、かの有名な白村江《はくすきえ》の海戦で、百済・日本連合軍は武運なく、唐・新羅連合軍に挟撃されて壊滅した。百済再興の夢は断たれた。その最後の戦闘の主力部隊が静岡の軍隊であった。

敗戦で国を失くした百済の民は、大挙して、日本に亡命した。彼らは「渡来人」として平城京の建設に力をかし、やがて日本に帰化した。

それから千三百年の歳月が流れた。

二〇一〇年秋、日本と韓国の両国で、示し合わせたかのように、二つの記念行事が挙行された。奈良では、七一〇年の平城京遷都から一三〇〇年目の節目にあたるのを記念して、天皇・皇后両陛下のご臨席のもとに祝典があり、一方、韓国の忠清南道の扶余では、六六〇年の百済滅亡一三五〇年の節目を記念する「大百済展」が李明博大統領（当時）の出席のもとに開催された（私は奈良での祝典には平城遷都一三〇〇年学術委員会委員長代理（委員長は故平山郁夫画伯）として、また百済滅亡一三五〇年の記念式には静岡県知事として招かれて出席し、両方の行事を目のあたりにした）。

百済滅亡と平城京建設には因果関係がある。平城遷都一三〇〇年祭において大極殿前庭で述べられた「天皇陛下のおことば」につぎのような文言がある――。

「平城京について私は父祖の地として深いゆかりを感じています。平城京に在位した光仁天皇と結ばれ、次の桓武天皇の生母となった高野新笠《たかののにいがさ》は続日本紀によれば百済の武寧王《ぶねいおう》を始祖とする渡来人の子孫とされています。我が国には奈良時代以前から百済を始め、多くの国から渡来人が移住し、我が国の文化や技術の発展に大きく寄与してきました。仏教が最初に伝えられたのは百済からでしたし、今日も我が国の人々に読まれている論語も渡来人が持ち来ったものでした。」

陛下は学者（ハゼの御研究で知られる）であり「おことば」でも大事な個所では「続日本紀」という出典を挙げられている。百済からの渡来人が、平城京の建設に貢献したことはうたがいない。

百済は、四世紀中頃に建国され、漢城を都としたが、四七五年に熊津《ゆうつ》（熊州《ゆうしゅう》とも表示、現在の忠清南道の公州）に、さらに五三八年に泗沘《しび》（現在の扶余《ふよ》）に都を移した。百済を日本人は「クダラ」と発音する、だが朝鮮半島では「クダラ」と読まれることはない。なぜ日本では百済を「クダラ」と発音するのか。諸説のあることは承知しているが、私は扶余に滞在したおり、町を流れる熊川の港名がクダラだと教わった。百済国があったときからクダラの港が内外の玄関口であったという。百済が新羅・唐の連合軍に壊滅的に滅ぼされ、百済の人々は船に乗って故国を後にして同盟国日本へ亡命した。百済人はどこから来たか問われて「クダラ」の港名をあげたのではないか。ちなみに平城京を日本人は「へいじょうきょう」と呼ぶ。時代名は「奈良《なら》時代」である。「なら」は当時「乃楽」「寧楽」や「平城」とも書かれた。奈良時代の別表記は「平城時代」でもある。それが平安時代以降「奈良」の字に固定された。韓国語で「ナラ」とは「国」のことである。

ところで、百済の最後の王となった余豊璋は、敗戦の後、どのような運命をたどったのであろうか。

『日本書紀』に、白村江の海戦での敗色が濃厚になり、「是《こ》の時に百済王豊璋《くだらおうほうしょう》、数人と船に乗り、高《こ》麗《ま》に逃げ去る」とある。余豊璋が逃げたという高麗は、そのときすでに唐軍にけちらされていた。そのような敵のいる北方に逃げたというのは不可解である。

『三国史記』百済本紀には「王扶豊璋、身を脱して走る。所在を知らず。或云、高句麗に奔る」とある。また『旧唐書』劉仁軌伝に、唐の高宗に送った劉仁軌の上表文に「余豊（璋）北に在り」とある。劉仁軌というのは六六〇年に泗沘《しび》城を攻略した将軍で、百済滅亡後にその地域を治めていた「百済鎮将」である。劉仁軌をふくめ唐・新羅連合軍のなかに、日本から戻ってきたばかりの余豊璋の顔かたちを知っていたものはいなかったというべきであろう。それゆえ「（余豊璋の）所在を知らず」という百済本紀の記述にしたがいたい。

私見では、余豊璋は、その後の日本の政治の中枢にあって甚大な影響力をもった藤原氏の始祖となった中臣鎌足である。このような説を立てている人は、管見のかぎり、いない。そこで、なぜそう言えるのかについて、説明をしておきたい。

『日本書紀』の実質的な編纂者が藤原不比等（六五九〜七二〇）であることは今日の学界の共通認識である。『古事記』の物語を口承で太安万侶につたえた稗田阿礼《ひえだのあれ》も藤原不比等だとする梅原猛氏の説もあり、不比等は古代日本の国家をデザインした大人物である。その不比等は中臣鎌足（六一四—六六九）の実子である。

中臣鎌足の人物像には謎がある。鎌足は六一四年に生まれ、六六九年に没した。よく知られているのは、鎌足が中大兄皇子（天智天皇）とともに蘇我の宗家を滅亡させたことだ。不比等が、そのような父の鎌足について『日本書紀』でどう記述させたのかは注目に値しよう。そこに不可解な点が多いのである。

第一に、鎌足の出自がはっきり記されていない。不比等は最高権力をにぎった人物であり、その娘の宮子は文武天皇の妃となって聖武天皇を生み、もう一人の娘の光明子はその聖武天皇の皇后となった。不比等の息子たちは藤原四家を興した。不比等の家族はそれほどによく知られた人物である。ところが、みずからの父の出自が不明なのである。

第二に、鎌足は、出自が不明にもかかわらず、皇子時代の孝徳天皇に親しく近づき、その寵妃までもらい受けている。由緒がただしくなければ、そのような付き合いは不可能であるが、その由緒が不明なのである。

第三に、乙巳の変・大化の改新で鎌足は、蘇我宗家の蝦夷・入鹿父子を抹殺するのに中大兄皇子とともにかかわった首謀者であるのに、その後の中臣鎌足の動静について記述がない。

第四に、百済救援という中大兄皇子の最大の国家的事業に中臣鎌足が何をしたのかについても記述がない。

第五に、それにもかかわらず、白村江で敗戦した後に、鎌足は、来日した唐の将軍に、あたかもへつらうように、船を一艘、贈っている。

第六に、病没寸前に、天智天皇が鎌足をじきじきに見舞い、鎌足の功績を最大級にほめ、いかなる望みもかなえるとまでいわしめている。鎌足は「生きては軍国に務無し（生きているあいだに軍事的責務を果たせませんでした）」と病床で天皇に詫びたが、その五日後には、天智天皇は、弟の大海人皇子（後の天武天皇）をよこし、臨終を前にした鎌足に朝臣の位、大織冠、藤原の姓をさずけた。こうして、鎌足は藤原氏の始祖となった。

なぜ、鎌足はこれほどの破格の栄誉を勝ち得たのか。日本書紀に説得力のある記述がない。このような不可解な点にみちている人物が鎌足である。

鎌足の謎を解くカギは、鎌足が死の床で天智天皇に「生前に軍事的責務を果たせなかった」と詫びたことであろう。それが百済再興、百済救援の失敗をさしているのは明白である。ところが、百済のために鎌足がどのような軍事的責務を果たしたのかについては、一切記述がなく、不明である。日本が百済救援に送った総指揮官は余豊璋である。余豊璋を中臣鎌足だと比定してみよう。余豊璋は、白村江の海戦の作戦指揮の最高責任者であり、それが大失敗に終わった。まさに「軍事的功績がなかった」最高の責任者なのである。

鎌足が百済義慈王の王子豊璋ならば、孝徳天皇に近づくことも、その妃をもらいうけることも不自然ではない。乙巳の変・大化の改新を断行し、中大兄皇子の右腕として、百済復興の救援に先頭に立ったことも、また、敗戦の憂き目を味わったとはいえ、戦後処理に尽力して天智天皇から感謝されたのも、うなづける。

中大兄皇子と中臣鎌足との出会いは有名な打毬の場面である。両者の出会いは、中大兄皇子にとっては偶然である、だが、鎌足はちがう。出会いづくりを周到にさぐっており、皇子に取り入る構えでいた。皇子が毬を打ったとき、皇子のくつが脱げた。そのくつをさっと拾った鎌足は、ひざまずいて、皇子に差しだした。それを受け取る中大兄皇子もひざまずいた。両者は対等の礼をかわしている。それは両者の地位が対等であることを示している。そのとき鎌足は三十一歳、中大兄皇子は二十歳。これが縁で、両者は急速に親密になり、鎌足は十歳あまりも年少の中大兄皇子のアドバイザーの役割をもった。そして中大兄皇子を説得し、最高権力者の蘇我入鹿の暗殺計画を実行し、入鹿の父蝦夷を自害させた。蘇我の本家は滅亡した。有名な六四五年の乙巳の変である。

以上をまとめておこう。余豊璋は百済王の人質として日本に送られてきた。王子の身分であるから、日本の皇室とのつきあいは当初からあったとみてよい。六六〇年の故国の滅亡は百済王子の余豊璋＝鎌足にとって気が気ではなかったであろう。彼は急速に孝徳天皇や中大兄皇子に近づいた。まさにこのような状況において、『日本書紀』の編者の不比等は、父の余豊璋を中臣鎌足の名で突然に登場させた。豊璋＝鎌足は、皇室に働きかけ、中大兄皇子と共に、新羅系の蘇我宗家を倒した。

豊璋＝鎌足の子の不比等が『日本書紀』を編んだ。豊璋＝鎌足は日本での生活が長い在日一世である。子の不比等は百済王の直系の血をひくとはいえ、日本で生まれ育ったので、在日二世である。不比等が編纂を指揮した『日本書紀』には百済の記述が不自然なばかりに多いのは、不比等の出自のなせるわざである。

百済王家は、藤原の名において、日本において再興されたといえる。余豊璋は、故国での百済再興を期したものの、軍功なく、白村江の海戦で敗れて夢を断たれたが、第二の故郷の日本で、皇太子時代からアドヴァイスをした天智天皇からじきじきに藤原の姓を賜り、藤原家の始祖となった。子の不比等は皇室にくいこみ、平城京・日本書紀・律令の三本柱を整えて古代日本の国家デザインを実行に移し、子々孫々の繁栄の基礎を築いた。

以上が、朝鮮半島における百済の滅亡と、日本列島における百済の再興にかかわる、私の見立てである。

二、東海道の変遷

平城京の文化の花がひらいたのは天平時代であろう。それを支えたのは聖武天皇と光明皇后である。不比等の娘の宮子の生んだ聖武天皇は、その皇后に不比等のもう一人の娘の光明子を迎え、六六ヶ国に国分寺・国分尼寺を建てた。こうして平城京の文化は全国津々浦々に広まった。

奈良の都の文化伝播の大道の一つが東海道である。奈良時代に五畿（大和・山城・摂津・河内・和泉）七道（東海・東山・北陸・山陰・山陽・南海・西海）が定められた。延喜式によれば、東海道は畿内を起点に、東に向けて十五の諸国（伊賀、伊勢、志摩、尾張、三（参）河、遠江、駿河、伊豆、甲斐、相模、武蔵、安房、上総、下総、常陸）を下る。

その東海道に大きな変化が起こった。江戸時代初期に五街道（東海道、中山道、甲州街道、日光街道、奥州街道）が定められ、起点が江戸になったのである。一六〇一年、徳川家康は一六〇四年に日本橋を起点し、京都三条大橋まで五十三の宿駅を設けた。品川、川崎、神奈川、保土ヶ谷、戸塚、藤沢、平塚、大磯、小田原、箱根の宿を越えれば、静岡県に入る。東海道のうち二十二次（三島、沼津、原、吉原、蒲原《かんばら》、由比、興津、江尻、府中、鞠子、岡部、藤枝、島田、金谷、日坂、掛川、袋井、見付、浜松、舞坂、新居《あらい》、白須賀）が静岡県にある。

起点とは日本の中心である。中心は今後も動きうる。なぜなら、日本の中心の場所は何度も動いてきたからである。中心が動けば、東海道の起点も変わる。中心の移動は日本の歴史が示している。それが日本の国柄である。

三、首都機能の所在地の変遷

日本の政治の中心地とは、今日の言葉でいえば「首都機能」の所在地である。必ずしも天皇の所在地ではない。日本の首都機能は奈良、平安、鎌倉、室町、安土・桃山、江戸と変遷した。それに応じて時代の名称は、奈良時代、平安時代等と、地名を冠してつけられている。

「平安」は唐の都「長安」にちなむ帝都の所在地である。鎌倉は源頼朝が幕府を開き、北条氏が執権を置いた所である。室町は三代将軍の足利義満の邸宅の所在地に由来し、安土は織田信長政権の所在地、桃山は豊臣秀吉政権の所在地である。

さて、明治維新以後、一世一元の制で、明治・大正・昭和時代と呼んでいるが、一括して「東京時代」と呼ぶべきである。慶応四年九月八日に明治と改元され、その一ヶ月ほど後に、江戸城は東京城と改名され、明治二年（一八六九）二月二四日、明治天皇が太政官を東京に移す達しを公布した。江戸が東京と改名され、東京が首都機能の所在地となった。それゆえ、明治から今日までを一括して「東京時代」と呼ぶのが適当なのである。

注目すべきことは、日本の中心が動いてきたことである。平城京に入った百済の文物は日本人の血肉と化した。

鎌倉時代は武家が伸長したが、その文化は禅宗の五山文化であり、その源は南宋（一一二七〜一二七九年）である。南宋の都の臨安（今日の浙江省の省都杭州）に五山（杭州の径山寺・霊隠寺など五寺）があった。五山とは禅宗官寺である。南宋の制度を鎌倉幕府は模倣した。南宋がモンゴルに滅ぼされる過程で亡命してきた中国の禅宗学者を招いて鎌倉五山（建長寺・円覚寺・寿福寺・浄智寺・浄妙寺）の制が定められたのである。

室町時代の京都にも五山（天竜寺・相国寺・建仁寺・東福寺・万寿寺）がある。京都五山は鎌倉五山を模倣し、国風化したものである。

続く信長の安土城造営には外国モデルはない。京都郊外の伏見に居城した秀吉の伏見城造営も同様、外国にモデルはない。自前の都市づくりである。いいかえれば、室町時代をもって東洋文明の受容の時代は終わった。東洋文明の精華は京都の町に息づいている。それらは、応仁の乱（一四六七〜七七年）で京都の貴族たちが地方に散った結果、全国各地に普及した。

家康は、江戸に幕府を開き、江戸城を中心に城下町を形成し、大阪の陣後の一六一五年に一国一城令を発したので、全国に城下町が形成された。全国の城下町に開花した文化（大名庭園、数寄屋造り、能・狂言、茶の湯、生け花、懐石料理、俳諧、歌舞伎・浄瑠璃、浮世絵、国学等々）は日本独自の文化である。それは江戸時代に日本が東洋文明から自立したことを明かしている。

東京時代とは東京に西洋文明を取り入れた時代である。各地にミニ東京が叢生した。今日の東京はスカイツリー一つとっても、かつてエッフェル塔を真似て作られた東京タワーと比べれば、格段にレベルが向上しており、西洋文明の模倣と受容が一段落したことは明白である。

いまや、日本では地方分権・地域主権が声高に主張されており、東京中心時代を終焉させる動きが活発化している。日本はポスト東京時代に入った。それは東洋と西洋の文明を受容し終えたことを意味する。東西文明の調和を図り、世界への発信を試みることが現在の日本の課題である。東西文明の交流する場所をあげるならば、京都と東京との間にある東海道であり、その中央に位置するのが富士山のふもとの静岡県である。

四、上がり

日本文明の歩みは受容と国風化の繰り返しである。日本文明史を「すごろく」に例えるならば、平城京は「振り出し」であり、東京時代は外来文明の受容の最終局面であり、いよいよ「上がり」の段階に入った。

日本では、本年（二〇一三年）六月に、富士山が世界文化遺産になる見込みである。富士山は日本のシンボルである。日本の自然の代表であり、信仰の対象であり、文化芸術の源泉でもある。北海道から沖縄まで各地に津軽富士、薩摩富士等の「見立て富士」「ふるさと富士」がある。日本はまことに「富士の国」である。富士山が世界遺産になれば静岡県の中心性が際立つであろう。

富士山の裾野に東海道が東西に延びている。東に関東平野が、西に濃尾平野がある。平野は定義によって低地である。富士山から東海道を東にくだり、西にくだると見るのが自然である。見方を反対にすれば、富士山のある静岡県に向かって、東と西からのぼってくるかっこうになる。

東洋文明は京都にとりこまれ、西洋文明は東京に吸収され切った。東西の文明らが出会うのが地理的に中央にある静岡県である。富士山は日本の自前のものである。「富士の国・日本」のシンボルである富士山が「上がり」という次第になる。平城京で振り出しされた歴史の上がりは「富士の国」日本のシンボル「富士山」をもつ静岡県であろう。

物に本末があり、事に終始があるように、百済滅亡ではじまった歴史であるが、旧百済の都があった忠清南道は、新しい首都機能が、たとえその一部とはいえ、移されることによって中心性がよみがえることになった。すなわち韓国では首都機能の一部がソウルから忠清南道の公州に移されることになり、公州は新世宗市として生まれ変わる。韓国の新時代の到来である。

一方、静岡県は富士山の世界遺産登録をきっかけに「富士の国＝日本」の中心性をもつことになり、いわば都ぶりが際立ってくる。静岡県は二〇一三年四月に、かつて百済王朝の存在した忠清南道と友好協定を結ぶ。これは静岡県民と韓国の友人との交流のおかげであり、また忠清南道の前知事の李完九氏、現知事の安熙正氏と静岡県知事との信頼と友情のたまものである。このように、百済と静岡県は赤い糸で結びついている。

かつて静岡の庵原の民が白村江の戦いで百済のために軍事的に協力した。これからは静岡の県民と忠清南道の道民とが平和的に協力する。百済滅亡で始まった「すごろくゲーム」は両者の友好協定の締結で大団円となる。友好的な互恵・互助の新しい歴史のページが始まるのである。

日本列島における百済文化の絆

奈良県知事　荒井正吾

奈良県は、我が国で初めて本格的な首都「平城京」が誕生して一三〇〇年目の節目の年（西暦二〇一〇年）に「一三〇〇年もの間、我が国の歴史・文化が連綿と続いてきたことをお祝いし、感謝するとともに、日本の未来を考える」ことを趣旨として、「はじまりの奈良、めぐる感動」をメインテーマとして、一年を通して平城遷都一三〇〇年祭を開催いたしました。

この年は、十月の平城遷都一三〇〇年記念祝典に天皇皇后両陛下の行幸啓を仰いだほか、平城遷都一三〇〇年記念祭全体で二、〇〇〇万人を超える来訪者を迎えるなど奈良が大いに盛り上がりました。来県された多くの方々が、一三〇〇年の歴史を感じ、楽しみながら、天平時代を学び、往時の人々の営みに思いを馳せただけでなく、県民の皆さんも故郷の価値を再認識する良い機会になりました。

この平城遷都一三〇〇年記念祭を通じて私たちが再認識したのは、一三〇〇年前の平城京の建設と日本の国づくりが、当時の開かれた国際社会の中で行われたということでした。七世紀から二〇〇年以上続いた遣唐使やこの地に朝鮮半島などから渡来された人々を通じて、中国や韓国など東アジアの諸国から言い尽くせぬほどの豊かな文明の果実を我が国は受け取ることができました。そのおかげで国づくりができたとも言うことができます。

特に四世紀から七世紀に朝鮮半島で栄えた百済は、古代の我が国と友好関係にあり、活発な交流を通じて様々な文化や技術が百済から伝えられました。

六世紀中頃、百済の聖明王の使者が欽明天皇に金銅の釈迦如来像や経典、仏具などを献上し、その後推古天皇の時代に「仏教興隆の詔」が出され、各地で寺院の建設が進められました。

なかでも七世紀初期、聖徳太子と推古天皇によって創建された法隆寺には、朝鮮半島から渡来した止利仏師作の釈迦三尊像、すらりとした美しいフォルムで有名な「百済観音像」があり、また同じ斑鳩にある中宮寺の如意輪観音菩薩像は、韓国国立中央博物館にある弥勒菩薩半跏像とそっくりであり、朝鮮半島で作られたものとも考えられています。

七世紀中頃に起きた百済滅亡の際には、大和朝廷が救援軍を派遣したこともあり、百済王と王族や貴族を含む多くの百済人が日本に亡命し、その多くが奈良やその周辺に住み着きました。奈良県内に百済という集落が今も存在し、その名残と思われます。

そして百済王族の子孫敬福は、大和朝廷に仕え、陸奥の国で黄金を発見し東大寺大仏造立に大きな貢献をしています。また、この大仏造立の勧進として大きな役割を果たした行基菩薩も百済から渡来してきた一族の出身と言われています。近鉄奈良駅前に立派な行基菩薩像があり、そこが市民の待ち合わせスポットになっており、「行基さん」は今も市民に大変親しまれています。

さらに、桓武天皇の生母である高野新笠が百済武寧王を遠祖とする渡来人の出身という記述が『続日本紀』にあることが、平城遷都一三〇〇年記念祝典での天皇陛下のお言葉の中で紹介されています。

奈良県では、このような百済との深い繋がりを活かすため、二〇〇七年に李完九《イ・ワング》忠清南道知事（当時）と「二〇一〇世界大百済典」及び「平城遷都一三〇〇年祭」との連携に関する「協力意向書」、翌二〇〇八年に「文化観光交流協定書」を締結し、二〇一〇年の平城遷都一三〇〇年祭で「忠清南道ウィーク」を開催したほか、「二〇一〇世界大百済典」公州会場への奈良県館の出展や交流団の派遣を行いました。

そしてこれらの交流を基礎に、二〇一一年十月に安熙正《アン・ヒジョン》忠清南道知事が来県された折、「日本国奈良県と大韓民国忠清南道との友好提携協定書」に両知事が署名し、友好提携関係を樹立したところであります。

今年（二〇一三年）一月、答礼のため忠清南道を訪問し、今後も両県道間の友好交流を促進し、文化、観光などの分野において積極的に交流と協力を展開していきたいと考えてます。

また、古代の東アジアは、人と文化が活発に行き交う地域でありました。社会の様々な側面でグローバル化が進む現代は、奈良時代の東アジアの状況と類似しており、少子高齢化、地域格差などの社会的問題も日、中、韓三国に共通する課題となっています。

このような情勢の中、奈良県では、奈良の歴史の持つこのような特徴を活かした取り組みを展開しています。

その一つに、日、中、韓にＡＳＥＡＮ諸国を加えた地域の地方政府が集まり、各行政課題に対するベストプラクティスを報告し合い、意見交換を行う「東アジア地方政府会合」があります。二〇一〇年に設立したこの会合は、東アジアの地方政府がマルチに集まるユニークな存在として、内外の評価が高まって来ています。

さらに、日、中、韓を中心に東アジアの若者がともに学ぶ合宿型セミナー、「東アジア・サマースクール」を二〇一一年から毎年、奈良県立大学で開催し、次世代を担う人材育成にも努めています。

これらの事業には、奈良と深いご縁のある忠清南道から大変積極的な参加をいただいており、古代の絆が現代にも生きている証だと感じています。

今後もこのような取り組みを通じ、〝日本の始まり奈良〟が広く認知されるとともに、一三〇〇年前のご恩返しとして奈良が東アジア地域の平和と発展に少しでも貢献したいと考えています。

（二〇一三年二月）

第一章

東アジアの歴史から未来を見据えて

百済と飛鳥・天平の文化を考える

上田正昭

ただいまご紹介いただきました上田正昭です。本日の集いは新しいＮＰＯ法人「東アジア隣人ネットワーク」を関西の地域でお披露目する会だそうで、その席で何か話して欲しいと代表の萱沼さんからのご依頼でした。伺いますと、東アジアにおける民間交流を目的とするＮＰＯとのこと。それは素晴らしいことですね。わたしはそれを民際と言っています。一九七四年から民際という言葉を使ってきましたが、民族交流でも、国際交流でもない、民衆と民衆のまじわり、民間交流こそがすべての利害を超えた真の交流を可能とすると考えているからです。その内容にふさわしい表現として民際という言葉を使っています。

このＮＰＯを作ろうというきっかけは、二〇〇七年に大阪のこのホテルで開催された韓国忠清南道主催の百済と飛鳥文化のシンポジウムだったそうですが、その際にもわたくしが発題講演をさせていただきましたので、その席でお目にかかった方々も何人かおられます。

いかに百済の文化が日本の文化に大きな役割を与えてきたかということは、十世紀の初め、正確に申しますと、延喜十三（九一三）・翌年の延喜十四年に編纂されたわが国最初の勅撰和歌集『古今和歌集』の仮名序を、お読みになってもよくとお分かりになると思います。紀貫之らが仮名序のなかで、応神天皇の世に渡って来たと記されている百済の王仁博士が詠んだと伝える歌。有名な歌ですので、皆さんもよくご存じだと思います、〝難波津に咲くやこの花冬ごもり今は春べと咲くやこのはな〟の歌と、『万葉集』巻第十六に収められている〝安積山《あさかやま》影さへ見ゆる山の井の浅き心をわが思はなくに〟（三八〇七）の歌です。これを仮名文の手習いの〝ちち（父）はは（母）〟と明記しております。

実際、この〝難波津〟の歌は、七世紀後半の徳島市国府町の観音寺遺跡や奈良県明日香村の石神《いしがみ》遺跡をはじめとして、出土した木簡がわたくしの調べた限りでは十九例、土器に十二例、建築部財に三例、瓦のヘラ書きの一例が、現在までわかっております。その範囲は畿内を中心に東は越中（富山県）から、西は阿波（徳島県）に及んで、時代は十世紀前半までの長期間にわたります。いかに古代の日本人が王仁博士が作ったという〝難波津〟の歌を盛んに書いていたことは紛れもない事実です。そして昨年、滋賀県甲賀市の紫香楽宮《しがらきのみや》遺跡から木簡が出てまいりまして、表には〝難波津〟の歌を書いておる、裏には〝安積山〟の歌を書いております。まさに『古今和歌集』が手習いの初めの、やまと歌の父と母はこの二つの歌だということを、はっきり証明する木簡がみつかっております。この紫香楽の歌木簡は、歌の宴会のときの歌だという先生もおられますが、わたくしは手習いの習書木簡であると考えています。いずれにしましても、王仁博士が作ったという〝難波津〟の歌が、いかに古代の人々に親しまれていたかということを改めて申しておきたいと思います。

応神期に倭国に百済から渡来したと伝える王仁博士を文氏《ふみうじ》の始祖とする伝承は、『古事記』・『日本書紀』に書いてあるだけではありません。文武天皇元年から桓武天皇の延暦十年までの勅撰の歴史書である『続日本紀《しょくにほんぎ》』にも書いてあります。また、大同二年（八〇七）に斎部広成《いんべのひろなり》が編纂いたしました『古語拾遺』にも書いてあります。弘仁六年（八一五）、万多親王《まんだしんのう》が中心になって編纂いたしました『新撰姓氏録《しんせんしょうじろく》』にもあります。百済の王仁博士の存在には古代の百済の文化が象徴されているように思われます。

後世になってのことですが、慶長十二年（一六〇七）から文化八年（一八一一）まで、朝鮮王朝からは十二回にわたって使節がわが国を訪問いたしました。その朝鮮通信使のひとり雲明が〝難波津〟の歌をハングルで書き残しております。

本年（二〇一〇）になりまして、大阪市の生野区猪飼野の御幸天満宮《みゆきてんまぐう》の境内に、王仁博士の和歌と朝鮮通信使が書き残しましたハングルの〝難波津〟の歌を建立する計画が、今、具体化しております。わたくしはその歌碑建立の顧問を務めておりますけれども、いかに百済の文化が日本の文化に大きな役割を果たしたかということは、この一例を見てもお分かりになると思います。

一九六五年、今から四十四年ばかり前の話しですけれども、中央公論社の新書で『帰化人』という本を著しました。「帰化」という用語は、古代の法律である「大宝令」や「養老令」の「戸貫（戸籍と本貫）に附す」の用語に即して厳密に使うべきであって、六七〇年の庚午年籍《こうごねんじゃく》以前に帰化のメルクマールになる戸籍はありませんから、『古事記』や『風土記』が書いている「渡来」という言葉を使う方がいいということを提案しました。そして、天平勝宝四年（七五二）の四月、東大寺大仏殿が建立されたとき、あの大仏の鋳造の現場のリーダーは、六六〇年に百済から日本へ参りました百済の官僚、徳率《とくそつ》（官位の四位）国骨富《こくこつぷ》のお孫さんで、日本名、国中連公《くになかのむらじきみ》（君）麻呂《まろ》という人物でした。そのことをまず書き、その次に長岡京から平安京に都を移された桓武天皇のお母さまは、紛れもなく百済武寧王の流れを汲んだ和氏《わうじ》の出身であることを書きました。『続日本紀』を見ますと、桓武天皇の生母の高野新笠は延喜八年（七八九）十月十八日に亡くなり、翌年、盛大に葬儀が行なわれ、現在も京都市西京区沓掛の大枝《おおえ》に塚が築かれています。その崩伝に「后の先は百済の武寧王の子純陀《じゅんだ》太子より出づ」と記し、「その百済の遠祖都慕《つぼ》（鄒牟《すうむ》・朱蒙《しゅもう》とも）王は、河伯《かはく》（河の神）の女《むすめ》、日精に感じて生める所なり」と、勅撰の歴史書にはっきりと書いてある。桓武天皇の血脈には百済武寧王の血の流れが入っていることが、今日では多くの皆さんの常識になっているところであります。

二〇〇二年の日韓ワールドカップの前年の十二月に、天皇陛下が『続日本記』の武寧王の子孫という例を挙げられて、韓国との深いゆかりを認められましたが、これをＮｅｗｓ Ｗｅｅｋ誌上が取り上げて〝天皇が自ら発言したことは大変重要だ〟と書きました。実際、陛下ご自身、日韓の歴史に深く関心を寄せられ、さる十一月一日大宮御所にお招きを受けて天皇・皇后両陛下と夕食を共にいたしましたが、とくに百済の歴史にご興味をお持ちでして、その折にも武寧王陵が発見されたときの様子や、百済は六六三年になぜ滅びたのか、その理由など、いろいろとお尋ねになりました。

一九七一年に武寧王陵が発見されたときのことは忘れもしません。ソウル大学の金元龍先生からお電話をいただきまして、急ぎ公州へ参りました。金先生のご案内で、発掘されたばかりの状況を具さに見学させていただきました。一九七二年、高松塚壁画古墳が見つかる一年前でした。五月に忠清南道公州市の宋山里七号墳から墓誌石が出土し、そこに書いてある記録から武寧王が五二三年、六十三歳で亡くなったこと、この七号墳は武寧王と王妃の合葬墓であることもわかりました。その墓誌石（買地券石）によって、一一四五年にできた『三国史記』に記述されている崩年の信憑性が高いことが明らかとなりました。そして聖明王の即位年も確かになりました。このようなお話しをさせていただきました。

六世紀の後半から七世紀の前半を飛鳥文化と申しますが、ここで活躍する最も有名な人物は廐戸皇子（聖徳太子）です。聖徳太子の有力な儒学の先生は百済の覚哿《かくか》博士、そしてお坊さんには高句麗の慧慈《えじ》もおりますけれど、百済の高僧慧聡《えそう》が太子の仏教に大きな影響を与えたことは誰しもが認めなければならないことです。司馬達等《しばのたっと》すなわち鞍作りの達等、その孫の止利（鳥）は、わたくしは百済・伽耶系の人だと思っておりますが、司馬達等の娘の嶋が善信尼となって百済へ留学したことは『日本書紀』に書いてあります。わが国の女性留学生の最初の人物は善信尼です。彼女が留学しました先は百済。百済の仏教を勉強するためでした。蘇我氏が法興寺（飛鳥寺）を建立したときには、百済から多くの鑪盤博士・寺工・瓦工・画工が来て協力しました。

七世紀の半ば、百済が滅亡いたしますと、百済の官僚諸君が天智天皇の政治や文化に大きく貢献します。彼等の活躍ぶりは、日本の現伝最古の漢詩集『懐風藻』に反映されております。大友皇子伝が「広く学士沙宅紹明《さたくしょうみょう》・塔本春初《とうほんしゅんしょ》・吉太尚《きったいしょう》・許率母《きょそつも》・木素貴子《もくそきし》等を延《お》きて賓客と為す」と述べているのも偶然ではありません。

天智朝廷では鬼室集斯《きしつしゅうし》が学職頭《ふみつかさのかみ》、今で言えば国立大学の総長ですね、あるいは百済からやってまいりました沙宅紹明《さたくしょうみょう》、あるいは余自信《よじしん》といった人が、天智朝の法律をつかさどる高官として任命されています。日本の文学の歴史で漢詩漢文学が最初に隆盛期を迎えたのは近江朝です。その担い手のなかには紛れもなく百済から渡ってきた官僚の人びとがいて大きな役割を果たしたということがわかります。

大阪はとくに百済との関係が深く、百済川をはじめ、地名にも百済と関係するものが残っておりますが、たとえば羽曳野市。ここは河内の飛鳥、つまり近つ飛鳥と呼ばれています。ここには武寧王の父である昆伎《こんき》王が祀られている飛鳥戸神社があります。武寧王の子である純陀太子によって祀られたと言われておりますが、羽曳野は百済系渡来氏族である飛鳥戸造《あすかべのみやつこ》の氏族の地でした。

今日、枚方市に国の特別史跡百済寺跡がありますが、河内守にもなった百済王敬福《きょうふく》が建立したものと伝えられております。難波にも百済寺や百済尼寺がありました。

百済の最後の王である義慈王の子、禅広（善光）は倭国に渡来しましたが、朝廷に優遇され、摂津国に百済郡が敷かれて禅広ら百済王一族はそこに居住しておりましたので、摂津の難波に百済寺が建立されました。その善光が持統天皇のとき、百済王《くだらのこにきし》の姓を名乗ることになりました。善光の子が昌《しょう》成《せい》で、その孫が敬福でありました。この敬福は東大寺大仏建立の折、陸奥守であり、黄金九百両（総計）を献上して大変な貢献をした人物です。

明年（二〇一〇）は平城遷都一三〇〇年ということで奈良県・奈良市は大いに張り切っておられます。ところが、あの東大寺大仏建立のときに金が足りなかったんです。朝廷が困り果てていたときに、天平二十一年（七四九）の二月、陸奥守だった百済王敬福という人が黄金を献上して、天平勝宝《てんぴょうしょうほう》四年四月九日の大仏開眼供養ができるんです。大仏建立の影の貢献者がその百済王敬福でした。

そして、大仏勧進《かんじん》を民衆に呼びかけて、活躍した行基上人のお父さんは高志才智《こしのさいち》、お母さんは蜂田古爾比売《はちだのこにひめ》でして、いずれも百済系渡来人です。行基上人は紛れもなく百済の血脈を受け継いでいたのです。

百済王敬福は大仏建立の貢献により、従三位に昇進し、河内守に任ぜられるとともに、交野・枚方の地に遷ることになりました。今日枚方市にある百済寺は敬福が建立したと言ってよいでしょう。

本日この席に来ておられる花村さんは枚方で「百済の会」を主催し、活動しておられますが、ほんとうに日本と韓国の古代史を知る上で重要な活動を推進しておられると、日頃から尊敬しております。

この敬福の働きがその後の百済王家の大きな力となります。敬福の孫が百済王明信《みょうしん》という人でして、この方は桓武天皇の絶大な信任を得ています。桓武天皇の前の光仁天皇のとき、すでに明信は命婦《みょうぶ》として名が出てまいりますから、朝廷に入っておったのですが、桓武帝のときには尚侍《ないしのかみ》すなわち内侍所《ないしどころ》の長官だったのです。そして、後に右大臣になる藤原継縄《ふじわらのつぐただ》の奥方となりました。

この百済王家からは桓武朝の後宮に九人も入っております。たとえば、明信の父百済王理伯《りはく》の弟の武鏡《ぶきょう》の娘教仁は桓武天皇との間に太田親王を生み、明信の弟（俊哲）の孫の貞香は駿河内親王《するがないしんのう》を、明信の子（乙叡《おとただ》）の娘（南子）は伊登内親王《いとないしんのう》を生んでいます。ですから『続日本紀』の延暦九年（七九〇）の二月の条を開いてご覧ください。桓武天皇が自ら詔《みことのり》のなかで「百済王らは朕《ちん》が外戚なり」と述べておられるのです。このように考えてまいりますと、百済の文化が日本の文化に影響を与えたという人がありますけれど、たんなる影響などという言葉で処理するわけにはいかないのです。

奈良時代の文化を天平文化と言いますけれど、これをすぐに唐文化との関連だけで語り勝ちです。

新聞報道などを見ておりましても、奈良県の平城遷都一三〇〇年準備室におきましても、とかく唐との関係や、遠く中央アジアとの関係などが強調されがちです。けれども最も近い国である朝鮮半島との関係をもっと重視すべきではありませんか。

日本は朝鮮半島を軽視しがちでしたので、わたくしなどはずいぶん提言してきまして、かなり是正されてきたと思っていましたが、昨今の様子を見ましても、やはりまだまだ朝鮮半島を軽視しがちなところが残っているようで、残念としか言いようがありません。皆さん、平城遷都一三〇〇年の会場に行かれる折には、朝鮮半島との繋がりをもう一度思い返しながらご参加くださることを願っております。

（アジア史学会会長・京都大学名誉教授）

韓日語は如何に分かれたか
——古代百済語と古代倭語からハングルと仮名——

金《キム》　容《ヨン》　雲《ウン》

倭国の公用語が百済語になった

「言語は思考だ」といいます。では、文字とは何なのでしょうか。白川静は「書かれた文字には呪能がある」と言っております。主として権力者のための呪術です。日本語では紙も神もともに「かみ」と読みますが、それは紙の上に神名が書かれたためなのでしょう。文字の体系化が絶対権力の必須条件であるのも、文字が宗教意識に結びつくためなのです。

王権は秦の始皇帝以来、言語と文字の統一で正統性と権威を確立してきました。始皇帝は李斯の進言を受け、それまであった全国六ヵ国の文字を整理して文字言語の統一を図りました。また、朝鮮王朝の世宗大王は韓国語の音に相応しい音表文字を作り、そして毛沢東は簡字体をつくりました。明治維新政府も例外ではなく、仮名を平仮名、片仮名、変体仮名に整理しました。

新国家の樹立は言語と文字の統一にあります。古代の列島には方言が各地方毎に散在していました。

のでその頃既に倭には漢文が満ち溢れていました。

倭奴国の漢との金印外交以来、邪馬台の卑弥呼外交も朝貢形式です。それには上表文の献呈が伴う

伽耶（崇神）系王朝を打倒した大王応神は、かつての伽耶式の漢字を一新し、百済式漢字を取り入れるために百済から王仁博士を招聘しました。王仁は百済式漢字と詩歌を普及させる作業をともに進めました。王仁は今でも日本の漢字と和歌の父と目されています。但し、応神の時に千字文と『論語』を倭国にもたらしたという記事が『日本書紀』にありますが、『千字文』の完成は南朝の梁の時ですから、時代的に符合しません。おそらくそれらはもう少し後世になって伝えられたもので、その事を王仁博士と結びつけたのだろうと思われます。

王仁博士の重要な役割は百済式の漢字訓みと万葉仮名の基礎を作ったことと思われます。王仁はそれによって百済式の詩歌を普及させました。彼の難波津の歌は今日でも百人一首の会を始める前に詠み上げられます。

難波津に咲くやこの花冬こもり今は春べと咲くやこの花

この歌は継承者問題で悩みの多かった天皇の安泰を願う寿詞で、歌会には宗教的な呪術の意味がありました。それが時代を経るにつれ、しだいに男女間の恋を歌うようになったのです。天皇家はその伝統を守り抜き、今でも歌会始めを年頭の重要な行事としています。百済詩歌の普及は、私流の言い方をすれば、倭語の百済語化を意味します。

日本列島の言語は先に列島に渡った伽耶語の上に、百済語が覆いかぶさったのです。百済学者による『日本書紀』の王仁に関する記録は倭国がいかに言語政策を重要視していたかを示すものです。応

神の皇子である菟道稚郎子《うじのわきいらつこ》、師である阿直岐《アジキ》や王仁の子孫がそれぞれ朝廷での教育を担当し、さらに五経（易経、書経、詩経、春秋、礼記）博士は百済から三年交替で派遣されていました。百済滅亡後には亡命してきた鬼室集斯が学職頭（今でいう文部大臣）になりました。つまり、漢籍は勿論、日本語の教育は実質的に百済学者が主導していたことがわかります。勿論、それら以前には縄文語もあった筈ですが、その殆どは地名、列島の特産物の名であり、それらを除くものは倭語の主流には組み込まれませんでした。

次いで倭の王朝は継体天皇即ち温祚百済系の昆支王子に交替しました（拙著『日本＝百済説』を参照）が、おなじ百済系でしたから、応神朝時代と言語上の違いはほとんどありません。百済から仏教が日本に伝えられたのは五三八年と言われていますが、それ以降の儒教や仏教語は百済音が用いられ、百済訓は和訓とも言われていました。つまり、日本の漢字は百済式の呉音が中心でした。白村江の戦い以降になりますと、遣唐使により漢字の読みが唐音に変わりましたが、仏教では百済式そのままの呉音で、文法だけは中国語に従って読経しています。たとえば色即是空の「しきそくぜくう」は百済式なのです。百済人が仏教伝来とともに読経も百済式で伝えたのは当然のことです。その意味をそのまま理解することはできなかったかも知れませんが、むしろそれがかえって高尚な呪文に聞こえ、気分を刺激し、恍惚とさせる効果がありました。

八世紀の政治の中心地飛鳥は、その人口の八、九割が百済人でした。当時、倭の教育責任者は百済人が独占し、その結果、日本の公用語は百済語になったのは当然です。念の為に申しますが、日本語には数詞を始めとして高句麗語の単語が少なくありません。それは、百済王家と高句麗王家が同じ出自であるからです。

表音文字が言語に与える影響──ゴム靴と木靴の差──

文字の使用は音と意味の両面において単語を固定化させるもので、「音韻と文字」は「靴と足」の関係と同じようなものです。例えば、ハングルは作られた当時の韓国語の音よりも音韻範囲が広かったため、次々と新しい音を持つ単語を派生させてきました。この現象は今でも進行しています。もともと韓国語の語頭には日本語と同じように、l、rの音はなく、l、rに該当する音で始まる場合はそれを脱落させるか、n音に置き換えて発音されてきました。いわゆる韓国語の頭音法則です。しかし、当時の中国音（北京語）にはそれがあり、ハングルはその音の記録をも目的としていましたので、それを表すことが出来ます。特に原理主義的な北朝鮮では今でもハングルの解説書『訓民正音』通りに、語頭がl、rの単語は原則どおりに読んでいます。たとえば、李という苗字も韓国では「イ」ですが、北朝鮮では「リ」です。最近、南韓でもそのように発音する人が多くなってきました。ハングルの重要な目的の一つは教育のない庶民が容易に使えるようにする事以外にも、漢字を当時の北京語の発音通り正確に表すことにもあったのです。

日本人が五十音の枠の中で文字生活をするようになったのは、十から十一世紀ごろです。ハングルは音素文字で原理的には音素をいくつでも並べたような音韻を表すことができますが、仮名は音節文字であるため、定められたもの以外のものは表記できません。〝ギョウテとは俺のことかとゲーテ言い〟の川柳があるのもそのためでした。同じ靴であってもハングルはゴム靴で伸縮自在ですが、仮名はオランダの木靴のようなもので伸び縮みが出来ません。平安王朝の爛熟期、女性文学者達はその狭い仮名の音韻範囲の中で新しい単語を大量生産しました。仮名で決められた音韻には、萬葉文字にあった甲類、乙類の母音の区別も消失されてゆきました。恐らく当時の宮廷では男たちが堅い漢語の習得に明け暮れる一方で、女性たちの間ではやまと言葉作りの遊びのようなものが流行っていたと思われます。私の子供の頃の思い出の一つに〝さ〟の言葉、例えば〝さのさめ、かのかめ〟という具合に言葉作りを遊びとした事があります。その現象は与えられた条件に順応しつつ、新しいものを作り出す日本的知恵の一例です。

一方、ほぼそれと同じ時期の高麗時代には科挙制度を採りいれ、さらに漢字文化の受容に熱を上げていました。科挙を含めてすべての試験には模範解答がありますが、科挙は漢字を以てするので中国音が模範解答でした。

ところでハングルは当時の中国の漢字音だけでなく、韓国人に発音可能な音すべてが表記できます。韓国の音韻はハングルによりその範囲が広がり、日本で漢字を五十音という数少ない音のなかで訓読みせざるを得なかったのとは反対です。同音の単語が増えるのは当り前で、その上訓読みするので同音多義になりました。〝山があっても山梨県〟、〝こいはこいでも金持って来い〟といった〝しゃれ言葉〟が多いのが日本語です。

ハングルは音素文字であり、末子音、濃音、激音など強弱曲折のある多様な音韻をも表示するので、中国の数多くの音節の大部分もこれで表記することができます。新しく作りだされる単語は、以前からの語彙から派生させたものであっても、韓国語は音韻が多いので新しい単語が必要になれば、基本語に近い音と微妙な音韻差を持つ類語を作り出すことができるのです。しかし、微妙な音韻差を混同する場合も少なくありません。韓国中央テレビ局では、正しいハングルの綴り方を競争するゲームの形式のプログラムを持っています。

一方、そのように単語を派生させることができない日本語は、漢字に新しい訓をつける当て字で新しい単語を作り出してきました。

たとえば日本語の「思う」という単語は韓国語の顔面（オルグル）を意味する얼（oru）からできましたが、日本の学者が面をオモと訓ずる場合、「僕は君を思う」という文について、「僕は君の顔を思い浮かべる」ことだと説明しています。つまり、相手の顔（オル）を回想することが「思う」ことになると、面を新しく意味付けています。얼 oru — omo（r — m, u — o）面／思う

日本語は漢字を用いてその類語を増殖させていきましたので、同音異字の漢字が多くなってゆくのは当然の成り行きです。八世紀の文献には omo（u）を表示する漢字は念、思、想、憶、欲、疑、懐、謂の八つほどが使われ、十二世紀の辞典『名義抄』にはその何倍にもなる「おもう」という漢字が並べられています。

仮名文字は原則として、決められた各音節のスペリングを表記することしかできませんが、ハングル（한글）は音素をはずしたり、付け加えることで新しい言葉を作れます。音節文字である仮名と、音素文字であるハングルとによって、日韓語は正反対の方向にそれぞれ増殖していったのです。

音素は音節を構成する要素であって、その結合の仕方により多様に変化することができますから、固定した音節よりも多様性に富んでいます。実際、中国漢字から借音借義して作った万葉仮名と郷札

（吏読文字）とでは、同じ程度の音韻数を持っていました。ところが、仮名文字を使うようになると、日本語の音韻範囲が万葉文字一部の範囲に偏ってしまいました。その過程で甲乙二種あった八母音をそのまま受け継ぐ事が出来ず、五母音になったのです。一方、ハングルは音素文字で、結合の仕方に多様性があり、仮名文字からなる日本語の三十倍以上の音を表すことができます。これらの文字機能の違いが、今日の韓国語と日本語にそのまま反映されています。

現韓国語の母音は二十一で、そのうち単母音が十、複合母音が十一です。一方、日本語の母音はたった五つです。ちなみに満州語、モンゴル語は十二で、母音の数は隣近諸国語に比べても韓国語が圧倒的に多くなっています。このことは母音数が三十にも及ぶ中国漢字音が介入した結果だとする以外の理由は考えることができません。又、日本語と同じようにｎ以外、末子音のない満州語と隣接している韓国語に、それがあるのは後からハングルにより付けられたとしか考えられません。

日本語の母音数は奈良時代に八つ、それ以前は四つで、九世紀に仮名文字ができてからは今のように五つになりました。当初、日本語の母音は四つしかなかったそうです（大野晋説）。それが事実だとすれば、大和語の基盤である南方系の伽耶語の母音数が四つで、百済語の母音は約十箇位だったのかもしれません。

日本語の母音が五つになる前は母音が八つだったというのも、ちょっと疑わしいところで、百済語と同じように十個くらいあったかも知れません。それらは万葉文字に反映されなかったのでしょう。

このことを念頭に置けばカラ語とヤマト語の同祖語を探すことができます。先程説明したように、韓日語の音韻は一方では拡張し、他方では逆に縮小しているので、インド、ヨーロッパ語のように正確な音韻法則がありません。今まで多くの学者が試みて来ましたが、例外が多く確定出来ずにいます。〝音韻法則に例外なし〟と胸を張る西欧語の場合とは異なります。それでも大旨変化の方向を遡行することが出来るのは幸いです。

漢字語に関しては権力による管理が徹底していたので、日韓漢字音に関する対応の法則性が殆ど保たれていますし、固有語即、カラ語、大和語の間にも確率的な法則が成立しています。（拙著『日本語の正体』）

同祖語の探索

言語学とはプラトン以来、主として言語の歴史を通じその変化を再構成することです。語源から系統語を掘り出すか、逆に系統語を通じて言源を探し出します。

カラ語とヤマト語との同祖語を判断するうえで有力なのが音韻の位相です。その例として〝はな〟を取りあげましょう。その手がかりは①音韻変化が可能な範囲、②共通した意味を持つものを基準にします。

中国の宋から書状官として高麗の都にやってきた人物、徐兢によって書かれた高麗の中国・高麗語辞典『鶏林類事』には、〝一曰河屯〟即ち〝一は河屯といふ〟とあります。河屯は高麗人が書いたものと考えられ、その発音は hadu（n）であったと推測されます。日本語の「ひとつ」にあたる韓国語は「ハナ」だといえます。d-n の変化はよくあることで、例えば、と（融）けるとノグ（녹）は対応しますし、韓国人は土方（どかた）をよく〝のがた〟と発音をします。河屯と「ハナ」の変化の関係は

次のようになることがわかります。

河屯 hadu（n）— hanu — hana = 韓国語の「一」

d — n　　u — a（母音変化）

hadu — hito — hito（tsu）= 日本語の「一つ」

母音変化（aがiに変化）

つまり、一を意味する韓国語の「ハナ」と日本語の〝ひとつ〟、〝はな〟は、同じ語源であるhaduから出たと申せましょう。恐らく一人（ひとり）、ひと（人）も同類語でしょう。

音韻の種類が少ない日本語は同じ音に多くの意味を与え、加えて同音の異なる漢字と組み合わせて漢字語を作りましたが、音を少しづつ変化させて異なる意味の言葉を作り出す韓国語と対照的であることはすでに述べた通りです。

日本語には「はなから始める」という表現があります。このときの〝はな〟は一番初めのもの、先頭を切るもの、境に置くものを意味しています。その境からはじめて一列に並べるというのが「はなからはじめる」の意味です。つまり、〝はな〟は一番目の境界（端）で端っこにあるものを表します。〝はな〟には〝一番初め〟以外にも「鼻」という意味もあります。というのは、鼻は顔から突き出て見えるからです。また、海に突き出ている陸地の部分を韓国語では곶（koj）といいますが、日本の岬に関連する地名に串本という所があります。これは「くし」の「もと」で、岬の付け根という意味になります。実際、串本の位置は岬の根に当たる位置にあります。つまり岬はカラ語（koj, コッ）と同源の〝くし〟だったのです。

つまり、鼻（코）と岬（곶）はハングルでは別ですが、仮名文字で表記しますと、いずれも〝こ〟としか書けません。韓・日の言葉が分離する前は、鼻も岬も同じ〝こ〟に近い音（恐らくは同音）であったと思われます。

また、和語の鼻と花は同じ〝はな〟です。これも韓国では코と꽃の発音を区別しますが、これを仮名で表記しますと、いずれも〝はな〟だけになります。かなり韓国語を習ったつもりの日本人でも、普通は鼻、串、岬、花を同じに〝コ〟고、と発音をしてしまうのです。韓国語の発音はそれぞれ微妙に異なっていますが、それは五十音に慣れた日本人には聴き分けることがなかなか難しいのです。岬のように長くのびた唐辛子〝コチュ〟の「こ」は日本人でも発音できますが、それは「チュ（菜）」という語尾が付くからです。まさに「こいはこいでも金持ってこい」というように、日本語では例えば「はな」には一以外に花、鼻、端などがあるのです。

鼻、花、岬、串、唐辛子には共通するイメージがあります。親指を一本つき出した、つまり〝はな（一）〟を意味しますが、これは何と子供のおちんちんをも表します。もう一歩進めると、葉や歯は端に通じ、端っこに生えるものですから同系だと思われます。そして「生える」という動詞は「は」を動詞化したものです。次の表をご覧くだされば、推察していただけるでしょう。

この他にも穂（ほ）、矛（ほこ）＝hokoもありますが、kとhは変りやすく、もともとはkokoの形だったと思われます。（例：汗の日本語はカン（kan）、韓国語はハン（han））

これらはすべて細長い物の先に頭がついていて、親指を立てる形、つまりはな（하나）と共通しています。韓国では一昔前には地方によっては〝夫〟のことを、親指を立てて一番の意をこめて〝ハ

ナ〟と呼んでいました。これらはひとつ（一）の言葉から派生した言葉で、同祖語だと思われます。

漢字	韓語（ハングル）	和語（仮名）
一	하나　ハナ	はな
端	가　カ	は（な）、はじ、はじめ
花	꽃　コ	はな
鼻	코　コ	はな
岬	곶　コ	みさき（本来はこ、くし）
串	곶　コ	くし
唐辛子（男子性器）	コチュ　고＋추、チュ（추）は菜、ペチュ（白菜）	〝コ〟

帽子と靴を脱がせる

ちょっと長い説明になりましたが、音韻の多い韓語では、k（ㄱ）音に末子音、複合母音、濃音を組み合わせて多種多様な言葉を作りだし、一方倭語では、はな、くし、こ、などに漢字をふりあてて、さまざまな表現を生み出していきました。

それは原カラ語の上に帽子と靴をはかせた形になりました。しかし、それらを一旦脱がせるとすれば、どういうことになるのでしょうか。

例えば、漢字の入門書『千字文』によりますと、韓国では地を〝タ：チ〟と読みます。これは、〈〝タ（土）〟という意味を持って〝チ〟と読む〉と言うことです。これが日本語で〝つち〟となりました。現韓国語で ttang となり、tta にハングルの子音（ㅇ）が付くようになったのです。つまり元来、〝ㅇ〟音 ng が無かった事を示しています。

椿はカラ語では冬柏（トンベク）です。てっきり漢字語のように見えますが、椿の中国語は山茶で全然関係がありません。さてトンベク冬柏 tong baek から末子音をなくすと tobaeki です。複合母音の æ を a にみなすと tobaki でカラ語の tobaki 토박이、つまり自生種のことです。恐らく飛鳥の椿市（つばきいち、海石榴市）には自生の椿が多くあったのかもしれません。

ハングルの音素を付け加え、物々しく仮装した韓語の末子音を除き濃音、激音を単音化するとその正体をみるとヤマト語に近く、古カラ語は現韓国語よりもむしろ日本語に近いことが分かります。「語の体系は歴史的実質（古語）に固有の規則を強要しそれに見合った語を派生させる」（シャルル・ブリュッゲル『語源学』）。つまり、新しい言葉は無から作られるものではないのです。

主格助詞

韓日語の共通点を単語と単語を繋ぎとめる主格の助詞でみると、今の日本語の〝は、が〟に相当するものが韓国語には四つあります。ところが八世紀までの日本列島では、格助詞として「が」の他に

もうひとつ「い」の語が使われていたのです。例えば陸奥守百済王敬福が奥州に黄金が出た事を報告した際、〝敬福が〟とあるべき箇所に〝敬福伊〟と書いてあるのです（『続・日本書紀』の宣命62詔）。〝伊〟すなわち〝い〟です。韓国語では今でもそれをハングル〝이（イ）〟で表しています。

七世紀までは韓日の言葉が同じで、共に同じ漢文訓読法を採用していたことは、武寧王が倭王に送ったという鏡（隅田八幡宮人物画像鏡）に刻まれた碑文や、慶州で発見された壬申誓記名の文体からも確認できます。これら二つの文例から文章構造が同じで、韓・倭語と漢語（中国の）混合ともいうべき文章が見られます。韓・倭語の構造上自然な仕方で、それが漢文受容の初段階であり、訓読への第一歩だということを示しています。まさにこの頃の韓日語のあいだには方言程度の違いしかなく漢文の消化の仕方も同じ方法であったのです。

この鏡は日韓の歴史上重要な意味を持ちます。繼体王の実体が百済の昆支王であることを示す証拠の一つにもなるからです（拙著『百済＝日本説』）。斯麻（大王）とは武寧王の別名で、北九州の島で生まれたので付けられた名前です（『日本書紀』「雄略記」）。特に〝日十大王〟は日本の多くの学者が歴代天皇の名と照合を試みましたが、全部失敗しています。私の考えでは、日十を〝かそ〟と考えます。実在した天皇ではありません。日＝か（例：

隅田八幡人物画像鏡

癸未年八月日十大王年男弟王在意柴沙加宮時斯麻念長寿遣開中費直穢人今州利二人等取白上同二百旱作此竟

（葵未の年八月、日十（かそ）大王の年　男弟王が意紫沙加の宮に在られる時、斯麻（武寧王）は長寿を念じて開中直と穢人久州利の二人に上等な白銅を取らせてこの鏡を作った）拙訳二日（ふつか）、三日（みっか）などの）、十を〝そ〟と訓みます（五十いそ、八十やそ）。また、カラ語のソで、最高者（例：熊襲、ソモリ（牛頭）、ソウル（首域）のソ）でもあります。つまり、日十は太陽神でもある王を意味しています。それは百済と倭の共通の祖先神です。両国が一体であることを示しているのです。当時、継体はおおと（大迹）と呼ばれ、越の国（越前）にいたはずです。昆支はコンチ―クンチで大人を意味し、倭語のおおと（大人）と一致します。倭の王が在位しておらず有力な豪族の長達が、王選びに奔走していた時期、昆支は王と呼ばれ畿内にいたのです。銘文によると武寧王が直接つくったものでなく、材料だけを送り倭で作らされたものなのです。しかも、この鏡の同笵鏡が十二面も出土しているのです（林順治『日本人の正体』）。私は昆支王が豪族達への贈り物として使い、倭王に推挙してもらうよう工作したものと考えています。

　両文章はあまり年代の違いはない時期に夫々畿内と新羅で作ったものです。しかし、それがどのようにして分かれていったのでしょうか。その原因は新羅の半島統一にあります。統一新羅は中国一辺倒の政策をとり、漢字の音も文章の書き

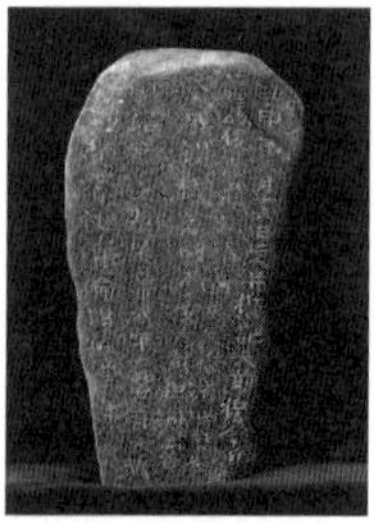

壬申誓記石

壬申年六月十六日　二人并誓記天前誓　今自三年以後　忠道執持過失天誓　若此事失　天大罪得誓　若国不安大乱世　可容行誓之　又別先辛末年七月二并二日大誓　詩尚書体伝倫得誓三年

（壬申の年六月十六日二人并びて誓って記す天の前に誓って、今自り三年以後、忠道を執持して、過失無きをすることなきを誓う　若此の事を失すれば天の大罪を得ん事を誓う　若し国不安にして大乱世とならも叮寧に（確実に）行うことを誓う　又、先の辛未年七月一緒に大きく誓う詩（経）、尚書、礼（記）、伝（左伝）を倫（とも）に得んことを誓う　三年）

（斉藤忠訳『古代朝鮮文化と日本』）

方も中国式へと急旋回していきました。それは助詞の表記方法にも現れています。日本で仮名文字が作られるまでは、朝鮮半島では日本列島と同じく漢字で助詞を表していました。つまり、漢文（中国語）に助詞を表記しようとする傾向は共通してあったのです。たとえば万葉集に「日並の皇子の命の馬並めてみ狩り立たしし時は来向ふ」と読まれている歌がありますが、その万葉仮名で書かれた原文を見てみましょう。

日双斯　皇子命乃　馬副而　御猟立　師斯　時者来向（万四九）

ひなみし（日並）の　みこのみことの　馬な（副）めて　みかり（御猟）立たしし　時は来向ふ

この歌には而や斯が使われていますが、これらが助詞の「て」と「し」に相当します。一方、新羅の郷歌にも名詞の後に助詞と思われるものがあります。

善花公主主隠（薯童謡）

善花公主とは八世紀はじめの新羅の王女で、それに続く二つ目の「主」は「様」を意味します。つまり〝善花公主様〟は、とあるべき所を最後の〝隠〟で表しています。この文字は現代韓国語でウン（은）と読みます。現代の日本語で「〜は」を意味する主格の助詞で、現代韓国語のヌン（는）にあたります。つまりこの部分の意味は「善花公主様は」となります。

新羅語は統一以前には百済語と異なる言語でした。つまり、同じ半島内でもはっきりとした方言差があったのです。百済語では〝ウン〟ではなく、〝イ〟又は〝ガ〟が使われていたようです。百済滅亡によって百済語は日本の朝廷（標準語）に吸収されていきましたが、新羅の宮中では拒絶されました。統一とともに「〜は」を表す助詞は、現代語のような「ウン」がスタンダードになっていったのです。

仮名と口訣文字

このような状況の中で韓日は、①郷札と万葉仮名、②訓読体、③カナと口訣が殆ど同じで『三代目』と『万葉集』の編纂事業までも並行してなされていきました。『三代目』は『三国史記』の記録によれば『万葉集』より少し前、同じ時期、同じ性格の詩集で、万葉文字と同じ性格を持つ郷札で書かれておりました。残念なことに亡失しましたが、量の面でも万葉歌に匹敵するものだったようです。万葉仮名から仮名文字を作るのは字画を省略して素早く、つなげて書くことによって作られて行きました。一方、新羅は中国化に激しく突進しました。その頃、日本でも遣唐使ブームがありましたが、新羅ではそれをはるかに凌ぐ中華熱だったのです。

その後、日本では仮名文字が作られて助詞や助動詞などの表記に用いられるようになるのですが、朝鮮半島でも仮名文字の一歩手前の状況が延々と続いていったのです。新羅・高麗では、例えば全く仮名と同じもの、韓国の二十六個の口訣文字も作られ、その中十七箇は日本の仮名（ア、ラ、オ、ム、ハ、イ、カ、レ、ロ、ホ、ニ、タ、ナ、チ、オ、リ）などと一致します。

元暁大師の子、薛聡は殆どの中国古典の訓読に成功しました（『三国史記』「列伝」薛聡）。入唐した新羅の仏僧の活躍はめざましく、インドに渡った求法僧だけでも八名にもなります。日本人はすべて長安止まりで、シルクロードの玄関口にさえ行っていません。ところが新羅僧である慧超は自らの天竺までの旅を『往五天竺団伝』に綴り、訳経に携わっていました。新羅における訓読体の発展はサンスクリットの仏教経典を漢訳することに刺激されたのです。それは、日本にも影響を与えました。薛聡

阿卩ㄗ良ㄡ㇋：[a], 悪：[ak], 安：[an], 也ㄱ耶邪：[ja],
於方才今：[ä], 衣ㄋ矣ム：[äi], 言ㅌ：[än],
餘亦ㅗ ㆍㆍ ハ：[jä], 吾烏五ろ乎ㅎ午ㅅ：[u], 玉：[uk],
耎西：[ju], 于優友又：[ü], 儒由：[jü], 臥ト：[ua],
伊イ巽爾耳亦リ以已：[i], 印：[in],
加カ可佳伽何：[ka],
介皆解：[ka(i)], 甘：[kam], 艮干翰：[kan],
甲：[kap], 去厺∠ㅈ巨居虚許：[kä],
古口高固故苦好遣：[ku], 骨忽：[kur], 厚仇句丘：[kü],
果ロホ人：[kua], 奇己岐期只：[ki], 吉：[kir],
奈那ヨ尹乃内：[na(i)], 奴又惱：[nu], 尼ヒ你：[ni],
多タ丨茶：[ta], 大ナ代弋：[tai], 旦呑：[tan], 達：[tar],
氐底ㄗ：[tjä], 丁：[tjäng], 刀道都：[tu], 頓：[tun],
豆頭斗斗：[tü], 智知矢地土：[ti], 羅罒四ㅅ八、良：[ra],
呂：[rjä], 老路魯：[ru], 論：[run], 留流類 ：[rü], [rjü],
里ロ理利チ才リ：[ri], 吝：[rin], 麻摩広广馬ケケㄣ：[ma],
旀旀弥ホ久ケ：[mjä], 面ㄱ：[mjän],
牟毛 ：[mu], 武無：[mü], 未彌米味：[mi],
巴波：[pa], 保甫包：[pu], 夫富浮：[pü], 非比卑：[pi],
沙ミレ舍全ヘ四士：[sa], [sja], 西一：[sä],
所戶召素蘇助祖小：[su], [sju], 首須主朱周：[sü],

（金東昭『韓国語変遷史』より）

の子、薛仲業は便臣として日本に渡り淡海三船らと親しく交友していたので、私は日本の仮名の完成は彼の影響が少なくなかったと信じています。いずれにせよ訓読体に関する限りその発展の仕方は日・韓は殆ど同じように進展していったのです。

しかし、高麗王朝に至り科挙制が採用されると訓読体は陰をひそめて行きます。高麗王朝の翰林学士崔行帰は「薛翰林（薛聡）は強いて斯文（儒教）の文体を変じて煩わしくも鼠尾と成す」とけちを付けています。鼠尾とは助詞・動詞の語尾が漢字語についているので本式の中国文でないと皮肉っているのです。仏教普及の為に発展した韓国の訓読体は、高麗王朝の科挙制と朝鮮王朝の国是が儒教になるのと相まって廃止されました。韓国人の好みの原理主義傾向が働いたと申せましょう。

そんな雰囲気でしたから、一部、日本の仮名と同じように仮名が使われていた口訣や漢字による半島語の表記は出来なくなり、主流から外れてゆきます。而し民間では朝鮮時代ですら郷札、吏読が綿々として使われていました。表音文字が普及しなかったからです。日本のように仮名文が整備されるようになるのはかなり無理がありました。その直接の原因が科挙と儒教の国是化でした。日本ではそれら両者ともありませんでした。本居宣長が心配しなかったとしても、大和心（大和語）は健在しえたのは、ひとえに科挙と儒教の国教化が無かったからです。

結局、カラ語が堂々と表音を以て表記されたのは朝鮮王朝に至り、十五世紀にハングルという音節文字が創製されるのを待たなければなりませんでした。しかし、それすらも解放（8・15）前には諺文と呼ばれ、卑しめられていました。

韓・日の文字言語の発展の仕方は殆ど同じでした。〝必要は発明の母〟の法則を同じ共通の言語百済、新羅と漢字に適応させながらも、日本に音節文字（あいうえお）、韓国語に音素文字（ハングル）が作られることで、その発展の仕方は正反対の方向に向かっていたのです。しかもそれは共に民族的意志で必死になって母国語の伝統を守っていたのです。

日韓の文字の発展は次のように対応しています。

韓国		日本
郷札（吏読）	―	万葉文字
壬申誓記石の訓読	―	隅田八万人物画像鏡の訓読
口訣	―	仮名
ハングル	―	仮名

これらの進行は平行で酷似しており、かつては現在の韓日語が共通の原韓日語を共有していた事を明らかに示しています。

（韓国・数学文化研究所教授）

橘を通してみる百済と日本（倭国）

吉武利文

本稿は、百済と日本（倭国）の関係を橘という柑橘種を通して考察するものである。私は香りに関わる仕事を生業としている関係から、日本の古代における香りの文化に興味を持っていた。調べていくうちに「永遠に香っている果実」を意味する非香果実《ときじくのかぐのこのみ》、つまり橘に出会ったのである。そして橘がなぜか百済と関わる事例が多いことに気づいた。

以下ではその事例のいくつかを紹介するが、そこから百済と日本（倭国）との関わりの新たな発見に繋がれば幸いである。

橘の童謡（わざ歌）

誰がつくるともなく、歌いはじめて世に流行した歌のことを童謡（わざ歌）というが、『日本書紀』天智十年（六七一）に次の歌がある。

橘は己が枝々実なれれども玉に貫く時同じ緒に貫く

（訳）橘の実は、それぞれに異なった枝になっているが、玉として緒に通すときは、みんな一本の緒に通される。

天智四年（六六五）、天智天皇は亡命してきた百済人四百余人を近江神前郡に住まわせ、同八年（六六九）には七百余人を近江の蒲生郡に住まわせた。また佐平余自信《さへいよじしん》、沙宅紹明《さたくしょうみょう》に大錦下、鬼室集斯《きしつしゅうし》に小錦下を授けるなど百済人に官位を授けて取り立てた。

この童謡は百済からの帰化人に対して、身分や才能が異なっていてもひろく爵位を与え、大盤振舞いしたことを風刺したものだといわれている。好意的に解釈すれば、別々のところに生った橘の実で一つの首飾りを作るように、当時百済から日本にやって来た同胞がひとつになったとして祝ったものだとされている。

金容雲氏の『日本語の正体』では「百済、倭と違った枝で生まれても同じ根から出たのだから、協力して新しい国づくりをしよう」と解釈されている。またこのわざ歌は、倭と百済の王家のつながり（両者は共に百済の辰王家出身）をも示唆していると述べている。

玉に貫くとは、実に紐状のものを通して数珠のようなものにしたと考えられる。それを首飾りや頭に飾ったりしたようだが、薬玉のようにしたという説もある。

このような使い方は現代のハーブやポプリの楽しみ方と何ら変わらないもののようにも思える。けれども当時は単なるブレスレットや頭に飾るものではなく、橘の香りの霊威によって邪気を祓い、長寿を願ったのではないだろうか。また臍の緒というように緒は脈々と繋がる血脈を意味する。

百済から帰化した人々がひとつになっているというのがこのわざ歌の意味するところのようだが、

では百済からの帰化人を何故橘にたとえたのだろうか。

橘について

橘の果実は古代日本では非時香果《ときじくのかぐのみ》と呼ばれていた（**図1**）。非時香果とは永遠に香っている果実という意味である。今でも京都御所の紫宸殿に右近の橘、左近の桜として、あるいは雛壇の飾りにも見ることができる。従って古代の日本人はこの植物を大変神聖なものとしていたと考えられる。

『日本書紀』にはこの橘について次のよう話が記されている。

第十一代垂仁天皇の時、九十年春二月一日、天皇は田道間守に命じて常世の国（西洋でいえばエデンの園のようなところ）に遣わして、非時香果を求められた。いま橘というのがこれである。

九十九年秋七月一日、天皇は纏向宮で崩御に

図1　橘の花（筆者撮影）

なった。時に百四十歳。
冬十二月十日、菅原の伏見陵（奈良市尼辻町字西池）に葬った。
翌年春三月十二日、田道間守は常世の国から帰ってきた。持ってきたのは、非時香果、八《や》竿《ほこ》八《や》縵《かけ》である。田道間守は泣きなげいていった。「命をうけたまわって遠く遙かな国に行き、万里の浪を越えて行って来ました。この常世の国は神仙の秘密の国で、俗人の行ける所ではありません。そのため行って来るのに十年も経ちました。本土に再び戻れるとは思いもかけなかったことです。しかし聖帝の神霊の加護により、やっと帰ることができました。今、天皇はすでになく、復命することもできません。手前は生きていても何のためになりましょうか」と。天皇の陵におまいりし、泣きさけんで死んだ。群臣はこれを聞いて皆、泣いた。田道間守は三宅連の先祖である。

（『日本書紀上　全現代語訳』宇治谷孟　講談社学術文庫）

三宅連の先祖の田道間守はさらに遡ると、天日矛の子孫とされる渡来人の系統である。従って橘のある常世の国とは朝鮮（済州島は現在もミカンの生産が盛んである）半島ではないかとも考えられている。

しかし、橘（学名 *Citrus tachibana*）は日本にある多くのミカン科のなかで沖縄のシークァシャー（学名 *Citrus depressa*）と並んで、日本原産種であることが遺伝子の分析で明らかになっている。従って田道間守が橘を朝鮮半島や中国など海外から持ち帰ったとするには疑問が残るのである。

また古代文献のひとつ『秀真伝』によると、富士山はスメラミコトが政事《まつりごと》を始めるときに橘を植えたことから「香久山」とも呼ばれていたとされている。このように橘は始まりに関わる果実（私見では、正月の鏡餅にミカンを飾るのは橘の伝承によるもの）なのである。そしてこれら橘の伝承は中国や韓国にはない日本オリジナルなのだ。

百済神社の神紋が橘紋であること

百済国王第三十代義慈王の子、善光（禅広）は天智二年（六六三）、新羅・唐連合軍によって祖国が滅亡した際、日本に帰化し、持統七年（六九三）、百済《くだらの》王《こにきし》氏の姓を賜り、難波の地に居住したという。

やがて百済王氏の主流は難波より現在の大阪府枚方市あたりに移住する。百済神社に伝わる室町時代の古文書『百済王霊祠廟由緒』によると、天平九年（七三七）百済王南典（善光の孫）の没後、聖武天皇の勅により、百済王氏の祖先と南典の霊を祀るために、百済寺と百済神社が創建されたとのことである。現在の枚方市にある百済寺《くだらじ》の跡地と隣接の百済神社がこれにあたる。ここの神紋がなんと橘紋であったのだ。屋根瓦から銅像の馬の鞍、拝殿の天井の照明など、まるで「橘に関わっていますよ」と言わんばかりの存在感を醸し出しているのだ（**図2**）。しかし

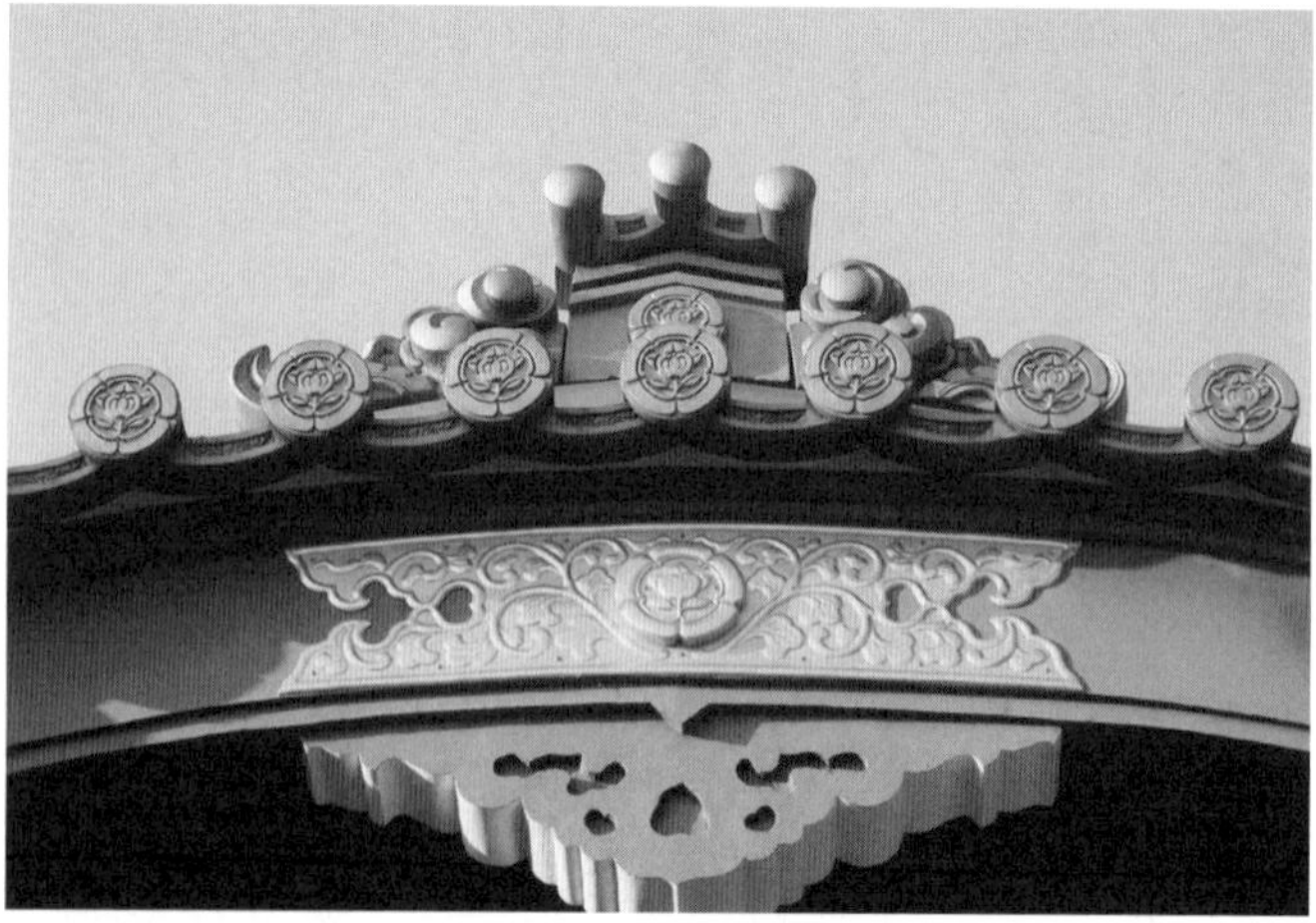

図2　百済神社の神紋の橘（筆者撮影）

宮司さんにうかがっても、何故橘なのかはっきりしたことは解らないとのことであった。

大坪秀敏氏の『百済王氏と古代日本』によると、百済王氏が難波からこの地に移り住む以前に、やはり百済からの渡来の山田史一族が住んでいたという。山田史一族は大伴家持や橘諸江など反藤原氏族（橘奈良麻呂の乱の首謀者橘奈良麻呂が代表的）との交流が密であったとされている。大坪氏は、藤原仲麻呂の大仏造営政策により、百済王氏が移住したとしているが、橘の神紋の存在はこの辺の事情（以前に居住していた橘に関わる氏族）を物語っているようにも思われる。

大和川水系の平野川（百済川）と玉櫛川に関わる橘の伝承

約一八〇〇～一六〇〇年前の大阪の地形の復元図を見ると、奈良盆地から流れ出る大和川は、当時存在した河内湖に幾筋かの川に枝分かれして注いでいるのが解る（**図3**）。そのうちの平野川《ひらのがわ》と玉串川が橘に関わるかたちで神社の縁起に残されている。

旭神社摂社若宮八幡宮の鎮まる大阪市平野区加美正覚寺の地は、古くは「河内国渋川郡賀美郷橘嶋荘（里）」と称されており、賀美（加美）澁河（渋川）の地名は早くも『日本書紀』や『類聚和名抄』などに見え、鞍作氏はじめ百済系渡来人が住みついた場所であった。また「橘嶋」の名が示すとおり、旧大和川の本流であった長瀬川とその支流の橘川（下流では平野川や百済川と呼ばれている）との間に出来たデルタ地帯であったと考えられる。

旭神社摂社若宮八幡宮の『縁起』によると、若宮八幡宮は孝謙天皇の御世の天平勝宝六年（西暦七四五年）八月、風雨がやまず人々が大変困っていたが、「水上より櫛笥と橘を流しそのとどまった所を祝い、祭るのであれば水難を避け人々を安穏にさせよう」との八幡宮のお告げがあり、大和国河内国の境からお告げのとおりに櫛笥（くしの箱）と橋を流した。櫛笥の流れ着いた所（玉串川の方）には玉櫛明神（現・東大阪市花園鎮座津原神社）をお祀りした。また橋は、賀美郷の川中の小島、すなわち若宮八幡宮の地に流れ着き、そのことが孝謙天皇のお耳に達し、東大寺の八幡宮（手向山八幡宮）を勧請して

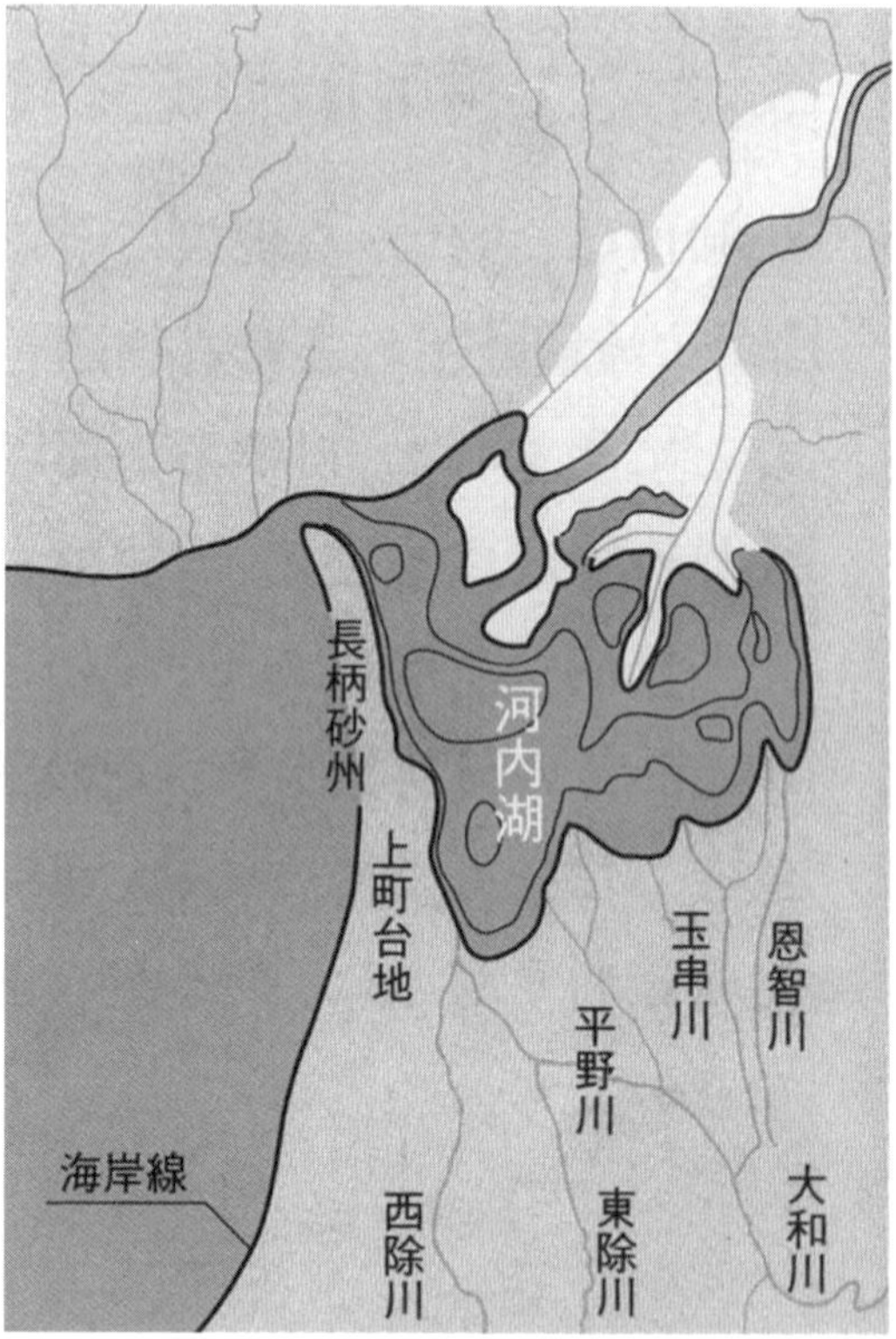

図３　約1800〜1600年前の大阪の地形
（『大和川のあゆみ　時の流景』）

「若宮」と仰ぎ祭り、橘をご神木と定めたという。

一方、櫛笥が留まった津原神社の方は、天玉櫛彦之命、天櫛玉命を祀るようになった。神社の由来書によれば、この神社の神は洪水を治める力を持つとされている。また楠木正成の子孫とされる人が多く住んでいるところでもある。楠氏は本来橘氏とされている。津原神社にも橘紋が見られたことからも、若宮八幡宮の縁起との関連を物語っている。

『摂津名所図会』は寛政八年から十年（一七九六～一七九八）に刊行された摂津国の観光案内書であるが、それによると「百済川《くだらかわ》は今、平野川といふ」とある。この川は今でも生野区のコリアンタウンの百済門の近くを流れている。この一帯（若宮八幡宮の平野区も含めて）はもともと古代からの渡来人が多数住みついており、百済駅や百済寺であったところなど百済という名前の多い土地でもある。

ところで渡部正路氏の「橘という勢力」によると、難波吉士といわれる人たちにとって橘は自らを象徴した名であり、百済人を引き立てているのは、この橘勢力、つまり難波吉士だと考えられるとのことである。

渡来系氏族にはこうした難波吉士、草壁吉士などと呼ばれる「吉士」「吉師」という呼称を持つ氏族集団が存在した。吉士集団の職業としては船頭職があげられ、難波・住吉津から淀川、大和川などの水路において様々なものを運んでいたと考えられている。

また推古から天武時代にかけて、難波吉士、および草壁吉士など頻繁に外交関係記事に現れる。凡河内氏など摂津河内の氏族との関わりもある。また吉士集団の長は難波吉士氏とみられており、摂津国の郡司職などを歴任していたことが確認されている。

この平野川と玉串川と橘に関わる縁起も、水運に関わる難波吉士などの渡来系氏族との関係を含んでいるように思われる。

橘氏と河内の安宿《あすか》

橘は源・平・藤・橘という古代の四大氏の名前のひとつとされている。橘氏が史実に認められている最初の人物は県犬養宿禰三千代である。この女性ははじめ敏達天皇の曾孫にあたる美努王に嫁して葛城王（橘諸兄）を生むが、後に律令政治の立役者である藤原不比等の妻となり、二人の間には聖武天皇の后となる光明皇后が生まれる。

橘の姓は和銅元年（七〇八）十一月二十一日、元明天皇の大嘗祭《おおにえのまつり》が執り行われた後の二十五日の豊《とよ》明節会《あかりせちえ》の祝宴において、天武、持統、文武、元明天皇までの忠勤に対して祝杯に浮かぶ橘（実際には、杯の液面に映る月を橘に見立てている）にちなんで県犬養三千代が賜った姓とされている。

この県犬養の本拠地は、河内の安宿《あすかべ》で、現在の大阪府羽曳野市のあたりとされている。光明皇后の幼名安宿媛も、この母親の実家の地名に由来する。

羽曳野市（安宿）は、五世紀に渡来した百済王族・昆伎王の子孫である飛鳥戸造《あすかべのみやつこ》氏族の居住地であり、その祖神を祭った飛鳥戸神社が鎮座している。本来は飛鳥戸造の祖神として昆伎王が祀られていたものと考えられている。このように、百済からの渡来人にとっての安宿や明日香は、「安住の地」であったのではないだろうか。

ちなみに羽曳野市の市の木が橘である。市のホームページには、「奈良時代に、羽曳野市地域を中心として、橘が多く植えられていたようで、西浦出身ともいわれる橘氏（楠氏の祖先とされており、元明天皇から橘姓を賜った）ゆかりの木であること。現在も応神天皇を祀る誉田八幡宮の境内にも橘が植えられていることなどから、羽曳野市の木としてふさわしいことによる」とある。

応神天皇陵とされる誉田《こんだ》御廟《ごびょう》山《やま》古墳《こふん》（誉田山古墳とも）は誉田八幡宮に隣接している。この応神天皇は多くの八幡神社の御祭神である。ここでは紙面の関係上詳細は省くが、橘は八幡神社に深く関わっている（代表的なのが石清水八幡宮で、御神木、神紋が橘である）。先述の旭神社摂社若宮八幡宮の縁起でも、東大寺の八幡宮（手向山八幡宮）のお告げであることなど、大変興味深い。

そして三千代が橘の姓を賜ったのも、その出身地の河内の安宿が以上のような百済や橘に関わる歴史的背景によるものであったと考えられる。

芸能と橘

奈良明日香村の橘寺は聖徳太子の生誕地としての伝承を持つが、「百済国より渡りし舞師味摩《あじま》之妓楽を写し留めて、大和国橘寺一具（面や鼓笛や装束一揃い）、山城国太秦寺一具、摂津国天王寺一具、寄せ置く所なり」と『教訓抄』にあるように芸能とも縁がある。

また世阿弥の著書『花伝書』や金春禅竹の『明宿集』には、能の起源が次のように記されている。

上宮太子、天下すこし障りありし時、神代・仏在所の吉例にまかせて、六十六番のものまねをかの河勝におほせて、同じく六十六番の面を御作にて、すなはち河勝に与へたまふ。橘の内裏の紫宸殿にてこれを勤す。天治まり国しづかなり。　（『風姿花伝第四神儀云』）

昔、上宮太子の御時、橘の内裏にして、猿楽舞いを奏すれば、国穏やかに、天下太平なりとて、秦河勝に仰せて、紫宸殿にて翁を舞ふ。その時の御姿、御影《みえい》のごとし。

（『明宿集』）

聖徳太子は橘の内裏において猿楽舞いを舞うことによって、国には平和がもたらされ、天下太平が実現されるであろうとお考えになられて、秦河勝に申しつけて、紫宸殿で「翁」の舞いをおこなった。これが能楽の最初とされているのだ。

注目すべきは、能という芸能が始めに橘の木のある庭で行われたというところである。こうしたところは何気なく読み過ごしてしまいそうだが、橘がものごとの始まりに関わっていることを踏まえて考えると、とても意味のあることと理解できる。

しかも世阿弥の父観阿弥は、元橘氏であったとされる楠正成と親戚関係にあったという説もある。また能の演目に『橘』や『巴園』、狂言にも『木実争《このみあらそい》』など橘を題材とした作品があり、現在も上演されている。このように日本の古典芸能の能楽にも、百済と橘の関係性がみられるのが興味深い。

何故、橘が百済に関わるのか

ここまで百済と日本（倭国）の関係を、橘を通してみてきたが、何故、橘がこのように百済に関わるのだろうか。残念ながら現在の私にはまだ明確な答えを出すことは出来ない。しかしながら、橘が香りの植物であること。そして香りというものが、二つのものの媒介物（百済と日本を取り持つ）であることは象徴的ではないだろうか。

ところで現在の韓国に現存する百済の代表的な美術品といえば、扶余国立博物館の百済金銅製大香炉（国宝）（**口絵**）であろう。この香炉には百済の宇宙観や宗教観、そして当時の優れた美意識、制作技術の高さが窺える。香炉の発見をきっかけに百済の文化が韓国でも、徐々に見直されてきたように思われる（百済文化祭など）。

私もこの香炉に魅せられたひとりである。そして百済の文化の復活の象徴が、香炉という、香を焚く道具であることが、私には意義深く思われる。

洋の東西を問わず香は、宗教の儀式空間で使用されていた。香は一筋の煙となって、立ちのぼりやがて消えてゆく。このことから、香りは人間が生きるこの世（見える世界）と、神仏の世界（見えない世界）を繋げる媒介の役を果たしていた。百済金銅製大香炉も、神仏や御先祖様と当時の人びとがひとつになるための儀式空間で使用されていたものであろう。

日本においても仏教が百済より伝来されて以降、同様に香が使われ、現在に至っている。では仏教の伝来以前となると、永遠に香っている橘の伝承になるのだ。橘を植えたことから「香久山」とも呼ばれていたこと。そして垂仁天皇が橘を求めたのも、人間の原初への回帰への祈りである。私たちは香りを嗅ぐことで過去の記憶が甦ってくることを経験で知っている。古代人も嗅ぐことでヒトの魂の故郷の記憶を甦らそうとしていたのである。

大和三山ひとつが「天香久山」と呼ばれ、『竹取物語』のヒロインが「かぐや姫」であることもこのことに関わっている。

また京都御所の紫宸殿には右近の橘、左近の桜が配置されている。桜は現代の日本人に大変親しまれているが、橘はあまり知られていない植物なのである。

私見では、桜は視覚的（目に見える世界）な象徴で、橘は嗅覚（目に見えない世界）の象徴と思える。そしてこの二つ（目に見える世界と見えない世界）でひとつなのが世界であることを表現しているように思われるのである。空海の真言密教ではこれを両部不二として金剛界・胎蔵界の両界曼荼羅で表現している。

物質文明の思考法では、目に見えるものが主体になっている。それは人間中心主義でもある。「人民の人民による人民のための政治」（government of the people, by the people, for the people）というエイブラハム・リンカーンのことばも然りである。そして現在の人類の行き詰まりの状況は、こうした人間中心の思考法の偏り過ぎに原因があるのではないだろうか。

百済は朝鮮において滅ぼされた王朝である。従って現在の韓国でも、どちらかというとマイナーなイメージがあるのではないだろうか。

しかし百済は仏教芸術をはじめ優れた文化芸術を生み出している。李夕湖氏の『百済は語る』によると、「扶餘の地霊は、昔から多くの芸術家を輩出した」として、国内で活躍する、扶余出身の数多くの芸術家を紹介されている。朝鮮では百済が滅亡したため、百済時代の多くの仏教寺院や仏像、美術品などが破壊されているが、その地霊の魂は、現代に引き継がれているようである。また百済からの渡来人によって日本でも花開くこととなった。

百済は権力闘争には負けたが、優れた文化人と芸術を残した。一方日本ではこのことがまさに橘（橘氏）にも当てはまるのである。

日本において源・平・藤・橘が四大氏とされているが、橘氏は百済と同様に権力闘争には加われなかった唯一の氏なのである。そのかわり文化・芸術方面に優れた人材を輩出している。文化芸術に功績のあった人への、文化勲章のデザインが橘であるのは真に象徴的である。

百済と橘がリンクするのは、こうした文化や目に見えない力との関わりにあるようだ。再び李夕湖氏の『百済は語る』を借りると、「真のより美しい街造りには、杓子定規の角張った学理よりも、イマジネーションに富んだ審美眼からの枠を利かせねばならぬものだ。扶餘の生命は大自然の美にある」。

さてここで、李夕湖氏に習って、イマジネーションの翼をはばたかせて冒頭の童謡を、想起してみたい。

橘は　己が枝々　実なれれども　玉に貫く時　同じ緒に貫く

大宇宙の中の、銀河系の片隅に位置する地球という惑星の中に生かされている人類を想うとき、生まれた国は異なっていても、世界はひとつに繋がっているという、ヒト（魂）としての絆を覚醒するときが来ているのではないだろうか。現代に生かされている人類のひとりとして、私はこの童謡をこのように解釈したいと思っている。

一四〇〇余年の時空を超えて甦った百済金銅製大香炉（百済の地霊）、永遠に香る橘の香り（倭の地霊）、それらの声なき声（香り）に耳（鼻）を傾けてみようではないか。

（（有）香りのデザイン研究所・別府大学客員教授・（社）日本百済交流協会理事）

参考文献

金容雲『日本語の正体』三五館　二〇〇九年
宇治谷孟『日本書紀上　全現代語訳』講談社学術文庫　株式会社講談社　一九八八年
鳥居礼編著『完訳秀真伝』（上巻）八幡書店　一九八八年
皆神山すさ『秦氏と新羅王伝説』彩流社　二〇一〇年
大坪秀敏『百済王氏と古代日本』株式会社雄山閣　二〇〇八年
国土交通省近畿地方整備局大和川河川事務局編『大和川のあゆみ　時の流景』二〇〇七年
『古今和歌集』高田祐彦訳注　角川ソフィア文庫　二〇一二年
『王仁博士「難波津」の歌と猪飼野』二〇〇二年
徐廷緑『百済金堂大香炉―古代東アジアの精神世界をたずねて―』株式会社三修社　二〇〇五年
李夕湖『百済は語る』講談社　一九八四年

文禄・慶長の役——朝鮮陶工の故郷を辿って——

李《イ》　義《ウィ》　則《チック》

はじめに

十五世紀から十七世紀にかけてのヨーロッパは、大航海時代と呼ばれるように胡椒貿易とイエズス会の宣教を掲げて、インド・アフリカ・アメリカに次々と手を伸ばしていった。東の果ての日本列島にもその嵐は襲いつつあった。そのような時期の一五九二年、日本は中国・朝鮮まで巻き込んだ大事件を引き起こした。それはヨーロッパの植民地侵略に刺激されたかのような、秀吉の朝鮮侵略「壬辰倭乱」（日本では文禄・慶長の役）である。この「文禄・慶長の役」は別名「やきもの戦争」と呼ばれているが、西国大名らによって九州各地に連行された千名にも及ぶと思われる朝鮮陶工たちの技が、以後のやきもの技術を向上させ、日本を世界に冠たる〝やきもの〟大国たらしめた事実からも宜なるかなである。

なぜ、これ程多くの陶工を大名たちは連行したのだろうか。当時の状況を理解するためには戦国武将たちの「茶の湯」熱をあげなければなるまい。

千利休によって大成された「侘び茶」の世界では、室町期の唐物から高麗物と呼ばれる朝鮮の〝やきもの〟へと趣向が変わったのである。唐物とは中国の青磁や天目茶碗の総称で、華麗でシンメトリーな美しさを持っていた。それに対して高麗物は朝鮮の日常雑器を利休の鑑賞眼で「茶の湯」の世界に取り込み、新たな「侘び茶」の道具として用いられたことにより、一躍脚光を浴びるようになったのである。天正十七年（一五八九）に記された千利休の高弟山上宗二の記録によると、「惣テ茶碗ハ唐茶碗スタリ、当世ハ高麗茶碗、瀬戸茶碗、今焼ノ茶盌迄也」（『山上宗二記』）とあることからも知られよう。江戸後期には茶人によって「一井戸、二楽、三唐津」と茶碗のランク付けがなされたが、いずれも朝鮮半島に由来するものである。井戸は高麗茶碗のことで、代表的な輸入ものであった。

楽茶碗は千利休が陶工長次郎に「侘び茶」の精神を説き聞かせて焼かせたもので、山上の「今焼」がそれにあたる。文禄以前の窯のものだ。初代長次郎は朝鮮阿米爺（飴屋）といわれた人物で、佐々木某の娘を妻としているが、明らかに朝鮮の陶工だ。阿米爺（傍線は李）と呼ばれた所以は姓「阿」から来ていると思われる。薩摩の苗代川焼の鮫島佐太郎窯の祖は「何」となっているが、古来朝鮮には「何」の姓はない。が、「阿」姓はある。鮫島佐太郎も「阿」姓で、「何」は「阿」の写し違いだったのであろう。

唐津であるが、これは文禄・慶長の役以前に開かれた窯のものである。松浦党波多氏の居城である岸岳城の西麓に十五、六世紀に開かれた窯跡が七基発掘調査されている。出土した多くの壷や瓶、鉢などの陶片は、藁灰釉（稲のわらを焼いた灰を成分とした釉薬）をかけ、酸化焔で焼成すると白濁に発色するまだら唐津といわれる〝やきもの〟で、朝鮮北部咸鏡北道会寧・明川付近の技法に近いといわれている。彼ら陶工は文禄・慶長の役よりも八十年前頃に波多氏によって連行された陶工たちだ。

当時の茶人たちにはすでに朝鮮の茶碗が大きな関心事だった。そして大名たちは代表的な茶人でもあった。「茶道総系譜」（桑田忠親編『茶道辞典』東京堂出版、一九七八年）によると、千利休を師とした大名は織田信長、豊臣秀吉をはじめ、細川三斎、古田織部、前田利家、伊達政宗、毛利秀元など二十名にも及ぶ。利休七哲に数えられた高弟に蒲生氏郷、高山右近、細川三斎が入っているし、十哲には島津義弘の名もある。このことからも戦国大名たちが朝鮮半島の茶碗に強い関心を寄せていたことが推察され、文禄・慶長の役での陶工連行に拍車をかけたと言えるのである。

五万とも、十万ともいわれる朝鮮人連行は、王族・両班の子女・儒学者・技芸に秀でた男女に限らず、日本軍に従軍した人買によって拉致された庶民（子どもも含む）にまで及んでいるが、〝やきもの〟に関していえば、炎が燃え盛っていた窯はことごとく破壊され、加えて陶工たちが連行されたため、朝鮮の窯の火は消え失せたのである。朝鮮半島に〝やきもの〟が本格的に復活したのは一九六五年の日韓条約締結以降で、三百数十年の歳月を待たなければならなかった。かくて、朝鮮から連行された陶工の末裔は四百余年の時を経て、今では十五代に及んでいる。

彼ら陶工たちの故郷はどこか。いずれの窯から連れ出されたのだろうか。以下、このことを巡って考察してみたい。

連行の拠点となった倭城

文禄元年（一五九二）四月、朝鮮本土へ突然踏み込んだ秀吉の軍隊は十六万もの圧倒的な兵力と銃器により、二ヶ月足らずで朝鮮半島の北端咸鏡道まで攻め入った。このように陸地では破竹の勢いであった秀吉軍だったが、海上では李舜臣の率いる朝鮮水軍に連戦連敗だった。やがて朝鮮側は儒学者、両班、僧侶らの組織した義兵が各地で決起しはじめ、明は祖承訓率いる第一次援軍につづいて、李如松が四万三千の大軍を率いて参戦し、秀吉軍の勢いにもかげりが生じてきた。

決定的だったのは翌年の文禄二年（一五九三）の二月、漢城（ソウル）西北の幸州山城における戦いだった。宇喜多秀家の率いる三万の軍勢は、権慄全羅道巡察使の率いる二三〇〇名の戦闘員に対して一万人もの戦死者を出し大敗し、ひとまず漢城内に退却せざるを得なくなった。しかも日本軍は朝鮮半島の寒さと食料不足とに苦しみ、義兵の圧迫によって厭戦気分や撤退願望が蔓延していった。一方、李如松の明軍も平壌を奪還した勢いで南下したものの、ソウル北方の碧蹄館の戦いでは日本軍の前に大敗し、完全に戦闘意欲を失っていた。やがて明軍と日本軍との間に和議折衝が成り立ち、四月十八日に日本軍は漢城を撤退することとなった。和議折衝を図る一方で、日本軍は南海沿岸で戦闘を続け、六月末に晋州城を攻め、これを陥落させている。

南海沿岸の攻め落とした城を日本式の城に改築し、日本軍の戦略根拠地とした。それが倭城である。そのような倭城は文禄二年（一五九三）から戦いが再開される慶長二年（一五九七）まで二十六ヶ所に築かれ、支城、端城を含めると三十数カ城に及んでいる。倭城の位置を見ると、とくに洛東江河口に

倭城配置図

は安骨浦倭城、熊川倭城、明洞倭城、加徳倭城、永登浦倭城が南海を囲むように並んでおり、多島海に浮かぶ島々をかなり遠くまで見渡すことができる。

文禄元年（一五九二）に築城された釜山倭城は、日本との往来口として最も早い時期のもので、城塞網の中核であった。また熊川倭城は洛東江河口の西に位置し、晋州城に通じ、さらに全羅道確保のためには欠かせない拠点でもあった。秀吉はここ熊川倭城に兵糧の確保と兵站物資の蓄えのために蔵を作らせている。

さらに慶長期になると、南部沿岸には南海倭城、固城倭城、泗川倭城、順天倭城が築かれ、朝鮮南部支配の布石を打っている。順天倭城は慶尚道以外ではただ一箇所、全羅道にある城だ。ここは小西行長在番の城で、朝鮮半島最大の穀倉地帯である全羅道に攻め入るための主要拠点であった。原則的に倭城には築城した武将が在番しているが、熊川倭城は築城者の小早川隆景ではなく小西行長・宗義智が、明洞倭城も宗義智が在番している。

和議折衝は四年の長きに及んだ。厭戦的な武将は非協力的とみなされ、秀吉から懲罰を受けている。たとえば、大友義統、島津忠辰や波多親らは臆病怠慢として秀吉の怒りをかい、領地没収を命じられた。だが、実際に出陣している大名たちも決して好戦的だったわけではない。まして多くの兵士を失い、経済的にも逼迫した藩の立て直しを迫られている藩主たちにとって、前途へのさまざまな不安に襲われるのは当然だ。かくて、ここ朝鮮から藩に役立つ人材の拉致連行を画策したのではないか。それが儒学者であり、技術者であり、陶工であったのだ。とくに陶工に関していえば、彼ら大名たちは、まずは茶の湯で使う茶碗に思いを馳せての行動だった。

この間の大名たちの動向に筆者は注目したい。連行した朝鮮陶工に後年藩窯を開かせた大名たちは、いずれもこの地域の倭城の在番であった。薩摩焼の祖朴平意を連行した島津義弘は文禄時には永登浦倭城に在番し、慶長時には泗川倭城に入っている。高取焼の祖八山を連行した黒田長政は慶長三年から西生浦倭城に、上野焼の祖尊楷を連行した毛利吉成は慶長二年から釜山倭城に、萩焼の祖李勺光を連行した毛利輝元は文禄期の釜山倭城に在番している。とくに肥沃な土地の少ない肥前国佐賀藩では、早くから〝やきもの〟での殖産興業を図っており、藩主鍋島直茂は文禄から慶長二年にかけて金海竹島倭城に、慶長三年から馬山倭城に在番しており、この間に多くの陶工を連行しているとみられる。佐賀藩は他藩に先駆けて大規模な藩窯の運営に着手した。そのために日本の〝やきもの〟の流れは瀬戸から有田へと変わり、やがて世界の有田焼（伊万里焼）へと大躍進することになる。

文禄五年（一五九六）九月、明との和議折衝は決裂した。秀吉の明国征服という誇大妄想的な野望は夢と消え、朝鮮南部四道制覇が今回の戦いの主たる目標となった。翌、慶長二年（一五九七）七月十五日の巨済島漆川梁海戦でいわゆる「慶長の役」が始まったのである。

朝鮮陶工の故郷

黒田長政に連行された陶工「八山」の故郷を探し求めて、十一代目の高取静山は長男道雄（十二代）を伴って、一九七六年韓国を訪問している。「八山」が先祖の姓ではなく、地名と関わりがあるのではないかと考えた静山は、次の三ヶ所に近い窯を巡っている。

①慶尚南道陜川郡竜州面八山里
②慶尚北道高霊郡雲水面八山洞
③慶尚北道慶山郡河陽邑沙器洞（八公山）

①の八山里には窯跡が三ヶ所あったが、出土したのはすべて甕器の陶片だった。「八山」が黒田長政の命で最初に開いた永満寺宅間窯（福岡県直方市永満寺）からは八山作の碗、皿、瓶、鉢、甕、擂鉢などの陶片が出土している。このことから「八山」は甕器職人ではなかったといえよう。それ故、陜川郡の八山里とは関係は薄いといわねばならない。

それに対して②、③の窯跡からは粉青沙器の破片が大量に採集できたので、静山はここが「八山」の故郷であって欲しいと強く願ったと、彼女の著書『炎は海を越えて』（一九七七年、平凡社）で語っている。粉青沙器は日本では三島と呼ばれて、刷毛目、印花、鉄絵と呼ばれるものも含まれ、茶人に広

朝鮮陶工一覧表

陶工名	倭　名	関連窯	その他事項
阿　房		伊万里・阿房谷《あばんだに》窯	朝鮮唐津有名
安一官		陶技指導で沖縄派遣	島津義弘連行
阿米耶《あめや》（飴爺）	初代長次郎	京都楽焼	千利休創意の茶碗造る
嫛　女（高麗媼《こうらいばば》）	中里茂兵衛の妻	伊万里・椎ノ峰窯・三河内長葉山窯	
	今村弥次兵衛		松浦鎮信釜山より連行
	韋登新九郎	熊本・小代窯	加藤清正連行
金永久		平戸・御茶碗窯 佐世保・葭の元窯	松浦鎮信男女百二十人連行
金　源		佐賀県藤津郡不動山開窯	相源と共に連行される
教　山	西山家の祖先	佐賀黒牟田山平松窯	黒牟田から蔵宿にかけて西山姓多い、墓六十七基あり
貴	ビ　ク（引）	有田・小溝左窯	磁器・高台無釉碗皿等
巨　関	今村弥次兵衛	平戸・御茶碗窯 三河内・吉の元窯	金永久と共に連行される

サンクハン		長崎・西鬼木窯	現川焼、一行十三人漂着
従次貫		名護屋城内開窯	松浦鎮信熊川より連行　秀吉の命により茶碗焼く
正伯（松伯）			土佐尾戸焼の創始者
秀　山			元和元年（一六一五）大村喜前死去により殉死
清　六		有田・清六の辻窯	李参平のあと引きついだ窯
尊　楷	上野喜蔵高国	福岡田川郡釜ノ口窯	毛利吉成連行　細川忠興召しかえる
宗　伝	深海新太郎	武雄・小峠前・奥窯	妻百婆仙
相　源	法名・渡泉相源	佐賀・藤津郡・不動山開窯	墓あり、子孫祭祀おこなう
沈当吉		苗代川焼開窯	作品火計り（沈家宝）薩摩焼沈家初代
金　海	星山仲次	鹿児島、帖佐宇都窯	島津義弘により瀬戸・美濃方面に陶法の修業で派遣される
張献功		陶技指導で沖縄派遣那覇涌田・開窯	島津義弘連行

チャンクンタイハン	（金山）頓六	有田・山辺田《やんべた》窯	
	土谷六郎衛門	山口・須佐村に開窯	階段式連房登窯 益田元祥連行
道　珍		長崎諫早・土師の尾窯	諫早道安連行
八　山	高取八蔵	福岡直方・永満寺宅開窯	黒田長政連行
範　丘		名護屋城白崎山に開窯	秀吉の命により茶碗を焼く 鍋島直茂釜山より十余人連行
卞芳忠		鹿児島・加治木・始良で開窯	島津義弘連行、龍門司焼
何芳珍		〃	〃
朴正意	小山田佐兵衛	柳の元窯 波佐見・百貫窯・不動佐下窯	木村喜前連行
朴平意		鹿児島・串木野窯	男女四十三人十八姓の主導者、島津義弘連行
尹角清	大島彦右衛門	伊万里・田代窯	明治廃藩で廃業
李祐慶	中野七郎右衛門	波佐見・畑ノ原窯	大村喜前連行

李参平	金ヶ江参兵衛	多久・唐人古場、有田・天狗谷窯	有田・陶山神社、祭神、多久安順連行
李勺光	山　村	萩・松本中の倉窯	秀吉の命により毛利輝元連行
李　敬	坂	〃	三輪家に分かれる 勺光の弟といわれ呼び寄せられた
李郎子			津和野城主吉見広長連行

（李義則　作成）

く愛好されている。しかし、慶尚北道の②、③は黒田長政の在番であった梁山倭城や機張倭城とは極めて遠い。果たして地名の八山との関連で見ることができるだろうか。静山はこれらの窯跡を訪ねる前に、慶尚南道昌原郡（現鎮海市）熊川面頭洞里の窯跡を訪れ、陶片を採集している。しかし、熊川倭城は小西行長の在番だったことを現地で知って、可能性を否定してしまったのだった。

　けれども四、五年前のことであるが、静山の孫に当たる十三代の栄作氏を訪ねた折、次のように語った彼の言葉が強く印象に残っている。

「三十年ほど前、祖母と父は慶尚南道鎮海市熊川辺りが八山の故郷でないかと考えていました。『黒田家家譜』に昌原郡を通ったという記録があり、祖母はそう考えたようです。ところが熊川倭城は小西行長在番の城であったことを現地で知り、ただがっかりするばかりだったと言っていました。しかし、わたしは熊川城の近くの頭洞里窯の陶磁片と八山の〝やきもの〟とは最も近いように思います」。

これは思いがけない言葉だった。確かに在番だけではなく、連行した武将の行軍経路、初代陶工の名前にまでも踏み込んで検討をつけなければなるまい。

豪勇を以て聞こえた薩摩藩主島津義弘は、千利休の十哲の一人に入る風雅人でもあった。「慶長の役」での島津の動向を見ると、八月半ばには南原城に参戦、落城させている。日本軍は左軍、中軍、右軍、浦辺(沿岸)軍に分かれて全羅北道各地に転戦したが、義弘は転戦の最中にも秘蔵の鶴首の茶入を持参し、閑暇を得ては茶を楽しんだといわれている。全羅北道の扶安、万頃まで制圧し、龍安、石城と転戦しているが、全羅道全土の制圧は断念、激冬を避けるため、全倭軍は南沿岸の各倭城を目指して南下している。義弘は慶長二年(一五九七)十二月二七日、慶尚南道泗川の船津里倭城に入城している。これらの動きから想像するに、陶工の確保連行はここ船津里倭城への入城以降と見るべきであろう。

さて、この船津里倭城は南海の晋州湾から深く入り込んだ泗川湾の東岸に位置している。その北方の山清郡、南方の泗川郡、及び対岸の昆陽面、昆明面、河東郡辰橋面には十五、六世紀の窯跡があること、二百ヶ所はくだらない。また、昆陽、昆明面には晋州土と呼ばれる白土が豊富に採集されている。これは広州の官用窯まで運ばれ、王宮の容器用に供される白磁土であった。このように陶磁窯の宝庫ともいうべき泗川一帯は、義弘にとっては陶工を確保する絶好の場所だった。

薩摩焼の朴平意、金海、沈当吉らの故郷はどこだったのだろうか。

沈当吉については『薩摩焼沈家歴代作品図録』「薩摩焼の歴史と未来」のなかで、十四代の沈寿官は次のように記している、「薩摩焼の開祖は慶長三年(一五九八)、秀吉の朝鮮侵略の帰途、現在の全羅北道南原より日本に連行された」と。この言葉によって、今日、沈家の故郷は全羅北道の南原と解されている。

しかし、薩摩焼そのものが尊楷の上野焼や八山の高取焼などとは異なり、バラエティーに富んでいる。従って朝鮮陶工の出身地も同一地域ではなく、いつくかの異なる窯から連行されたと見るべきだろう。

島津義弘が在番した泗川船津里倭城から、朝鮮陶工は三艘の船に分乗させられている。第一グループは鹿児島湾内の前之浜に上陸した十数名であった。次に男女あわせて十名ほどのグループは薩摩半島の東岸東市来町神之川に上陸している。そして四十三人のグループは神之川より十数キロ北方の串木野海岸島平に上陸した。このグループの人びとの姓が伝えられていて、安、鄭、李、張、卞、朴、黄、林、車、朱、盧（恵）、羅、燕、姜、何、陳、崔、丁の十八姓である。このようなグループ分けや陶技法の多様さを考えると、薩摩焼が全て南原出身と考えるより、むしろ泗川辺りの各窯から連行されたと考えた方が無理がない。

串木野島平に上陸して薩摩焼発祥の地といわれる串木野市北本壷屋下名で開窯した十八姓のグループは、五年後に東市来町美山（苗代川）に移住している。しかし、その中に沈姓はない。鹿児島湾内前之浜に上陸した十数名は、城下の武家や商家の奴婢として雑用をさせられ、陶工としての腕を揮うことができずにいたが、その後、寛文九年（一六六九）になって鹿児島城下の朝鮮陶工二十五家族を苗代川（東市来町美山）に移したという記録がある。沈家はその中の一家族であったのでは、と考える。

九州所領の大名により朝鮮から連行された陶工の殆んどが、文禄二年（一五九三）四月に始まった明倭の和議折衝後のことと考えられるが、萩焼の祖李勺光の場合は、毛利輝元が秀吉の命により文禄元年に連行してきて、大阪城で秀吉に拝謁させている。秀吉はこれを大層喜び、勺光を毛利家預けとした。名護屋城には黄金の茶室が大阪城より移され、諸大名（徳川家康、前田利家など）を集めて秀吉は頻繁に茶会を催しており、勺光の連行命令は茶器を焼かせる目的であったことが容易に想像がつく。しかし、勺光は毛利家預けのまま秀吉の死を迎える。勺光を広島に連れ帰った毛利輝元は、窯を開く準備をさせ、一族の李敬夫妻を朝鮮から呼び寄せるよう命じる。

関ヶ原の合戦後、西軍についた毛利輝元は安芸・周防百二十万石取りから、周防・長門二国三十六万九千石取りに削封された。萩に入府した輝元は李勺光・敬兄弟を同行。萩城下の松本中之倉に開窯させた。その松本窯が萩焼の始まりで、毛利藩の御用窯として茶器を専門に焼いたのである。萩茶碗は古くから茶人にことのほか深く愛用されてきた。

毛利輝元は茶の湯を通して秀吉と趣味が合うばかりか、二人は主従以上のものがあったといわれている。輝元は千利休の弟子であり、茶器に対する好みは利休譲りといわれ、侘び茶の精神に叶う朝鮮の日用雑器に強い関心を持っていた。九州以東には朝鮮陶工が開いた窯は李勺光の開いた萩焼以外にはない。

毛利輝元は文禄元年（一五九二）に釜山倭城を、翌二年には釜山子城台倭城及び釜山東三洞倭城と釜山中央洞倭城の四城を築城している。従って他の大名たちが三方に分かれて朝鮮半島を北上している時に、日本との往来口である釜山に陣取っている輝元が、陶工勺光を確保したということは、釜山近郊の窯を考えざるを得ない。とすると、朝鮮中期の窯跡が確認されている慶尚南道の梁山、蜜陽、釜山、金海辺りの窯ではなかろうか。

朝鮮陶工は今

文禄・慶長の役の折に日本に連行され、そのまま藩窯として発展してきた朝鮮陶工の中でも、萩焼の坂高麗左衛門、有田焼の酒井田柿右衛門、薩摩焼の沈壽官らは、明治維新という時代の大転換に際し、生き残りをかけて技術を開発することにより日本の焼物として世界的に名を馳せ、今日では人間国宝として認められている。とくに十五代目の沈壽官（本名・大迫一輝54歳）は一九八六年から八八年にかけてイタリア国立美術陶芸学校で学び、一九九〇年には韓国京畿道「金一萬土器工場」でキムチ瓶製作の修業をするなど、意識的に日韓の新時代に向かって活動しているように見受けられる。

上有田の陶山神社に相殿神として祀られている陶祖李参平は、元和二年（一六一六）、有田泉山で磁石鉱を発見し、日本で始めて磁器生産にこぎつけたことにより、鍋島藩の財政に多大な貢献を果たしたが、五代三兵衛（明和六年卒）から十二代儀平（明治四十二年卒）までの百数十年間、李参平窯は途絶えていた。漸く十三代義人氏が六十歳を過ぎて窯を再興したのだが、その時から現在まで二十数年しか経っていない。二〇〇五年に十四代にあたる省平氏（当年52歳）が金ヶ江参兵衛を襲名した。有田焼は赤絵付けの酒井田柿右衛門窯や色鍋島の今泉今右衛門窯は確固たる地位を築き、今日に至っているが、本家ともいうべき李参平窯は今ひっそりと炎を上げ始めたところだ。十四代目の省平氏は二〇〇二年韓国京畿道利川の窯で朝鮮白磁の研修を重ね、二〇〇三年の「韓国京畿道世界陶磁ビエンナーレ」に出品している。今日磁器の陶石としては熊本県の天草陶石が多く使われているが、省平氏は陶祖が発見した泉山の陶石にこだわっている。

また、高取焼は小堀遠州が好んだ七窯の筆頭に上げられ、「きれい寂」を極めたが、九代八山のとき、明治維新で黒田藩の支援が絶たれて閉窯に追い込まれた。その後、八〇数年のブランクの後に、十一代目の高取静山が一九五七年に再興を果たしている。十三代の高取八山氏（本名・栄作53歳）は一九八六年京都市立芸術大学陶芸家を卒業、二〇〇一年に韓国京畿道世界陶芸ビエンナーレに出品している。

上野焼の十二代目渡仁氏（45歳）は一九九三年インド各地を周遊して帰国。その後、十一代目の父に陶芸を師事、翌九十四年には韓国各地の古窯址を探索し、一九九九年には韓国京畿道驪州「金沙土器」で三ヶ月間叩き技法による瓶作りの修業をしている。

彼らは共通して韓国の陶芸家と交流し、毎年積極的に展示会を行うなど、自分のルーツへの並々ならぬ思いを持っている。ここ十数年の間に彼らはそれぞれ先代から名跡を継いでいるが、おそらく数十年後には彼らの子孫がその技を継承し、永遠に窯の炎は燃え続けるだろう。かつて拉致された朝鮮陶工たちの末裔がこれからも日韓文化の強い絆を作り出すことであろう。

（朝鮮陶磁史研究家）

第二章

地域に息づく百済文化

あづまのくに（東国）と百済《くだら》（백제）

熊倉浩靖

私の暮らす群馬は内陸県と言われていますが、古代にあっては「あづまのくに（東国）」の中心地域として、韓半島諸国との多様な交流を積み重ねた歴史を持っています。

その交流の一端を明らかにすることを通して、日韓両国を構成する諸地域をはじめとする東アジア諸地域における未来志向の民際交流の絆を示したいと思います。

「あづまくに（東国）」とは

『日本書紀』には二十箇所以上にわたって「東国」という言葉が現れます。「西国（洲）」が三例であるのとは対照的です。しかも古来の訓みで、「西国」が「にしのくに」としか読まれないのに対し、「東国」は常に「あづまのくに」と読まれ、特定のクニを表す言葉でした。「あづま」というクニは、倭国の中心部からすれば東なので「東国」の文字が当てられたのでしょう。

「あづま」の範囲は、広く美濃（岐阜県）・伊賀（三重県）以東を示す場合もありますが、ヤマトタケルノミコト（倭建命・日本武尊）が、海神の怒りを鎮めるために入水した妻オトタチバナヒメを偲んで「あづまはや（阿豆麻波夜・吾嬬者耶）」と絶唱したと伝わる足柄坂（神奈川県）・碓日坂（群馬県）以東の関東地方を指すと見るのが一般的です（引用はいずれも『古事記』『日本書紀』の順）。

古代の地域、クニと言うと、関東には上《かみ》（毛《つけ》）野国《のくに》（群馬県）・下《しも》（毛《つけ》）野国《のくに》（栃木県）などが古くからあったと思いがちですが、『常陸国風土記』が語り『日本書紀』が示唆するように、七世紀半ばまでは「あづま」という一つのクニがあったと見られます。そして上野国などに分けられた後も、東国は大倭《やまと》や近江と並ぶ一つのクニとして扱われた様子が『日本書紀』や『続日本紀』の記載から読み取ることができます。

「あづまのくに」の中心が、今日の群馬県地域に当ることは、東国に派遣された将軍が途中で亡くなった際、東国の百姓はその遺骸を上野国に運んで葬ったという『日本書紀』の伝承などに伺い知ることができ、やがて、その名も上毛野君《かみつけののきみ》と呼ばれる有力な貴族集団が生まれていきました。

考古学的にも、東日本最大の古墳は、中期では太田市の天神山古墳が、後期では藤岡市の七輿山古《ななこしやま》墳が数えられ、出土品の数々も東日本では群を抜いた質・量を示しています。

考古遺物に見られる東国と百済

そのような歴史を持つ群馬県からは、百済《くだら》（백제）と良く似た遺物が数多く出土しています。とくに、百済中興の祖であり、天皇陛下がそのゆかりを度々強調しておられる武寧王《ぶねいおう》（무녕왕、四六二〜五二三）の陵から出土した副葬品との類似は大いに注目させられます。一九七一年発掘の武寧王陵は、

五二五年に築造され五二九年には王妃が追葬されたことが、買地券と称される墓誌から判明した韓国唯一の古代王墓です。

類似の第一として、武寧王の頭部に置かれて最も重視されていた鏡（獣帯鏡）と同型の鏡が高崎市の綿貫《わたぬき》観音山古墳から発見されていることが挙げられます。

綿貫観音山古墳は一九六八年発掘の前方後円墳で全長九十七メートル。六世紀後半の築造と推定され巨大な横穴式石室を持っています。豊富な副葬品で知られ、中国北朝・北斉起源と見られる銅瓶が、日韓両国を通じても唯一出土した古墳としても注目されています。完全な形で復元され、出土遺物は隣接する群馬県立歴史博物館に展示されていますので、足を運んでいただきたい古墳の一つです。

綿貫観音山古墳の西北西十三キロほど、同じ高崎市にある八幡《やわた》観音塚古墳（六世紀末）からは、武寧王陵の王妃の遺体近くに置かれていた銅托銀杯に良く似た金銅製の承台付蓋鋺（托杯）が二点出土しています。流石に武寧王妃副葬品のような見事な毛彫はありませんでしたが、蓋を開けたところ、内側には錆などが全く見られず、金色の輝きが目に痛いほどでした。一四〇〇年を超える歳月、密閉性を保持した技術の高さには驚かされます。

同様の托杯は、日本国内では千葉県と福岡県に一点ずつが知られているだけで、一つの古墳から二点も出ている例はありません。托を伴わない蓋鋺（杯）も、隣接する埼玉県北部から二点、神奈川県から一点、長崎県対馬から一点の出土が知られているばかりです。いわゆる天皇陵が公開されていないことを差し引いても、倭国の中心と見られる奈良・大阪辺りに一つも見つかっていないことは留意されます。韓国での出土例も少なく、それだけに、武寧王陵と「あづまのくに」との関係は一層注目されます。

武寧王陵からは複数の銅鋺も発見されましたが、八幡観音塚古墳をはじめとする群馬の複数の古墳からも多数の銅鋺が出土しています。その数は奈良・大阪辺りを遥かに凌ぐものです。八幡観音塚古墳は誰もが容易に石室に入ることができ、出土遺物は隣接する高崎市立観音塚考古資料館に展示されています。

さらに武寧王陵では、王も王妃も飾履と呼ばれる金銅製の飾り履を履いていましたが、類似した飾履が、同じく高崎市の下芝谷ツ《しもしばやつ》古墳から出土しています（高崎市立かみつけの里博物館に複製品展示）。そして六世紀初頭と見られる下芝谷ツ古墳は積石塚と呼ばれる形式で、高句麗・百済に多いタイプです。

このように、百済（武寧王陵）文物との類似品が幾つも出土していること自体驚きですが、武寧王陵の副葬品がセットで出土している点が特に重要です。武寧王陵に表現されている六世紀百済の最高度の文化が群馬に集約していることを意味するからです。

従来、韓半島に起源する文物が見つかると、渡来人・渡来集団の足跡が確認されたと言って済ませる傾向がありました。しかし、ここに見られる事実は、偶発的に人や物が伝わったという解釈では済ますことのできない、深い恒常的な交流を示唆しています。

『日本書紀』が伝える東国と百済

交流の中心はどのような人々だったのでしょうか。浮かび上がってくるのが、群馬の古地名「上毛《かみつけ》野《の》」を負う貴族・上毛野君《かみつけののきみ》の一族です。

上毛野君一族は多くの氏族からなり、単純に群馬の氏族と言いきれない複雑な構造を持つ人々で、その氏族形成の歴史は日本古代国家形成史そのものと言ってよいほどの深みがありますが、『日本書紀』や『続日本紀』は、上毛野君一族の確かな基盤が群馬を中心とした東国にあり、百済はじめ韓半島の諸地域との多様な交渉に関わったことを、伝承の世界でも史実の世界でも度々記しています。

上毛野君の事跡でまず注目すべきは、白村江の戦いにおける将軍としての活躍です。

六六〇年百済は新羅・唐連合軍に王都を落とされます。直後、倭国は百済復興・対唐防衛のため、斉明天皇以下王族打ち揃って筑紫に移動し、百済遺臣の求めに応じて倭国にいた百済王子を帰国させます。そして六六三年二万六千人の兵士を一千隻の船に載せて派遣したと『日本書紀』は記しています。前将軍《さきのいくさのきみ》が上毛野君稚子《わかこ》でした。

上毛野君が最前線の将軍として派遣された理由の一つは、百済との共同軍事行動の伝承をあまた有している点にあると考えられます。いわば伝統です。同様な伝承を持つ氏族は意外と少なく、武内《たけうち》宿禰《すくね》を始祖と仰ぐ蘇我氏に連なる氏族が浮かび上がる程度だからです。

上毛野君一族が、とくに百済との関係で韓半島の軍事に関わっていたことは認めて良いことと思われます。象徴的な話が『日本書紀』舒明天皇九年（六三七）条に載せられています。蝦夷《えみし》との戦いに怯んで砦に逃げ帰った上毛野君形名《かたな》に対し、妻たちが「汝《いまし》が祖《おや》たち、蒼海《あおうなばら》を渡り、万里《とおきみち》を跨《あうどこ》びて、水表《おちこち》（海表）の政《まつりごと》を平《ことむ》けて、威武《かしこきたけき》をもて後葉《のちのよ》に伝えたり」と叱咤したという話です。蝦夷との闘いに際し韓半島での武勇を示すという話の展開は、韓半島との交流が上毛野君一族の氏族形成に果たした役割が大きかったことを示唆します。

しかも、上毛野君一族は単に軍事をもって韓半島との交流に関わっただけではありませんでした。より大切な伝承があります。『日本書紀』応神天皇十五年条の記載です。次のように記されています。

上毛野君の祖、荒田別《あらたわけ》・巫別《かんなぎわけ》を百済に遣し、王仁《わに》を徴《め》す。

博士《みふみよみ》（『日本書紀』）・賢人《さかしきひと》（『古事記』）と記される王仁を百済から招いて漢字・漢文、中国古典思想を本格的に定着させたという伝えは、日韓両国の教科書に共通して載っているほどの話ですが、王仁招聘の使いが上毛野君の祖と伝承されてきたことは存外知られていません。しかし、上毛野君の祖が百済から有識者を招く使いとされたことは古代の貴族・官人間で共有されていた有名な話で、類似の伝承が『続日本紀』にも記されています。

王仁は大阪府枚方市で亡くなったと伝えられ、『古今和歌集』の序文では、漢文ばかりでなく和歌の創始者にまでなっています（大阪文化の原点の一つである「咲くやこの花」の和歌は王仁が詠んだと伝わっています）、王仁招聘の使いに選ばれるには、それだけの学識と交渉力を持っていなければならなかったはずです。上毛野君には、そうした力があったということです。そのことをとても大切にしたいと思います。群馬を一つの起点として日韓民際交流を活性化させる一つの原点、原動力と考えられるからです。

上毛野君と百済にさらに一歩踏み込めば、崇神天皇の皇子・豊城《とよき》入彦命《いりひこのみこと》の子孫とされている上毛野君の一族の中には明らかに百済出身者と見られる人々が存在します。古代氏族の中にこうした例はほとんどないのですが、平安時代初頭の『日本書紀』購読会のノートには次のように記されています。

田辺史《たなべのふひと》・上毛野公《かみつけののきみ》・池原朝臣《いけはらのあそみ》・住吉朝臣《すみのえのあそみ》らの祖、思須美・和徳両人、大鷦鷯《おおさざぎ》天皇（仁徳天皇）御

宇の年、百済国より化来す。しかして言うに、おのれらの祖、これ、貴国（日本）将軍上野公竹合《かみつけののきみたかはせ》なりと言えり。天皇、矜憐して彼の族（＝上毛野君の一族）に混ず。（原漢文）

百済からやってきた人々だが上野公竹合（『日本書紀』では竹葉瀬、『新撰姓氏録』では多奇波世）の子孫と称するから上毛野君の一族であることを認めるという裁定です。先の上毛野君形名夫妻の話とも相通ずる伝えです。

上毛野君の一族が、倭の王家と百済・あづまとの関係の中で生み出されていったことは事実と見てよいでしょう。いわゆる交流のレベルを超えた深い関係を思わずにはいられません。それを解明していくことも、より深いレベルでのこれからの日韓交流に資すると見られます。

古代に学んで群馬から未来志向の民際交流を

このように、古代において、あづまのくに（東国）は百済をはじめとする韓半島諸国・諸地域との多様で恒常的な交流を持ち、そのことを通して地域とそこに暮らす人々を育ててきました。

今年二〇一三年は、奇しくも上毛野君稚子が海を渡って一三五〇年の節目となります。古代の文化交流、外交の最先端に立ち続けたあづまのくに（東国）の先人に学んで、未来志向の日韓交流を地域、民際から大きく育んでいく一歩を踏み出す年としたいものです。

（群馬県立女子大学教授・群馬学センター副センター長）

古代の枚方《ひらかた》と百済

狩野輝男

枚方には古代に百済との関係が深かったことを示す歴史的なモニュメントが三つある。王仁墓、楠葉宮跡、百済寺跡で、これらについて百済との関係に触れながら説明を試みたい。その前に「枚方」について簡単に述べておく。

1. 枚方とは

枚方は大阪と京都の中間にあり淀川左岸に発展したところで、現在は約四十万人が暮らす大阪の中堅都市である。交野《かたの》台地と枚方丘陵の間を天野川が流れ、古くから人の住み易い土地であった。旧石器時代から近世に至るまでの多くの遺跡が点在している。

枚方をヒラカタとは読み難いのだが、戦国時代や江戸時代の武将にも枚の字をヒラと読ませる名前が見受けられ、昔は一般的な読み方だったようだ。地名の由来としては次のような説が見られる。

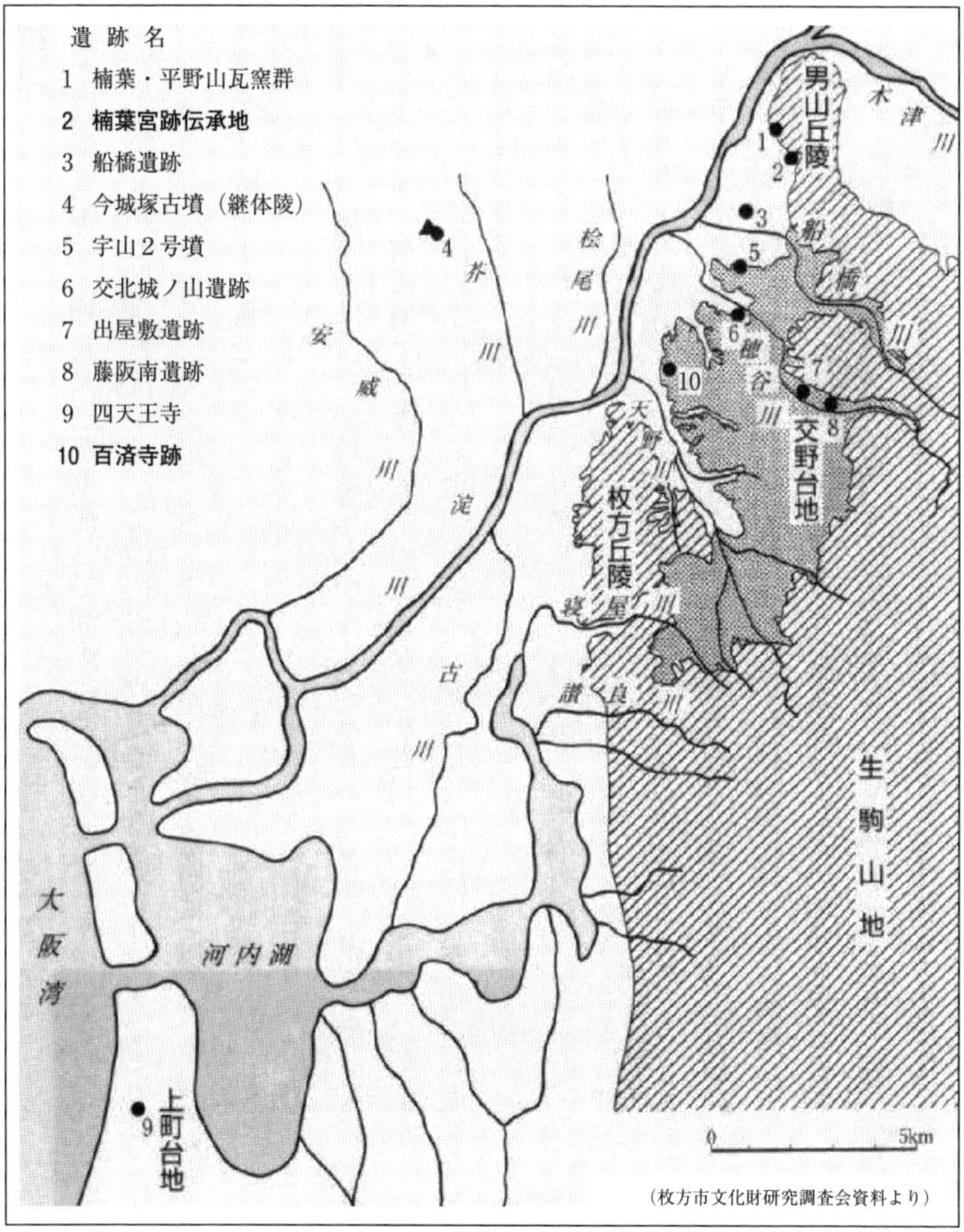
遺跡名
1 楠葉・平野山瓦窯群
2 楠葉宮跡伝承地
3 船橋遺跡
4 今城塚古墳（継体陵）
5 宇山2号墳
6 交北城ノ山遺跡
7 出屋敷遺跡
8 藤阪南遺跡
9 四天王寺
10 百済寺跡
男山丘陵
木津川
船橋川
穂谷川
天野川
交野台地
枚方丘陵
寝屋川
讃良川
生駒山地
桧尾川
芥川
安威川
淀川
古川
河内湖
大阪湾
上町台地
0 5km
（枚方市文化財研究調査会資料より）

古代枚方の位置関係図

白肩の津

古事記や日本書紀に、神武天皇が東征して潮流の早い難波を過ぎ、川を遡って波静かな「青雲の白《しら》肩《かた》の津」に上陸したと記されている。この白肩が枚方であるという。シはよくヒに転換するので、シラカタがヒラカタになった。天之川（天野川）が淀川に注ぐ川口に白砂の干潟（白潟）が広がっていた。白潟に白肩の字が当てられた。

新羅の肩

交野台地や枚方丘陵には古くから渡来人が多く住み着いたと考えられる。特に新羅の人の多く住む台地という意味で「新羅肩」と呼ばれたのではないかと言う。わが国では新羅をシラギと呼ぶが本来はシラである。肩は山の下に広がる台地を表し、枚方丘陵は正に肩と呼べる地形をなしている。

アイヌ語のピラカタ

アイヌ語でピラ（pira）は「崖」、カタ（kata）は「上」を表していて、ピラカタは崖の上ということになる。淀川を遡ると右手に生駒山系から続く枚方丘陵があって、今でも約四十メートルの高さの崖が見られる。現在の枚方市はかなり広域になっているが、古代では枚方の名はこの丘陵附近を指していた。ピラカタがヒラカタになった。アイヌ語の地名は各地に残っているので、この説はかなり有力と思われる。

比攞哿駄

『日本書紀』の継体天皇条に、近江臣毛野の妻がその死を悲しんで詠んだ次のような歌が載せられている。「比攞哿駄《ひらかた》ゆ　笛吹のぼる　近江のや　毛野の稚子い　笛吹のぼる」。これがヒラカタの名が文献に現れる最初だが、六世紀初めの頃にはヒラカタの地名があったことを裏付けている。播磨風土記には「平方」という字が登場する。

交野郡とモニュメント

古代では枚方市の全域が河内国茨田《まんだ》郡に属していたが、大宝二年（七〇二）に天之川から北の台地は交野郡として分離された。三つのモニュメントはすべてこの交野郡に存在する。

古代の半島には百済・高句麗・新羅が鼎立した三国時代があり、その三国間で激しい抗争を繰り返し、そのために多くの人々が列島へ渡来した三つの大きな時期があった。モニュメントはそれぞれこの三つの時期に対応している。

●王仁墓　渡来の第一期　四世紀末～五世紀初
　百済が高句麗に圧迫され漢江以北を失った時期
●楠葉宮跡　渡来の第二期　五世紀末～六世紀初
　百済の都漢城が滅び新都熊津《うんじん》で南下を図る時期
●百済寺跡　渡来の第三期　六世紀中葉～七世紀中葉
　百済が新羅・唐と抗争し、滅亡した時期

2. 王仁墓

枚方市藤阪東町に応神天皇の招きで来日した王仁の墓と伝えられているところがある。墓碑の周辺も整備されて、韓国からも多くの人が訪れている。

王仁墓の由来

藤阪に古くからオニ墓と呼ばれた自然石があり、霊験あらたかなものとして崇敬されていた。王仁の子孫を自称した枚方禁野和田寺の僧道俊が、元和二年（一六一六）に「王仁墳廟来朝記」を著し、オニ墓は王仁墓の訛ったものであると主張した。享保十六年（一七三一）に京都の儒学者並河誠所が『五畿内志』という名所案内を書き、その中でこの説を追認した。そしてこの地の領主久貝因幡守正順に墓碑建設を進言し「博士王仁の墓」の碑が建立された。昭和十二年（一九三八）にこの地の村長が大阪府に史跡指定を申請、翌昭和十三年に大阪府は「伝王仁墓」として史跡第十三号に指定した。

一方韓国では一九七六年に全羅南道霊岩郡鳩林面聖基洞を王仁生誕地と定め、「王仁廟」を建設して王仁の顕彰が行われている。枚方市とこの霊岩郡との親善が進められている。

伝王仁墓

王仁の渡来

百済は近肖古王（三四〇～三七五）の時代に最盛期を迎え、倭国とも友好関係を結ぶが、その後高句麗広開土王によって漢江以北の地を失う。南に目を向けた百済は倭国と連合して新羅を攻め、これに高句麗が介入して戦乱が拡大する。この時期のことは有名な広開土王碑文によって推量されているが、神功の新羅出兵という『日本書紀』の記述もこの時のことである。戦乱を背景にして多くの人たちが列島に渡って来た。秦氏が百済百二十県の民を率いてやって来たのもこの頃である。

応神十五年に百済から阿直岐《あちき》が渡来して来た。阿直岐は馬飼であり、またよく経書を読んだので、応神は太子菟道稚郎子《うじのわきのいらつこ》の師とした。応神が「お前よりも優れた学者がいるか」と問われたのに対して阿直岐は「王仁というすぐれた人がいます」と答えた。そこで応神は百済に荒田別らを遣わして王仁を招聘し、王仁は論語十巻と千字文一巻を携えてやって来た。千字文は南朝梁の武帝時代（五〇二～五四九）に周興嗣が編纂したものが有名だが、魏（二二〇～二六五）の鍾孫による千字文が前に存在しており、王仁の携行したのはそれだったと考えられる。

菟道稚郎子

皇太子菟道は王仁を師として諸々の典籍を学び、すべてによく通達していたと日本書紀は記す。応神には皇位継承の有力候補として大山守命、大鷦鷯命（後の仁徳）、菟道稚郎子がいたが、応神はいちばん下の菟道を皇太子に立てた。菟道の母は宮主宅媛で、その父は和邇日触使主《わにひふれのおみ》である。使主というのは阿知使主の例のように渡来集団の長と考えられる。菟道はこの母のもとで王仁の学問を受け入れる素地を養った。王仁の講義は百済語で行われたであろうから、菟道は百済語を理解したのだ。百済の血を受けた応神が宮主宅媛を寵愛し、その子菟道を皇太子に立てたものと想像できる。

因みに応神は百済熊津《うんじん》（忠清南道公州）から来たとの説がある（金容雲氏の「日本＝百済」説）。熊津は応津とも書き応神の名はそれに連なっている。神功が半島に出兵するとき既に懐妊しており出産を遅らせるために石を抱いたと日本書紀は記している。しかしこれは応神を仲哀の子とするため、即ち天皇家が一系であるとするための作為であることは明らかで、応神が神功と共に百済から渡来した王族であると推論することもできる。そうすれば応神は当然百済語を話し、王仁とも自由に通じたことになる。

応神の立てた皇太子菟道稚郎子は兄に皇位を譲るために自殺し、大鷦鷯が立って仁徳天皇となった。これも興味深いテーマだが、本論から外れるので割愛する。

辰孫王

『続日本紀』延暦九年条に、津連真道が桓武天皇に奏上した言葉がある。「応神天皇は、上毛野氏の遠い先祖である荒田別に命じ百済に使いさせ、有識者を招請させました。国主の貴須王は申し出を受け入れて、一族の中から人材を選び、孫の辰孫王を派遣しました。天皇はこれを喜ばれ、皇太子の師とされました。こうして初めて中国の典籍を日本に伝え、大いに儒教の学風をあきらかにされました。（一部省略）」（宇治谷孟氏訳による）

これは、応神十五年の王仁来朝の出来事と全く同じ内容なので、王仁即ち辰孫王ということになる。金達寿氏は「王仁とは朝鮮語のワンニム（王任）で、これは王様ということに他ならない」と述べている。王仁は王族であるということである。辰孫王の子孫は河内国藤井寺や柏原辺りに住んだが、その柏原に松岳山古墳というのがあり、辰孫王の墳墓と伝えられている。辰孫王が王仁であるとすればそこが王仁の墓ということになるが、これも伝承の域を出ず、直ちに藤阪の王仁墓を否定するものではない。

因みに、辰孫王という名は古朝鮮時代に半島南部にあった「辰国」を連想させる。辰国はやがて馬韓・弁韓・辰韓に別れるが、馬韓目支国の王が辰に君臨した。馬韓は後に百済の地となるところで、辰王族の勢力が百済にも及んでいたことが考えられる。辰孫王とはそのような勢力の子孫ということになる。

3．楠葉宮跡

枚方市楠葉丘に交野天神社の小高い丘があり、そこが継体天皇楠葉宮跡と伝えられている。この丘の麓は、木津川と桂川が淀川に合流する地点で、対岸には天王山が迫っていて、交通や戦略上の要衝だったことを忍ばせる。

継体天皇の即位

応神から始まった河内王朝は武烈で途絶えた。武烈には子がなく後継者がなかった。有力豪族大伴、物部、蘇我らが相談して白羽の矢を立てたのが越前の男大迹王《おおどのおう》で、応神五世の孫と言われ、『釈日本紀』には上宮記の記述としてその系図が挙げられている。誉田天皇（応神）—稚野毛二派皇子—意富々等王—彦主王—男大迹天皇（継体）である。

父の彦主王は近江国高島郡三尾の豪族であり、母の振姫は垂仁七世の孫と言われ、越前坂井高向の出身である。彦主王が早世したため振姫は幼い男大迹を連れて越前に帰り、男大迹はそこで成人した。男大迹王は、その妃に尾張連草香の娘目子媛がいて、近江から尾張に及ぶ大きなネットワークを持っていたことが考えられる。

大連大伴金村が越前に赴いて男大迹王を招請するが、その時仲を取り持ったのが河内馬飼首荒籠《あらこ》だった。その名の通り河内の馬飼の首領である。馬飼は馬を飼育するだけでなく運搬業者であり、万一のときの戦闘要員でもある。荒籠という名は、半島伽耶の一国である「安羅の人」という意味を示している。安羅はいわゆる任那があったところで倭人も多くいた。荒籠は、日本海を挟んで半島と交易していた男大迹王と旧知の仲だった。また、振姫の里高向には多くの古墳があって、その出土品から半島との交流が深かったことが知られている。

男大迹王は河内国交野郡葛葉（楠葉）に進出しそこで即位の礼を行った。楠葉は、木津川を遡って奈良山を越えれば大和に入り、巨椋《おぐら》池（今は干拓されて田園が広がる）から山科を通り琵琶湖を経由して越前につながり、淀川を下り瀬戸内海を通って筑紫に至り、半島へと通じて行く交通の要衝に当たる。この地を熟知している荒籠が、自らの勢力下にある楠葉での即位を進言したものと思われる。

継体天皇楠葉宮跡

継体の遷都

継体が即位したのは五〇七年のことで、武烈の妹である手白髪媛《たしらかひめ》を娶って皇后とする。これも皇統が一系であることを言おうとするための『日本書紀』の作為かも知れない。

即位して四年目の五一一年に継体は都を筒城宮に移す。楠葉から南へ山を一つ越えた地点で大和へ一歩近付く。ところが七年後の五一八年には乙訓宮に遷都する。一転して大和から遠ざかるのだが、ここは水運の便のよい土地であった。当時の半島状勢を睨んで、継体は大和よりも半島対策を優先させたのである。

百済ではわが国で生まれたと言われる武寧王の時代だった。新羅が伽耶に進出し、百済は南下政策を取る高句麗に圧迫されて自らも南下を図るが、それにより伽耶を挟んで新羅と対立することになる。五一二年、百済はわが国に対して任那（伽耶）四県の割譲を求めた。ここは百済に接する蟾津江の西側の広い地域だが、継体は大伴金村らの意見を入れて百済の要求に応じる。更に五一三年に、己汶《こもん》・帯沙《たさ》の地を百済に譲る。ここは蟾津江沿岸の要衝の地で、伽耶の伴跛《はへ》国は強く抗議するが継体は聞き入れなかった。強力になってきた新羅に対抗する政策として、継体は伽耶よりも百済を選んだのである。因みに金容雲氏は継体を百済蓋鹵王の弟の昆支であると見る。もしそうならば、継体が百済寄りの政策を取ったことは容易に頷けることになる。

五教博士

継体が百済に便益を図った見返りに百済は五経博士段楊爾を送って来た。継体は百済を利用してわが国の文化の発展をも画策した。楠葉、筒城、乙訓に戦略的拠点を完成させた継体は、最後に文化の拠点である大和に宮を造営する。即位して二十年、やっと大和入りし磐余玉穂宮を定めた。玉穂という名に文化の香を感じる。倭の五王（河内王朝）は中国南朝から冊封されることを望んだが、継体はこれを脱して国際的に通用する国力の実質的向上に力を注いだ。新しい国の形が継体によって誕生したと言われる所以である。

近江臣毛野

「継体二一年（五二七）六月、近江臣毛野が兵六万を率いて任那に行き、新羅に破られた南加羅を回復させようとした。このとき筑紫国造磐井は密かに反逆を企てたが、事のむつかしいのを怖れて隙をうかがっていた。新羅がこれを知って磐井に賄賂を送り、毛野の軍を妨害するように勧めた」と『日本書紀』にある。これを知った継体は物部麁鹿火《もののべのあらかひ》を大将軍として磐井を討たせ、五二八年麁鹿火は磐井を切り、反乱を完全に鎮圧する。新羅と結んだ磐井を倒して継体は百済との関係を深める。

継体はあらためて毛野を安羅に派遣するが、交渉は失敗に終わる。継体により召還された毛野は帰国途中で病死し、その亡骸を積んだ船が淀川を遡って近江に向かう。その時に毛野の妻が詠んだ歌が『日本書紀』に記されており、そこにヒラカタという言葉があることは前述の通りである。

4. 百済寺跡

枚方市中宮西之町に国指定特別史跡「百済寺跡」がある。国指定特別史跡は大阪府では大坂城址と百済寺跡の二つだけだが、大坂城址が広く知られているのに対し、百済寺跡は殆ど知られていない。これをもっと顕彰しなければならないと、二〇〇一年に活動を開始したのが「百済の会」である。百済の会主催で毎年五月に行われる「枚方／百済フェスティバル」は、現在では枚方市教育委員会と枚方文化観光協会が主催者に加わって盛大に行われるようになった。

特別史跡指定の経過

七世紀末に百済王氏一族が氏寺として建立した百済寺は、その伽藍は消滅したものの、寺跡が奇跡的に保存されてきた。昭和七年（一九三二）に大阪府史跡調査委員会が調査したところ、薬師寺式の伽藍配置で主要な堂塔の遺構がよく残されていることが明らかになった。昭和十六年（一九四一）に寺域一帯が史跡に指定され、昭和二十七年（一九五二）には、造営氏族がはっきりしている数少ない寺院であり、百済王氏の歴史的背景と相俟って、日本古代史における日朝文化交流の史実を徴証する遺跡として特別史跡に指定された。

昭和四十年（一九六五）に史跡公園として整備されることとなり、発掘調査が実施されて、主要伽藍の基壇を立体表示するなどの整備が行われた。その後四十年が経過して再整備が必要となり、これを機に平成十九年（二〇〇七）から再度発掘調査が行われた。その結果新しい事実が次々に発見され、当時の官寺に見られる最高の技術を駆使して造営されたことが明らかになった。百済寺が別格的な存在であったことが証明され、特別史跡としての価値を高めている。

特別史跡百済寺跡

百済王禅広

百済は六六〇年に新羅・唐の連合軍と戦って

滅ぼされる。その時の百済の王は義慈王で、一時新羅を攻めて百済の勢力を伸張させるが、わが国との連携を強めるために王子豊璋と禅広（善光）を送って来ていた。

百済では鬼室福信らにより復興運動が起こされ、豊璋は王に推戴されて半島に帰る。わが国は斉明天皇と皇太子中大兄皇子（天智）が百済を救援するため派兵して新羅・唐と戦うが、白村江の戦いで大敗して百済復興運動は終焉する（六六三）。これによって百済から多くの人々が渡来してくるが、わが国に残っていた王子禅広は天智によって摂津国難波に土地を与えられた。大阪市天王寺区や東住吉区には百済の痕跡が残されている。禅広は後に女帝持統から「百済王《くだらのこにきし》」の氏姓を与えられる。

百済王敬福

禅広の曾孫に当たる敬福が陸奥守となった天平十五年（七四三）、聖武天皇が大仏建立を詔する。百済からの渡来人が多くの寄付を集めて建てた河内の知識寺がモデルで、聖武もまた多くの寄進によって大仏を建立しようとした。聖武の命を受けた僧行基が勧進に活躍するが、行基もまた王仁を祖とする高志氏の出身で、百済に関係ある人物である。大仏建設は順調に進んだが、仕上げに使う黄金が不足していた。その時、敬福が陸奥国涌谷で産出した黄金九百両を献上する（七四九）。九百両は約十三・五kgに当たり、大仏に必要な黄金の二十%程度に過ぎないが、聖武は大喜びし、敬福を従三位に昇進させ、宮内卿河内守に任じる。

大仏の仏師は国中連《くになかのむらじきみ》公麻呂《まろ》で、その祖父国骨富は百済滅亡の時亡命してきた人である。敬福がタイミングよく黄金を献上したのには、この公麻呂の策謀があったものと考えられる。大仏殿の建設を指揮したのは猪名部百世《いなべももよ》で、やはり百済からの渡来人の末裔である。こうしてみると奈良の大仏は百済からの渡来人によって作り上げられたと言わざるを得ない。

百済寺建立

敬福が河内守に任命されて百済王一族をはじめ百済の人たちが摂津国百済郡から河内国交野郡に移住した。それが現在の枚方市中宮である。そこに移住した百済王氏は新しく町を造り上げ、それと共に氏寺として百済寺を建設したのである。

発掘調査によって百済寺の建設は八世紀後半と見られるところから、敬福が河内守になると同時に発願し、その死後（七六六）に建設が進められ完成したものと考えられる。大仏殿が完成する時期と重なっており、百済寺は大仏殿を造った技術者たちが建設に協力したことが想像される。このことによって官寺に匹敵する極めて質の高い百済寺が完成したのだった。

桓武と百済王

百済寺跡の一角に百済王神社があり、その鳥居の脇に「桓武天皇行宮址」の碑が立っている。百済王敬福の孫娘に明信《みょうしん》がいて、その夫右大臣藤原継縄《ふじわらつぐただ》の別業が交野にあった。交野の地を十二度に亘って訪れている桓武は、そこを行宮にしたものと思わる。明信は桓武の寵愛を受けて尚侍《ないしのかみ》となり、一族の多くの女性を桓武の後宮に送った。百済武寧王からの血を受け継いでいる桓武は、百済王氏を「朕が外戚なり」と呼んだ。その強力な関係は嵯峨・仁明の時代まで及ぶが、藤原北家の勢力が強まると共に衰退して行く。

徐々に後ろ盾を失った百済寺は維持が困難となり、十二世紀頃にはその姿を消したが、その痕跡はしっかりと残されたのである。

（百済の会・顧問）

堺市と韓半島、大陸との交流

――堺市博物館所蔵　観音菩薩立像を通じて――

中村晶子

堺は現在の大坂城附近から南に伸びる上町台地の南端西部に発達した砂堆上に形成され、古くから海と、海の彼方に広がる「外なる地」との関わりで発展してきた。

古代史上においては、堺の近海は「茅渟《ちぬ》の海」と呼ばれ、古代王権の要港である住吉津と密接な関係を持っていた。

『日本書紀』雄略天皇十四年（四七〇）、身狭村主青《みむさのすぐりあお》が呉国の使いとともに帰国し、手末才伎（たなすえのてひと）の漢織、呉織と、衣縫の兄媛、弟媛らとともに住吉津にとどまり、彼らを飛鳥に送るために磯歯津《しはつ》路を開通させて呉坂と名付けたという記事がみられる。

身狭村主青は雄略天皇に重用された半島系の渡来人である。手末才伎や衣縫は百済系の渡来人と考えられるので、住吉津や「茅渟の海」とよばれた堺近海の地域が、古代難波津と並んで大陸文化の受容に大きな役割を果たしたことを物語る伝承である。

世界最大の前方後円墳である仁徳陵古墳（大山古墳）を中心に、四世紀末にから六世紀後半頃までの間に、百基を越える古墳が築かれた百舌鳥古墳群は、現在、古市古墳群とともに世界遺産登録に向けた取り組みが進められている。百舌鳥古墳群の立地については「茅渟の海」の東方、瀬戸内海から航路で大阪湾に入ってくる海外使節などの「視線」を意識して、大阪湾を臨む台地上に築かれたのではないかと考えられている。

百舌鳥古墳群が築かれた地域は『日本書記』では「百舌鳥野」や「百舌鳥耳原」と記され、古代以来「百舌鳥」の地名が継承されてきた。この百舌鳥に伝わる一躯の観音菩薩像もまた、堺と韓半島、大陸との関係を物語る貴重な歴史遺産である。

現在、堺市博物館に所蔵されている観音菩薩立像は、昭和四十六年（一九七二）刊行された『堺市史続編』に先立つ調査において、百舌鳥赤畑町の円通寺から発見された。円通寺は江戸時代の寺社改帳に「行基菩薩之開基元和年中真誠阿闍中興甫隆」とあり、行基の開基とされているが、詳細は定かではない。

発見当時は、桜材による代用檀像の可能性が指摘されていたが、昭和六十一年（一九八六）、樹種鑑定がおこなわれ、日本では産出されない白檀で制作されたものと同定された。

本像は像高74㎝、宝冠の正面に本像が観音菩薩であることを示す標識である如来化仏を置き、宝髻の前面に宝珠をあらわす点に特徴がある。宝冠の左右に配される唐草は、法隆寺西院伽藍再建時（七世紀後半）の瓦に同様の文様がみられる。両肩から垂れ下がった天衣は、膝のあたりで交差し、胸飾の両端から装飾の痕跡が見られる瓔珞が垂下する。頭体幹部は一材から彫出され、両手と両足先を欠失しており、全体が薄い赤褐色に着色されている。頭部がやや大きめで、やや腹部を突き出して立つ姿勢や、浅い彫りながらも鋭い稜線で衣文を表現する技法など、中国南北朝〜隋代の仏像と共通する特徴が顕著に見られる。

本像が白檀材と鑑定されたこともあり、日本に伝来する檀像のうち、最古例の大作として、平成二年六月二十九日、重要文化財に指定された。

重要文化財　観音菩薩像（正面）

平安時代の私撰歴史書『扶桑略記』の推古三年（五九五）四月にの条に「淡路島の南岸に強い香りを放つ木が流れ着き、朝廷に貢献された。島人は知らずに薪と交ぜて焼いたりしていたが、太子は『これは天竺（インド）の南岸に時清する栴檀の香木である。今陛下が仏教を興され仏像を造り始められたので、仏が徳を感じて此の木を送ったのだろう』と言われ、百済工に命じて檀像を造らせた。高さ数尺の観世音菩薩を造り、吉野の比蘇寺に安置され、それは時々光を放った」との記録がある。

観音菩薩像（左側面）

大日本帝国陸地測量部地図
（明治18年（1885）より）

大陸から漂着した栴檀（白檀の中国名）の香木を使い、百済の工人に命じて檀像を作らせたというこの記事は、まさに本像を想起させる逸話である。

仁徳陵古墳の南側には、近年まで「百済」あるいは「万代《もず》百済村」という地名があった。慶長十年（一六〇五）和泉国絵図には「くだら村」と見え、元禄十三年（一七〇〇）の序文のある私撰地誌『泉州志』においては「百済村」の項で、新撰姓氏録の和泉国諸蕃に見える「百済公」、つまり百済国酒王の後裔がこの地と関係があったのではないかと推測されている。（前ページ地図）

百済村は、江戸時代を通じて存続し、明治二十二年（一八八九）に西百舌鳥村の大字に、堺市に合併された後の昭和十四年（一九三九）に百舌鳥百済町となり、昭和三四年（一九五九）に堺市百舌鳥西之町、百舌鳥陵南町、北条町などの一部になったことで、町名としては消滅してしまった。現在は石津川の支流で深井と北条町付近から北西に流れ、JR上野芝駅の南方で百舌鳥川を受けて西流して石津川に合流する延長二、三五一メートルの「百済川」にその名を留めている。

かつて百済系渡来人が居住したであろうこの地に、大陸からもたらされた香木を使い、大陸の技術が直接的に反映された観音菩薩像が遺されているのは示唆的である。

『扶桑略記』の記述のように、百済の工人が本像を制作したかどうかは、今後の研究の進展に委ねたいと思うが、本像が堺と韓半島・大陸との関係を示す象徴的な歴史遺産として、今後ますます注目を集めることは疑いがない。

（日韓文化交流堺市職員の会）

ドキュメント

須臾之際《ときのま》の千三百年――夢甦る百済菩薩立像――

古閑三博

1．はじめに

国指定史跡の鞠智城から、2008年（平成20）10月23日に、7世紀後半の百済で造られた「百済菩薩立像（現在の呼称は「百済系銅造菩薩立像」）」（**写真1**）が出土した。

当時、百済から鞠智城に渡来していた身分の高い亡命貴族が所持していた念持仏と考えられ、国内から初めての出土だ。このことによって「朝鮮式山城は、百済の亡命貴族の指導によって築城された」という『日本書紀』の記述内容を、考古学の分野から裏付ける結果にもなった。さらに仏教美術史の上でも、百済の仏像様式の変遷が知れる重要な発見でもあった。文化庁や仏像研究者によると、仏像は「頭飾り」「体にまとった天衣の表現様式」などから、650年から675年頃の製作と推定され、「仏像の大きさ」「顔の表情」なども、百済仏の特徴を良く表現しているとされている。

出土地点は、1997年（平成9）3月に木簡が見つかった貯水池跡の池尻である。厚さ1・5m

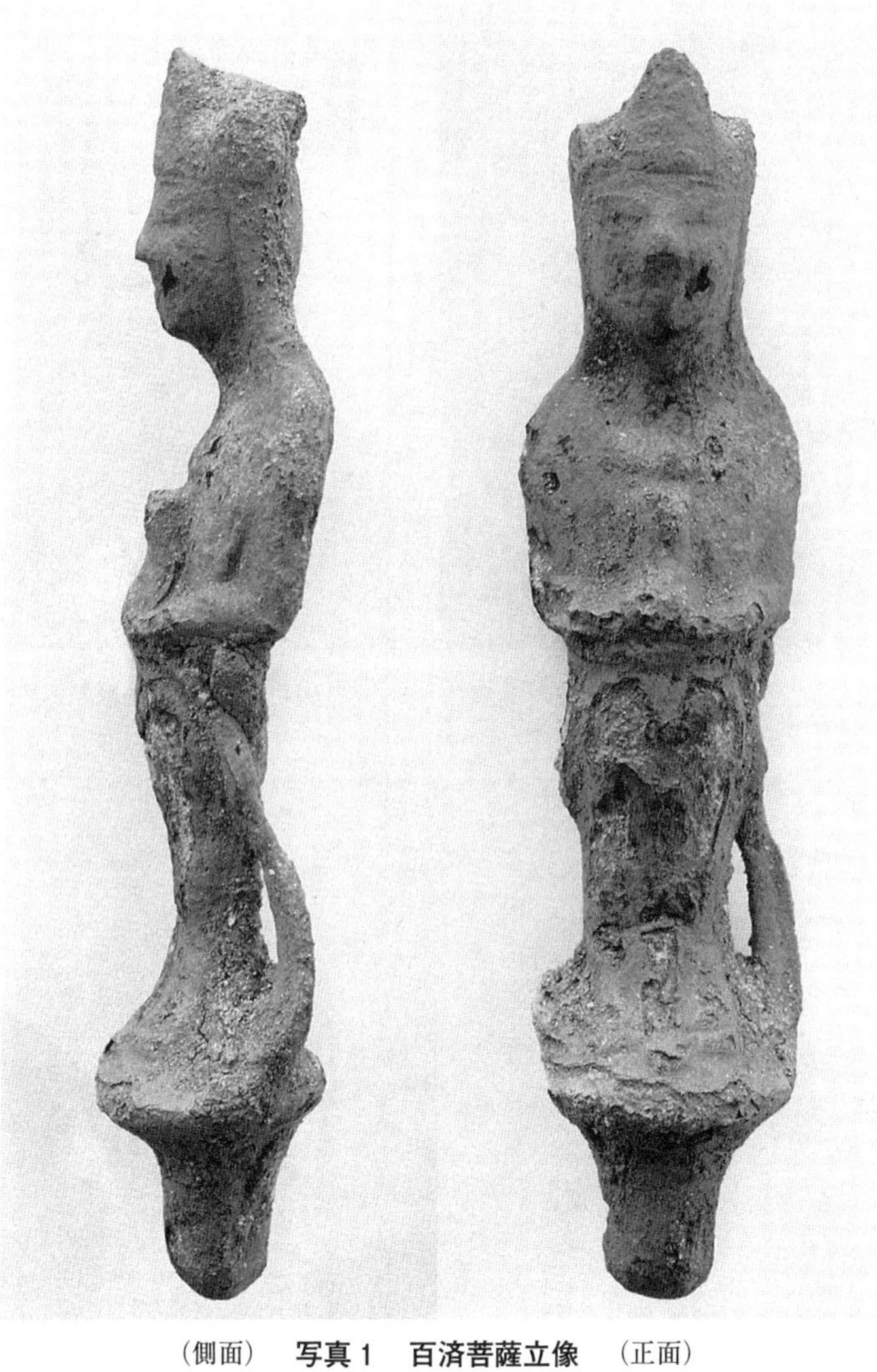

（側面）　**写真１　百済菩薩立像**　（正面）

高さ9.7㎝、ほぞまでの高さ12.7㎝

熊本県山鹿市菊鹿街　鞠智城跡から出土

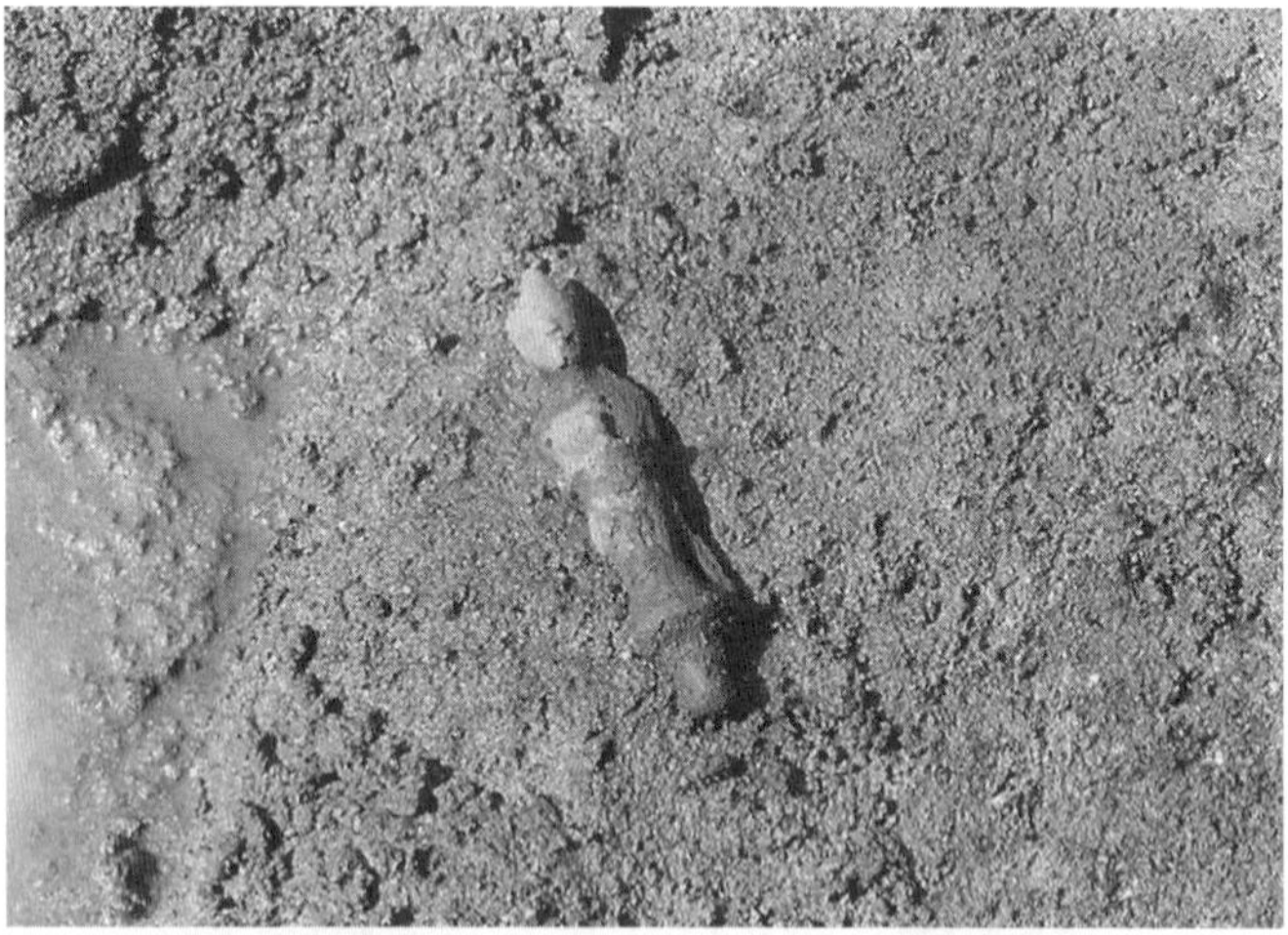

写真２－１　貯水池跡出土の百済菩薩立像

写真２－２　百済菩薩像の出土状況

の砂層から、仰向けの状態で出土した（写真2－1・2）。全長12・7cm（仏像の本体9・7cm・枘3cm）。腐食し、土砂も付着していたが、3面の頭飾り（3面頭飾）、両側で束ねて肩に垂らした髪（垂髪）、肩にかけて胸から足の方に垂らしている長い布（天衣）、両足の間の垂帯などが確認出来た。また、へその前で何らかの持物を持ち、横から見ると体は、S字を描いてしなやかに立っている。下端部は、台座に固定するための「枘」がある。

本文「2『須臾之際の千三百年—夢　甦る百済菩薩立像—』から（抜粋）」は、温故創生館が作成し、装飾古墳館と温故創生館が2008年（平成20）12月1日に発行した『須臾之際の千三百年—夢　甦る百済菩薩立像—』に収録された、同年10月23日の百済菩薩立像の発見から、保存処理のために京都へ旅立った11月20日（木）までの29日間のドキュメントである。このドキュメントの作成は、長年鞠智城跡の調査研究と整備活用に思いを込めてきた筆者が百済菩薩立像の出土を「ただことではない」と認識したことから始まった。今後鞠智城の歴史的評価を高めるにおいて、大きなポイントになるとの認識から、筆者は、当時温故創生館の館長だった木崎康弘氏に、その過程を日時や場所まで正確に記録しておいたがよいとのアドバイスをおこなったのだった。その結果、情報の収集、専門家への意見聴取、忠清南道等との交流など、貴重な記録となっている。そこで、筆者は、関係箇所を抜粋引用する形で、本文に集録することとした。百済菩薩立像発見当時の臨場感溢れるドラマを感じていただければ、幸いだ。

2.『須叟之際の千三百年─夢　甦る百済菩薩立像─』から（抜粋）

10月23日（木）
午後3時30分
　鞠智城の貯水池跡から小型仏像が出土。
午後5時30分
　古閑三博熊本県文化財保護審議会委員（以下「古閑委員」）宅で小型仏像の出土を報告。古閑委員、大いに喜び、合掌して仏像を拝見。
古閑委員「これで、非常に鞠智城が面白くなった。何としても、早く仏像の性格を知りたい。」
　古閑委員、早速、書庫から仏像に関する数冊の蔵書を取り出して調査を開始。古閑委員の口から矢継ぎ早に仏像の専門用語が出る。
　こうして仏像調査の幕が開いた。11月20日に保存処理のため、仏像が京都に向うまでの、29日間の熱き闘いが開始された。

10月24日（金）
午前10時30分
　古閑委員、貯水池跡で仏像の出土地点を視察。木﨑康弘（当時、温故創生館館長）・矢野裕介（当時、同主任学芸員）が立ち会う。

古閑委員「こんな所に、仏像が眠っておられたのか。感慨深い。」
午後6時
古閑委員ら3人は、仏像を持参して、山鹿市内の金剛乗寺へ向かう。住職の志賀勢弘氏から教示をうける。
住職「菩薩像ではないでしょうか。間違い無いと思います。菩薩様の種類は、手に持たれている物が分かりませんから、今の段階では何とも言えません。」
午後7時
お礼を述べて、寺を後にする。住職、境内に出て見送る。
帰宅後、早速、古閑委員、矢野と夜を徹して類似仏の調査を始める。熱中のあまり、互いに時間の経過が分からなかったという。
古閑委員「仏像下の突起物が気になる。こんなもの見たことがない。」
10月25日（土）
午前0時
古閑委員、数多くの参考文献の中から、無意識の内に1冊の図録に付箋を貼るも記憶に留めず、そのまま机上に放置する。
夜が明ける。午前7時まで夜を徹して調査を継続。豊富な古閑委員の蔵書から、仏像図鑑や関連文献に目を通すも、残念ながら、類似の仏像は見つからず。矢野、一旦、帰宅。古閑委員は、諦めきれず。

午前8時
古関委員、関係者へ電話を入れる。

古関委員「一晩かけて調べたが分からない。今も調査中だよ。」

その時、古関委員、机に置かれた『扶餘博物館陳列品図録　先史・百済文化編』（1989年5月10日8版、初版は1977年4月30日―序文は1977年4月付け　崔淳雨館長）に目を留める。以下、本文中の仏像番号は、この図録による。

電話をしながら、古関委員、何気なく図録を手にする。その図録には、何故か、付箋が付いていた。古関委員、電話をしながら、付箋の付いた頁をめくる。そうすると、何と、そこには、鞠智城出土の仏像と同じ形態の仏像写真が掲載されているではないか。それに、とても気になっていた突起物（枘《ほぞ》）も付いている。

その頁には、忠清南道の扶餘周辺から出土した仏像3体（139・142・143）の写真が掲載されていたのである。あまりにも、衝撃的な出来事であった。

古関委員「万歳、々。ついに見つけたぞ。これで調査の方向が定まったぞ。百済だ。」

古関委員は、忠清南道・道庁の洪萬杓氏に電話連絡。忠清南道の扶余周辺から出土した類似仏（139・142・143）の調査を依頼した。同氏は、忠清南道の李完九知事の秘書で、古関委員とは親しい間柄。依頼を受けた洪氏、
洪「分かりました。そのためには、こちらも鞠智城跡出土の仏像データが欲しいです。古関先生、資

料を送ってくれませんか。」
流ちょうな日本語で、洪氏が返事。頼もしい存在である。
午後5時
古関委員、木﨑に連絡。
古関委員「洪さんと連絡がついた。百済歴史文化館へ仏像資料を送信して欲しい。」
午後6時30分
木﨑、急いで関係資料を作成し、百済歴史文化館へファックスを送信。
午後7時
木﨑、送信が済んだことを古関委員へ報告。
仏像調査は、海を越えたものになった。古関委員ならではの「なせる技」である。

10月26日（日）
午前3時19分
韓国から木﨑に電話が入る。真夜中の国際電話であった。洪氏の熱意が電話口から伝わった。
洪「関係資料の件、了解しました。現在、調査中です。」
木﨑、真夜中にもかかわらず、古関委員宅に電話。古関委員、感激。
午前7時56分
洪氏から送信された「資料１４３の写真」を木﨑が受信。さっそく、古関委員へその事を連絡。

古閑委員「その写真を、編集してもらいたい。」

　矢野、編集して印刷。古閑委員宅に届ける。

午前10時50分
『鞠智城千三百年音楽祭』オープニングの挨拶で、古閑委員、小型仏像の出土を披露。曇り空の会場に喜びの声が流れた。

午前11時頃
古閑委員、音楽祭に出席の蒲島郁夫知事へ、小型仏像出土の件を紹介。

温故創生館の応接室で、実物を提示。知事は驚きの表情。

知事「11月4日に、韓国で東亜日報の社長と会う予定です。その時、この仏像を紹介したいと思います。」

　この席に、前川收県議も同席。

午前11時53分
洪氏から木﨑へ電話。木﨑は、知事の発言内容を伝える。

洪「そうであるならば、忠清南道知事も同席させたいですね。」

　以後、熊本県・忠清南道の両知事による「共同記者発表」の計画が洪氏を中心に展開する。

午後1時30分
　古閑委員が木﨑へ。

古閑委員「知事の訪韓スケジュールを調べて、洪氏に送って欲しい。」

午後2時
　知事の訪韓スケジュールの件で、県観光物産総室の梅本茂総室長に電話するも不在。
午後4時30分頃
　電話が繋がる。
梅本「自宅からの電話です。ですから、詳細は明日にならないと分かりません。明朝、県庁から連絡します。」
午後5時
　木﨑は古閑委員宅に行き、今後の調査の進め方を打ち合わせる。明日、小田富士雄先生（福岡大学名誉教授）宅への訪問計画を報告。この際、古閑委員宅から、知事の訪韓スケジュールを梅本総室長に電話で確認。
梅本「知事の訪韓は、11月3日～4日の日程で行います。3日の午後か、4日の午前に両知事の共同記者発表が可能です。」
　古閑委員が木﨑へ。
古閑委員「知事の韓国スケジュールを洪氏にメールして欲しい。」
10月27日（月）
午前9時30分
　古閑委員が木﨑へ。

古閑委員「資料１４３の仏像の写真を直ぐに送ってくれるよう洪氏へ依頼して欲しい。」

午前10時30分
　木﨑・矢野が仏像を持参の上、小田富士雄先生宅を訪問。先生は、福岡大学名誉教授で、古代山城研究の権威者。

小田「国内の古代山城での出土例はありません。」

　期待感が現実のものとなった。木﨑・矢野の顔に笑みが溢れる。

午前10時44分
　小田先生宅を訪問中の木﨑に洪氏から国際電話。

洪「鞠智城の小型仏像の出土状況は、大丈夫ですか。」

　洪氏からの確認の電話であった。出土状態が気になるらしい。

木﨑「発掘調査による貯水池跡からの出土遺物で、極めて良好な出土状態でした。全く問題ありません。」

午前11時56分
　木﨑・矢野は、小田先生の教示内容を、古閑委員へ電話で報告。

午後０時10分
　古閑委員、小佐井栄一（当時、温故創生館参事）へ。

古閑委員「温故創生館で作成した仏像写真を差し替えて欲しい。正面・裏面・側面の３カットに加えて、韓国・図録の資料１３９の写真が参考資料として貼られている。これを資料１４３の写真に差し替えて欲しい。」

午後0時30分

小佐井から矢野へ電話。木﨑は、パソコン内の資料１４３の取り出し方を伝える。この事を参考に小佐井は、新たな仏像解説写真を作成。

午後2時

古関委員に、小田先生の教示内容を報告。途中、小佐井、作成した写真資料を古関委員宅へ持参。古関委員「木﨑君に、洪氏へ資料１４３の側面写真を送るように頼んだが、新に資料１３９の正面・側面の写真と、それぞれのコメントについても、明日の午前中までに送ってくれるように依頼して欲しい。」

午後3時28分

古関委員からの指示内容を洪氏にメール。

10月28日（火）

午前9時

洪氏から木﨑に電話。

洪「国立博物館蔵の仏像なので、写真撮影が非常に難航している。実測図面でも良いだろうか。」

木﨑「図面も欲しいですが、県関係者には素人もいます。やはり、写真がないとイメージが湧きません。コメントと一緒に、是非、午前中に送信願います。」

午前10時30分
　矢野、県立美術館に出向いて、有木芳隆参事に意見を伺う。有木氏は、県内での仏像研究の第一人者。
有木「仏像は、白鳳期の特徴を示すものの、一部に飛鳥期の特徴を残しています。7世紀後半の百済仏像で良いと思います。」
　矢野の顔に再び笑みが浮かぶ。
矢野「鞠智城が築造された時期の仏像なのか。嬉しい。」
午前10時28分
　洪氏から資料143の図面が送信されてくる。
午前10時59分
　資料139・143のコメント（ハングル表記）がファックスで温故創生館に届く。図面は木﨑が古閑委員宅へ持参。コメント記事は、小佐井が古閑委員宅へ持参。
午前11時10分
　古閑委員が、小佐井が持参した資料139・143のコメントの翻訳を、園田素士国際課長に電話で依頼。
園田「午後2時までには、出来上がりますので、自宅へ持参します。」
　洪氏に要請していた写真が届かない。この状況では、鞠智城の小型仏像との比較が困難になる。
午後1時過ぎ
　洪氏から古閑委員へ。仏教美術史の権威「大西先生」のことで連絡あり。木﨑は、県立美術館の有木氏に電話で確認。
有木「過去に熊本県の元文北課長の島津義昭氏が交流されていたようです。」
　さっそく木﨑、島津氏に連絡し、大西先生のことを尋ねる。
島津「大西先生は、元九州大学教授です。日韓古文化研究所長。お名前は大西修也。ホームページを立ち上げられています。」
　木﨑、ホームページで大西先生を確認。
午後2時47分
　木﨑が大西先生へメール送信。しかし、返答メールなし。
午後3時
　園田国際課長が温故創生館に来館。来館中の古閑委員に翻訳を手渡す。併せて、忠清南道副知事の来熊日程を説明する。
午後3時20分
　大西先生のメールが届かないため、電話番号案内で確認して、大西先生へ電話。留守の模様。
午後4時20分
　木﨑、2回目の電話で大西先生に接触成功。事柄を説明すると、大西先生からメールで仏像写真を送ってもらいたい旨の依頼あり。
午後4時27分
　木﨑、メールを送信して大西先生に再度、電話。

大西「三国時代の可能性もありますが、髪の毛の表現を見なければ何とも言えません。」
木﨑、明日、午前中に教示を頂きたい旨のお願いを申し出て、了解を取り付ける。

10月29日（水）
午前8時30分
木﨑・矢野、古閑委員から、大西先生からの意見を伺う際の心構えを伺う。先生への土産を預かって、福岡へ出発。
午前10時40分
木﨑・矢野、大西先生から意見を伺う。
大西「枘《ほぞ》の大きさ、髪の毛の表現などから660年から675年にかけての期間に百済の地で作られた菩薩立像であることは間違いありません。しっかりした作りで、特に、百済所縁の古代山城で出土した意義は大きいと思います。」
午後0時
木﨑、古閑委員に電話で結果を連絡。古閑委員、大感激。
午後1時
帰館後、教示内容を古閑委員に報告。古閑委員から、今後のマスコミ報道の仕方について示唆あり。
午後10時36分
洪氏より木﨑に電話連絡。

洪「こちら側の専門家の検討意見が出来上がったので、それをファックスで送ります。」
　午後10時39分
　専門家検討意見書のファックスが着信。

10月30日（木）
午前8時20分
　洪氏の連絡を受けて、古閑委員が小佐井へ。
古閑委員「園田国際課長に、専門家検討意見書の翻訳を頼んで欲しい。」
午前8時35分
　小佐井、ファックスを園田国際課長に送信。
午前10時28分
　国際課から翻訳が着信。小佐井、古閑委員の手元に届ける。

11月1日（土）
　これまで再三にわたって要請のあった、熊本日日新聞社からの取材を受ける。文化生活部の富田一哉記者、山鹿支局の稲田稔丈支局長等が現地を訪れる。

11月3日（月）

文化の日。熊本日日新聞でスクープ記事。1面トップ記事で、23面にも関連記事。
午前5時45分
古閑委員「新聞を見た。よかったな。今日が文化の日というのも意義深い。」
　重大記事であるため、鞠智城に、朝日新聞、毎日新聞、読売新聞、西日本新聞、NHK、RKK、TKU、KKTなどマスコミ各社からの問い合わせが殺到。木﨑、この事を予想して午前7時から温故創生館に待機。最も電話が早かったのは西日本新聞で、午前7時30分。毎日新聞は午前7時50分。その後、続々、電話が入る。その都度、
木﨑「午後2時より温故創生館で、共同記者発表をします。」
午後2時
　共同記者発表を開催。
　朝日新聞、毎日新聞、読売新聞、西日本新聞、熊本日日新聞、NHK、RKK、TKU、KKTが出席。関係者からの、概要・出土状況の説明、小田氏・有木氏・大西氏の評価の報告の後、古閑委員が百済菩薩立像の説明を行う。
午後3時
　矢野が記者団に貯水池跡で現地説明を行う。
11月4日（火）
　朝日新聞、毎日新聞、読売新聞、西日本新聞、全国紙面で百済菩薩立像の出土を報道。読売新聞は、

1面掲載。共同通信、KABから取材要請。
木﨑「午後1時から対応します。」
午後1時
　共同通信、KABの取材に木﨑・矢野対応。古閑委員も途中から、百済菩薩立像の意義を力説。
11月8日（土）
　韓国国立中央博物館の崔光植館長、弘益大学校の金泰植教授、九州大学の濱田耕策教授が来館。この日午後から菊池市文化会館で鞠智城の国際シンポジウム開催。3氏は、そのための事前視察。
午前9時
　温故創生館の玄関で3氏を出迎え。
午前9時15分
　長者山展望広場を経て、灰塚へ。ここでは古閑委員が出迎える。古閑委員、鞠智城跡の立地環境、歴史の概要を詳しく説明。
午前9時35分
　温故創生館へ。到着後、2階へ。百済菩薩立像の概要説明の後、百済菩薩立像を机上へ。古閑委員、説明。崔館長、合掌の後、詳細に観察。
古閑委員「崔館長の合掌に感激した。仏像を調査する者の心構えなのだが、学者で実行する人は、残念ながら少ない。」

午前10時30分
　崔館長を八角形鼓楼に案内。
崔館長「八角形建物は鼓楼でなく、祭祀施設ではないでしょうか。南側の八角形建物は天壇で、北側の八角形建物は地壇。朝鮮半島の古代山城ではこの2つの施設がセットになって発見されています。」
午後1時30分
　菊池市・菊池地域振興局主催の「日韓シンポジウムⅡ」が開幕。福村三男菊池市長、前川県議の挨拶の後、古閑委員、百済菩薩立像の意義を力説。
崔館長「八角形建物が発達したのは朝鮮半島です。2棟の建物跡がセットになって発見され、天壇、地壇の祭祀施設と考えられています。鞠智城の2棟の八角形建物も、それに該当するのでないでしょうか。」
　金氏と濱田氏も講演し、シンポジウムで意見交換。
午後5時
　国際シンポジウムが終了。
午後9時40分
　翌日の「百済菩薩立像特別公開」の準備。装飾古墳館から展示ケース等を借り受けて設置。パネル、写真などを掲示し、明日に備える。

11月9日（日）
「百済菩薩立像特別公開」の日。
午前8時30分
矢野、展示ケースに百済菩薩立像を納める。
午前9時
鞠智城説明ボランティア会の宮崎芳正会長・富田節夫氏を招き入れ、展示室へ。他のボランティアの方々にも電話で優先的な見学を連絡。
午前9時15分
玄関前に20人近くの見学者が列。１９９９年（平成11）４月オープン以来、初めての事で感無量。
午前9時25分
開館時間を5分間、早める。開館と同時に、ぞくぞくと見学者が入場。展示室に熱気がみなぎる。百済菩薩立像の反響の大きさに驚く。
午前10時
関係者による「百済菩薩立像ミニ説明会」を、映像解説室で始める。超満員の盛況。説明に力が入る。説明会は、30分毎に開催。常に満員の状態。
午前11時
古閑委員が来館。直ぐさま、見学者に説明を開始。内容豊富な説明に見学者から好評。
午後１時30分

研修施設で定例の『館長講座』を開始。本日は「常城・茨城」がテーマ。古閑委員、招聘講師の講演に先立ち、出土した百済菩薩立像の意義を力説。講師は、広島県府中市教育委員会の土井基司氏。

土井「古閑先生の迫力に圧倒されました。」

木﨑は、古閑委員の説明終了後に「百済菩薩立像特別公開」会場へ移動、午前中に実施したミニ説明を再開。映像解説室では、パソコンが不具合。そのため、写真パネルを使って説明。20分おきの説明を繰り返す。

午後5時15分

「百済菩薩立像特別公開」が無事終了。今日は、１３００人を超える入館者があった。百済菩薩立像は収蔵庫に収納。パネルや写真は当分の間、常設展示することにした。

11月11日（火）

忠清南道の金東完副知事の来館日。昼食は鹿央町物産館で。装飾古墳館の視察は、午後1時～午後1時40分。温故創生館の視察は、午後2時30分～午後3時30分の予定。午前中、その準備に両館の職員、大忙し。

午前9時19分

木﨑、忠清南道の洪氏から電話を受ける。

洪「古閑先生から指示のあった資料１３９（写真３・４）を入手しました。本日、そのデータを持参します。そちらでプリントアウトをして下さい。」

写真３　資料139　青銅菩薩立像（高さ10.5㎝）
（忠清南道禮山郡大興面校村里）
左は台座に収まり「ほぞ」が見えない

写真４　資料143　捧寶珠菩薩像
（高さ9.7㎝）
（忠清南道扶餘郡窺岩面新里）

木﨑「了解しました。」
　木﨑、電話の内容を古閑委員に報告。
午後０時
　金副知事・古閑委員・園田国際課長、金相延通訳他、山鹿市鹿央町物産館で昼食。
午後０時40分
　一行が装飾古墳館へ。広開土王碑文拓本などの展示資料を視察。金副知事、展示を凝視。イマジネーションホールで映像を視聴。
洪「金副知事は、扶餘で百済大香炉が発見された時、忠清南道の文化芸術課長でした。」

古閑委員「なるほどなあ。」
午後1時40分
　一行、歴史公園鞠智城に向けて出発。
午後2時15分
　永田健氏が運転する古閑委員車を先頭に、一行車列、長者山展望広場に到着。木崎、小佐井、矢野で出迎え。一行、灰塚へ移動。極めて眺望の効く晴天日で、皆さん大満足。途中、木崎が貯水池跡について金副知事へ説明。
午後2時20分
　古閑委員が、金副知事に鞠智城の歴史の概要を説明。続いて、木崎が鞠智城跡の立地環境、矢野が百済菩薩立像の概要を説明。
午後2時45分
　一行、温故創生館の2階へ移動。古閑委員が、百済菩薩立像の概要を説明の後、百済菩薩立像を机上へ。金副知事、合掌。
金副知事「仏像の裏面を見せて下さい。」
　求めに応じて、矢野が百済菩薩立像を反転。
金副知事「とてもきれいに表現してありますね。」
金副知事「白村江の戦いに参戦した百済の将軍が所持していた守護仏ではないでしょうか。司令官クラスの将軍が戦いの護りとして持っていたのでしょう。

扶餘から30㎞離れた扶餘郡恩山面恩山は、白村江の戦いの時に百済・倭連合軍が最後に立てこもった所です。白馬江沿いの土地で、そこでは、百済と倭の将軍たちの魂を慰霊してきました。その徳で、村の病魔を退治して村の繁栄と村の人々の幸運を祈る神事『恩山別神祭』が現在も行われています。今後、熊本県と交流をさらに深めていきたいと思います。次は百済文化を愛する多くの忠清南道の道民に呼び掛けて、一緒に鞠智城を訪れたいものです。」

午後3時10分

木﨑、洪氏持参の写真データを打ち出し。その写真を古閑委員へ。

古閑委員「鞠智城から出土した百済菩薩立像と鋳型は違っているようだ。」

午後3時15分

金副知事を1階展示室へ案内。

午後3時30分

金副知事一行をお見送り。

11月13日（木）

午後7時30分

小佐井を通じて古閑委員からのファックスを受け取る。内容は、鞠智城出土の百済菩薩立像についての東亜日報の記事。早速、複数部、コピーして明日に備える。

11月20日（木）旅立ちの日
午前8時20分
百済菩薩立像は、矢野の胸に抱かれ、保存処理のため京都に出発。
古閑委員「仏像の旅立ちの日に、最高の日本晴れだ。」
熱田津に船乗りせむと月待てば潮もかなひぬ今は漕ぎ出でな
額田王　万葉集巻の一二八
午後1時58分
木﨑・矢野、新幹線で京都駅着。
午後3時
木﨑・矢野、京都国立博物館保存修理指導室を訪問し、村上隆室長と面談。
村上「重要な資料であることは、すぐに分かります。クリーニング、保存処理には万全を期す必要があります。」

3. おわりに

『日本書紀』には、白村江における日本の将兵の戦い振りを描いた記事は、ほとんど無い。「敗戦の将、兵を語らず」であろうが。ただ、朴市田来津は、この惨敗の中、奮戦、敵方数10人を退けて戦死したという。『釈日本紀』によれば、平安時代、宮中で、しばしば公卿達が催した『日本書紀』の講筵でも「須叟之際」から「田来津の戦死」までの40字ほどは、「以上御読ミ、之ヲ読ム可カラズ」の

タブーであった。まさに民族の至情と言ってよい。(参考文献・『白村江』鈴木治　学生社)

今回の表題には、敢えて、この表現を用いた。それは、白村江の敗戦を契機として、鞠智城を含む我が国の古代山城が築造されたのであり、今回、出土した百済菩薩立像も、共に戦った後、我国へ渡来した百済人によって、鞠智城へ持ち込まれたからである。仏像にとって貯水池に眠っていた1300年は、悠久の時の流れから見ればまさに須臾之際(あっという間)であったに違いない。

ところで、芥川龍之介が1924年に書いた「金将軍」という小説がある。文禄・慶長の役で、漢城《ソウル》陥落後、平壌まで侵攻した小西行長や、さらに北上した加藤清正ら豊臣秀吉軍に対抗し、祖国を救おうと平壌城を奪還した英雄「金応瑞」が主人公の作品で、金将軍が行長の愛妓《あいぎ》と組んで、行長を殺害する話だ。当然のことながら、これは作り話で、行長はそこでは死んでいない。ところが、李朝時代の『壬辰録』では、金応瑞が小西行長の首を斬ったことになっているし、伝承では、加藤清正が晋州の妓生論介によって殺されたことになっている。まさに作り話が韓半島で息づいてきたのだ。とはいえ、そうした話はひとり半島だけに限ったことではない、と芥川は言った。明治・大正期の日本にあっても、「日本の歴史教科書は一度もこう云う敗戦の記事を掲げたことはないではないか?」と、白村江の戦い(663)での日本の敗戦の『日本書記』の記述を引いて、そう記した。まさに、近代日本から古代、中世を見据えて、「如何なる国の歴史もその国民には光栄ある歴史である。何も金将軍の伝説ばかり、一粲《いっさん》に価する次第ではない。」と記した芥川の社会観・歴史観を垣間見る作品だ。あえてここに付記しておきたい。

(熊本県文化財保護協会会長)

第三章
東アジア近代史から見た日本近代文学の位置

植民地下の日本語雑誌――『緑旗』『国民文学』について――

神谷忠孝

1　『緑　旗』

雑誌『緑旗』は京城府初音町の緑旗聯盟から一九三六年一月に創刊され、一九四四年十二月まで刊行された。（一九四四年三月号から『興亜文化』と改題）。

一九二四年四月、東京帝大理学部を卒業した化学者・津田栄が京城帝大予科教授として赴任した。津田栄は学生時代から日蓮宗を信奉し、とりわけ田中智学が主宰する「国柱会」の活動に参加していて朝鮮の地にも根付かせようとした。一九二五年二月に設立された緑旗聯盟は、一九三〇年五月設立の緑旗同人会が一九三三年の紀元節に緑旗聯盟として再組織されて雑誌発刊にこぎつけた。『緑旗』創刊号には「綱領」として「一、我等ハ社会発展ノ法則ニ従ヒ人類ノ楽土建設ニ寄与セムコトヲ期ス　二、我等ハ日本国体ノ精神ニ則リ建国ノ理想実現ニ貢献セムコトヲ期ス　三、我等ハ人間生活ノ本質ニ基キ各自ノ人格完成ニ努力セムコトヲ期ス」という文章が載っている。「沿革」には、

「大正十四年の紀元節に発会した京城天業青年団は昭和五年五月緑旗同人会と改称し、これを母胎として昭和八年の紀元節本聯盟が結成されたのであります」とある。「創刊の辞」は、〈現代文化は吾人に飛躍と向上をもたらした。すべての施設は躍進し力強き上向線を辿つてゐる。併しながら反面この事は救ふべからざる分裂的傾向を内在し停止する事を知らない相克におびえつつある。「不安」と「危機」が叫ばれる所以がここにある。〉〈今や時局の重大化、世相の混乱は益々加重し来り吾人の任務の重き事は愈々増大しつつあるを感ずる。ここに我等月刊「緑旗」を創刊し広く全日本に叫びかける所以である。〉というものである。

主要執筆者は津田栄のほか森田芳夫、津田剛（栄の弟）、津田節子、津田美代子などで津田一族が目立つ。創刊から二年ぐらいは啓蒙的な文章が多い。やがて京城帝大の高木市之助、安倍能成など、日本人教授が執筆するようになった。大東亜戦争が近づくあたりから、日本文学者の寄稿、インタビューが増えてくる。主な執筆者をとりあげる。

1　保田與重郎

保田與重郎の「文学者の関心」（一九三九年七月号）は三度目の朝鮮旅行感想記。一度目は東京帝国大学美学美術史学科二年（一九三二年八月）の時、慶州、梅林里などの古墳地帯を巡る旅であった。二度目は一九三八年四月、雑誌『新日本』の特派員として、文芸春秋社特派員の佐藤春夫とともに、朝鮮、華北、満州方面を巡った。

朝鮮を考へることは、少なくとも二つの意味に於て重要のことと思ふのである。それも特に文筆人にとつて、と云つてでもよい。その一つは、朝鮮の土着の民族といふものが、東洋に於て優秀な歴史をもつてゐるといふ事実である。この民族はかつてつねに半独立状態を維持し、一度も彷徨も民族亡命もしなかつた。それは日本と支那の交互の制肘によつたことだらうと思ふけれど、さういふ歴史を考へ、又民族性を思つて、尚アジアに於て優秀の族は日本人と朝鮮人と漢人である。これだけは歴史と現実の事実であらうと思ふのである。

今日では「内鮮一体」といふイデオロギーがある。それは恐らく建設中のものであらう。しかし自らさういふ気運があるのである。かういふむしろ政治的な意味や理想的意味での朝鮮への近づきと共に、日本の芸術人が半島に関心すべき点は、日本の芸術の血脈をうちたてるうへで重要なことである。この血脈といふことは、普通に美術史家のいふ源流や流布や影響や中介といふやうな、ああいふ意味に於てでない。

色々の点で半島の古代芸術や民芸には、現在の日本の我々の関心をわきたたせるものがあることであつた。例へば江西の壁画の如き、絶対のものは別とし、或ひは慶州の石窟庵の如きも措くとしても、同じ慶州にもなほ多くの古代にしてしかも今日の底線となる如き存在の作品が少くない。

この文章は朝鮮民族の優秀性を認めている点で明治以来の植民地推進者たちが唱えてきた「弱小民族」観に訂正をせまっている。柳宗悦、浅川巧などが磁器の優秀性を日本に紹介した歴史を踏まえている。保田は三度にわたる朝鮮旅行で、中国を源流としながら、文化の流れにおいて朝鮮文化が日本文化の先蹤であることを美術史の分野で確認したのである。

同じく保田與重郎の「民族文芸興隆の一気運」（一九四二年一月号）は一九四一年十二月号の『文芸情報』『文芸文化』『公論』『文芸日本』などに載った佐藤春夫、斉藤清衛、尾崎士郎、林房雄などの文章や座談会の発言を丁寧に紹介し、共通している「憂国の情」に注目した評論で、国民文学論の提唱である。

文学者が、文学者の覚悟を明らかにした日には、我々は国民文学といふものの今日のあり方をもう明らかに、詳細に云へさうになつてきた。その一つは最も高い尽忠の意識から、野戦の場にわが身で示した若者の日本精神を詩として、描いて欲しいといふことである。彼は自身が表現者だが、ことばの詩人でもことばの言論者でもないのだ。それは今日までの戦争文学の大方の考へ方と別の古典の精神から描かれると思うふからである。戦場に行つてわが生身で日本魂の花を描かうとする若者やそれを描いた若者を、不朽に生きた精神として描くためには、けふの詩人は、作者として今までには思ひもよらない決心が必要なのである。その決心を、今や文壇の人々もやうやく考へだしたのだ。

保田與重郎の「滅びの美学」があらわれている。後半は「平家物語」を論じ、いにしえの若者がいかに美しく死んでいったかについて書いている。大東亜戦争勃発直前に書かれたこの文章が植民地朝鮮で発表されたことは、日本浪漫派のアジア進出を考える上で重要である。

2　林　房雄

『緑旗』一九四二年七月号に牧洋の「林房雄氏と文学を語る」が載っている。牧洋は創氏名で本名は李石薫。早稲田高等学院を卒業して平壌放送局勤務を経て当時は朝鮮日報社に勤務していた。牧洋は、「一昨年林さんが京城日報の座談会で、朝鮮の作家も国語で書け、と言はれた時、その席に居合せた人達はみな黙つてゐ、私もその時田舎で新聞を見て別に林さんの意見に同じではなかつたのですが、二年後の今日では国語文学の方がむしろ朝鮮文壇の主流にならうとしてゐます。私もまづいなりに国語で書いてるんですが、つまりこの二年間に大変な情勢の変り方なんです」と報告した。林房雄は、「ほ、ほう。さうですか。私は無論今でもそれを主張します。そして決意の文学を書くべきだと思ふんです」と応じている。

牧洋はまた、日本の文壇で話題になっている国民文学論を読むと、大和民族の純粋性ばかりが強調されていて半島の文学を視野に入れていない。「半島のわれわれをさへ包容出来ないやうな日本主義では駄目だと思ふんです」と述べたのに林房雄が次のように応ずる。

私も昨年秋から北京に居つて、日本を眺めたんですが、（中略）一応大陸といふものをとほして小さい自己が崩壊した後の日本主義でなければ、余りにも宙に浮いてるんですよ。だから内地しか知らない人が愛国者であればある程、地から離れて抽象的になるんです。国民文学論ですが、内地では朝鮮の作家の本当の気持が解らぬのですよ。つまり飽く迄日本とは別箇に朝鮮民族を考へてゐると思つてるんです。しかしさつきあなたが言つたやうに、朝鮮の作家が日本主義に立つと云ふことを理解する時は、内地の国民文学論も大分変つて来るんじゃないかと思ひますなあ。

牧洋はこのあと、「従来、林さんについては毀誉褒貶、随分非難が多かつたやうでしたが、しかし、林さんの『転向について』を読み、真実の人として理解することが出来たつもりです。現に私の立場を考へると、転向といふことは、非常に真剣に、真面目に皆が考へねばならぬことと思ふのです。私は何も過去のいはゆる赤い思想からの転向者ではないのですが、民族的な立場から日本主義に移ることとは、従来の所謂転向以上の大きな問題なのです。しかもその時代を離れて文学は考へられないのですから、文学者には最も切実な問題なのです」と書いている。植民地における作家の苦悩が正直に語られている。林房雄を「兄貴」と呼ぶほどの親近感を表明していて、この時期における林房雄の影響力がうかがえる。

3 淺野 晃

『緑旗』は一九四四年三月号から『興亜文化』と改題された。同年十月号に淺野晃の「アジアの真の覚醒に就いて」が載っている。岡倉天心の「アジアは一なり」をわかりやすく説明した文章である。その中で朝鮮に触れた部分を引用する。

大西郷は、不幸にして明治十年に城山一杯の土と化したけれども、その志はかつて空しくなつたことは無かつた。大西郷は征韓論を主張して容れられず、つひに下野したのである。しかし、その征韓論といふのは、文字の字画を見て、当時の韓国を征伐するといふだけのものと思つたら、大いに誤ることになる。

大西郷が韓国に使しようと欲したのは、当時の韓国の事大主義が、アジアの団結に大害ありと認めて、その蒙を啓かうと欲したからである。大西郷の眼は、支那から、印度、また満州にまで開かれて居り、主として英国の侵掠の動きを絶えず注目してゐた。すなはち、彼は、吉田松陰や橋本左内の志を、承けついでゐたのである。大西郷は、当時の全アジア人のなかで、おそらく最もアジアを熱愛し、それ故に最もアジアの運命を深憂してゐた人物であつた。このことが、わが国民の間で、大西郷のいよいよ増大する魅力となつてゐるといふ事実を、アジアの諸民族は充分に知つておく必要がある。

岡倉天心は、まさしく大西郷の志をついで現れた一個の先覚であつた。天心が、「アジアは一なり」と言つたのは、日露戦争の始まる前のことである。日露戦争は、ロシアに対する戦ひであつたが、それは当時、ロシアの満州侵掠が、わが国にとつて危急存亡の危機となつたからである。しかし、当時の日露戦争の意義は、今日の大東亜戦争の意義と、根本に於いては全く同一である。すなはち、両者とも、日本の使命感に立つて、アジアの運命に深い憂慮を抱いたのである。

日露戦争も大東亜戦争も欧米列強からアジアを防衛する聖戦であることを主張している。戦後日本の保守層に支配的な大東亜戦争肯定論の源流がこのあたりにあったことがわかる。

4　田中英光

一九三五年三月、早稲田大学政治経済学部を卒業した田中英光は横浜ゴム製造株式会社に入社した。四月、外地勤務を要請され京城の南大門通りにあった朝鮮出張所に赴任。五月、徴兵検査のため本籍地の高知市に帰り第一乙種合格。一九三七年七月、召集令状がきて京城府竜山第七九聯隊補充隊第三中隊に配属、教育訓練を受け十二月に一等兵に進級して除隊した。翌年七月、北支派遣軍牛島部隊に配属されて中国山西省に駐留。一九四〇年一月、復員命令を受け上等兵となって除隊し職場に復帰した。この年九月、「オリンポスの果実」を『文学界』に発表。十二月、第七回池谷信三郎賞を受賞し作家デビューした。

一九四一年二月、渡鮮して出張所勤務に復帰。朝鮮文人協会の常任幹事を務め、崔載端、李無影、兪鎮午らと交流。『緑旗』五月号に「朝鮮の子供たち」を発表。美しい日本語を話す朝鮮の小学生に親切にされ、別れるとき「君達は大きくなつたら、なんになりたいの」と訊ねると、「ハイ、志願兵になります」と答えたので驚いたという結びである。一九四二年二月号には「ある兵隊の手紙」を発表している。東大出の文学士で作家志望の青年が北満の守りについている兵隊からの手紙を紹介した作品である。三月号にシンガポール陥落に感動して書いた長編詩「ある国民のある日に詠へる」が載っている。五月号に発表の「半島作家への手紙」は鄭人澤という作家宛の手紙形式で、朝鮮文壇が内地から見れば地方文壇扱いであり、日本語で小説を書いても発表の場がないという朝鮮作家の嘆きに同情しながら、「ぼく達は日本人として日本の国に最大の愛情を注ぐべきだ。特に日本のなかでも朝鮮に住んでゐる者として朝鮮を本当によくするために最大の情熱を注ぐべきだ。」と書いている。朝鮮人に日本人という自覚を持てと言っている。同化政策が軌道に乗っているという認識である。

一九四二年十一月号の「平田篤胤」は篤胤の意欲的積極的人生肯定的楽観的な思想を紹介し、従来、日本的といえば、心境的な、ものの哀れ的な、主情的な、消極的一面ばかりでありすぎた日本人観に訂正をせまっている。一九四三年一月号の小説「碧空見えぬ」は森徹と創氏改名した朝鮮人作家との交友を描いた作品である。

「緑旗」という誌名は「赤旗」(社会主義)、「黒旗」(無政府主義)に対抗する言葉である。『緑旗聯盟』

（東京・羽田書店、一九四〇・六、ゆまに書房から復刻版が出ている）という日本人と朝鮮人の結婚を主題にした小説を書いた金聖民は「作者のことば」を次のように書いている。

「緑旗聯盟」とは現下の朝鮮に於ける内鮮一体化運動の標語であります。現に京城に於ける「緑旗聯盟」本部では半島人の皇民化運動の尽すところ多く、作者もそれに多大の共感を覚えましたので、同じ思想のもとに書かれた自分の小説にも、右の題名を冠した次第です。尚「緑旗」の象徴するところは、朝鮮のシャ山に、総督政治によつて緑なす若木が植ゑられた。つまり日本文化と日本精神が半島の大地に根をおろしたのです。この樹々の緑に因んで緑旗聯盟の命名がなされたのだと思ひます。

緑旗聯盟は一九三九年十一月二十二日、『今日の朝鮮問題講座』全六巻を京城の緑旗聯盟から出版して、「内鮮一体」を啓蒙しようとした。これは主に日本人向けに出版されたようだ。

2　『国民文学』

一九三九年十月、総督府のきもいりで「朝鮮文人協会」が設立され、翌年、『東亜日報』、『朝鮮日報』、『新世紀』などが強制的に廃刊させられた。一九四一年十一月、『国民文学』が創刊され一九四五年五月号まで刊行された。「内鮮一体」の実践である。緑蔭書房が復刻版として一九九七年十一月から一九九八年四月まで、合本全12巻を刊行した。主幹を務めたのは崔載瑞であり、韓国では親日派の代表という扱いである。

1　崔戴瑞への評価

『国民文学』の編集兼発行者であった崔戴瑞について先行文献をもとに経歴を記す。一九〇七年、朝鮮黄海道海州郡海州に生まれた。一九一六年、海州公立普通学校に入学。父は裕福な農家であった。ソウルの京城第二高等普通学校を卒業。一九二六年、京城帝国大学予科に進学し、二年後に法文学部英文科を選択。一九三一年、第三期生として卒業した。大学院に籍を置きロンドン大学で修学。帰国後の一九三三年から京城帝大英文科講師をつとめるかたわら、文芸批評でも活躍し、一九三八年に朝鮮では最初の文芸評論集『文学と知性』（人文社、一九三八）を出版、一九三九年には文芸誌『人文評論』を創刊した。専門はT・E・ヒュームを出発点とし、リチャーズ、エリオット、リード、ルイスにいたる流れを「主知主義」として展開するもので、西洋的知性の紹介に重きをおいた。『人文評論』ではジョイスの「青年芸術家の肖像」、トーマスマンの「ブッテンブローク家の人々」、ハックスレイの「対位法」、マルローの作品を論じた。

一九四一年十一月、朝鮮の文芸誌が『国民文学』に統合され編集兼発行人となってからは、日本語による創作を石田耕造という日本名で発表し、崔戴瑞の名前で評論活動を展開。一九四三年には日本語の評論集『転換期の朝鮮文学』（人文社）を出版した。

評価については、親日派の代表格の扱いである。林鐘国は『親日文学論』（平和出版社、一九六六）で、「一九四〇年代の崔戴瑞の文学活動は、原則論、時局論、作品論（月評のたぐい）、座談会の司会および参席、文芸誌の編集といった五大項目に分類できる。この他に大東亜文学者会談および全満芸文家会議参席、その他の社会活動があり、また単行本の発刊などがある」として、各項目について具体的に親日行為を暴いた。金允植は『傷痕と克服』（朝日新聞社、大村益夫訳、一九七五）で、合理的知性が「内鮮一体」という全体主義史観に屈服したさまを、戦時下日本の『文学界』派による「近代の超克」論議と重ね合わせて論じている。小林秀雄と崔載瑞の類似点を説明するところは説得力がある。

李建志は『朝鮮近代文学とナショナリズム』（作品社、二〇〇七）の第三章「総動員体制下の朝鮮における支配言語と母語」で崔載瑞を大きくとりあげている。李建志は、崔載瑞が親日を選んだことについて、〈それは彼の従来の思想をねじ曲げたものではなく、むしろ彼の思想にひそんでいた「国家主義的秩序」として、「内鮮一体」の「国民文学」がとらえられていたように思われる。そういった意味で崔載瑞の思想には一貫性があるといえる。〉という見解を述べている。崔載瑞が日本語で評論を書いた理由について、日本がかかげた「大東亜共栄圏」の共通言語としての日本語に自分の夢を託したのではないかという説を展開している。このことは、日本語で作品を発表した朝鮮の文学者についても当てはまる説である。支配者側の言語に屈したのではなく、敢えて支配者側の言語によって自己を表現する道を模索したと考えれば、従来の親日派文学者の見方も変わってくるように思う。

2　『国民文学』の意図

創刊号の巻頭言「朝鮮文壇の革新」に次の三点が列挙されている。

第一に重大な岐路に立つ朝鮮文学の中へ国民的情熱を吹込むことに依つて再出発せしめること、第二に梢々もすれば埋没されさうな芸術的価値を国民的良心に於いて守護すること、そして最後にこの狂乱怒涛の時代にあつて常に変りなく進歩の味方となること。要するに「国民文学」は国民と芸術と進歩に献げられたものである。

この意図をもっと具体的にしたのが崔戴瑞の「朝鮮文学の現段階」(『国民文学』一九四二・八)である。
(一) 国体観念の明徴　国体に反する民族主義的、社会主義的傾向を排撃するは勿論のこと、国体観念を不明徴ならしむるが如き個人主義的、自由主義的傾向を絶対排除す。
(二) 国民意識の昂揚　朝鮮文化人全体が常に国民意識を以て物事を考へ且つ書くやう誘導す。特に盛上がる国民的情熱をその主題に取入れるよう留意す。
(三) 国民士気の振興　新体制下の国民生活に相応しからざる悲哀、憂鬱、懐疑、反抗、淫蕩等の廃頽的気分を一掃すること。
(四) 国策への協力　従来の不徹底なる態度を一擲し積極的に時難克服に挺身す。特に当局の樹立せる文化政策に対しては全面的に支持協力し、それが個々の作品を通じて具体化するよう努む。
(五) 指導的文化理論の樹立　変革期に遭遇せる文化界に指導的原理となるべき文化理論を一日も早く樹立すること。
(六) 内鮮文化の総合　内鮮一体の実質的内容たるべき内鮮文化の総合と新文化の創造に向つてあらゆる智能を総動員す。
(七) 国民文化の建設　総じて雄渾、明朗、闊達なる国民文化の建設を最後の目標とす。
そして崔戴瑞は、〈今後日本文学は一方その純粋化の度を益々高めると同時に、他方その拡大の範囲を益々拡げるであらう。前者は伝統の維持と国体の明徴に連なる一面であり、後者は異民族の抱擁と世界新秩序とに連なる一面である。前者を天皇帰一の傾向と云ふならば、後者は八紘一宇の現れと云ふべきであらう〉と述べた。これを読むと、朝鮮文学は日本語で書くことで日本文学の枠組みに入るのは必然であり、むしろ日本文学の進展をうながすという考えであったことがわかる。九州文学や北海道文学と同じ系列に朝鮮文学が位置づけしようとしたのである。最初の構想では年四回を日本語、残りを朝鮮語版（ハングル）とするものであったが、一九四二年五・六月合併号からハングルが消えたのは、編集者の意図だったことがわかる。

3 「国民文学」創刊号

崔戴瑞は「国民文学の要件」の最後で文学者の心構えとして、〈単に自分や他人を楽しませるために、或は自己の苦悩から救はれるために文学を創るのではなく、国民に教へるために、国民を形作るために書くと云ふ激しい意欲がなくては真の国民文学は生れないであらう。であるから作家は先づ文学は表現なりと云ふ観念を捨て、文学は、否文学こそは教育なりと云ふ信念を掴まねばならない。そして自分の書いてゐるものを若い人々が読んで果してどう云ふ影響を受けるであらうかを常に考へなければならない。ここからして作家的使命は目醒めるのであらう〉と、国民を教育するつもりで書くことを提案した。

座談会「朝鮮文壇の再出発を語る」の出席者は、京城大法学部教授・辛島暁、京日学芸部長・寺島瑛、毎新学芸部長・白鉄、評論家・李源朝、それに芳村香道、崔戴瑞である。

白鉄は東京高師に学び日本のプロレタリア文学を朝鮮で展開したことがある。発言の中で注目されるのは、崔戴瑞が〈日本文化の一翼として朝鮮の文学は再出発する。さうすると今までの日本文化それ自体がやはり一種の転換をやつてゐるわけです。もつと広いものになるわけです。さうすると今までに内地的文化になかつた或る一つの新しい価値が朝鮮文化が転換したことによつて附加される。さういふことがなければ、本当の意味はないと思ひます〉という発言である。日本の文化に活力を与えるような朝鮮文学を目指すという積極性がうかがえる。これに続けて白鉄は、〈崔君が言つてゐるのは、朝鮮文学が日本文化の一翼として出発する場合にそれが何か新しい価値をプラスして日本文学を豊富にすることがなければ何の意味もないと云ふことでそれは当然な話だと思ひます〉と補足した。

創作は、李孝石「薊の章」、田中英光「月は東に」、李石薫「静かな嵐」、鄭人澤「清涼里界隈」、宮崎清太郎「父の足をさげて」の五編。李石薫は早稲田高等学院に学んだことがあり、創氏名は牧洋。李孝石は同伴者作家として出発した。「静かな嵐」は、朝鮮作家協会の作家たちが文芸講演隊を作って日本軍が戦っている前線に慰問に行く準備をする話である。もうひとつの話として親しくしていた作家が密告によって警察に逮捕されたことを知り、妻と相談した末に書斎にあるロシア文学関係の書物を燃やそうと決心するという内容である。日本で実施されていた治安維持法が同時代的に朝鮮でも適用されていたことがわかる。「月は東に」は中国戦線での兵士として体験を書いた作品である。

4　太平洋戦争勃発後の『国民文学』

座談会「文芸動員を語る」（一九四二・一）の出席者は、辛島驍、寺田瑛、津田剛、白鉄、古川兼秀のほかに京城日報編輯局長・嶋元勧、京城保護観察所長・長崎祐三、総督府図書課長・本多武夫、緑旗連盟・星野相河、総督府保安課・松本泰雄、総力聯盟文化部長・矢鍋永三郎、放送局第二放送部長・八幡昌成、評論家・林和、それに崔載瑞などである。中では崔が、作家を動員するにしても自己修養の段階が必要であると述べ、〈要するに動員といふのは国家が必要なところに必要な人員を配置することで、科学の場合は主観性が希薄だから比較的簡単にゆく、それに目標もちやんと樹つてゐる。

そこで今日見るが如き科学動員が出来た訳です。ところが文学の場合は、主観的な要素も多い上に、尚さういふ目標が立つてゐないから益々遅れたのでないかと思ふのです。だから両面から見て行くべきではないかと思ひます。そこでその目標といふものが切実に研究されるべきではないかと思ひます〉と述べている。

「編輯後記」で崔戴瑞は、〈十二月号（諺文号）を又もや休んでしまつた。率直に云ふと、原稿が集まらなかつたのである。それに対して編輯部員一同は責任を痛感してゐる次第だが、然しこの場は編輯部の陳謝だけでは済まされない何者かがある。文人達の動揺や彷徨が意外にも深刻であることを発見した〉と書いている。諺文号が実現するのは一九四二年の二、三月号である。二月号の日本語文章は、「シンガポール遂に落つ」、奥平武彦「大東亜の大目的とその性格」、詩は佐藤清「獅港」、金村龍済「宣戦の日に」、百瀬千尋「英東洋艦隊撃滅の歌」、杉本長夫「梅の実」、児玉金吾「神の弟妹」、座談会「大東亜文化圏の構想」である。座談会は崔以外日本人である。注目すべき発言は崔の次のような主張である。

共栄圏に於ける共通語としての日本語といふものを考へる場合に、英語が先づ商業語として世界に普及されたやうに、差当り経済的の基礎の上に立つて国語を大東亜共栄圏の共通語とすることは充分可能があると思ひます。更に又文学語、学術語としても日本語を東亜共栄圏内の共通語とすることを考へなければなりません。英語やドイツ語が学術語として便利なのは、一つ知つて居ればどの国の著述でも翻訳があるから読めるからであつて、今後は日本語で西洋のあらゆる色々な学術的なもの或は文学作品が翻訳されてゐるといふ風にすることが日本語を学術語として確立する上に必要な力になると思ひますがどういふものでせうか。

崔戴瑞という人は迎合的な親日ではなく、日本の大東亜共栄圏構想を本気で信じていたところにある。日本語圏に積極的に参入し日本人と対等に文学の将来を考えていたように思われる。もうひとつの提案として、ノーベル賞のように、満州、朝鮮、支那の日本語文学に文学賞を授与すべきとも発言している。

三月号は座談会「半島の基督教革新を語る」と崔戴瑞の「私の頁」が日本語で、あとはすべて諺文である。「私の頁」では、「国民文学とはどんな文学ですか?」と問われれば、「それは日本国を代表するやうな文学でせうね」と答えると云い、つまり、「国民文学とは日本国の代表性を持つが如き文学である」と定義している。目標とするところは世界文学であるという雄大な構想が書かれている。

5　一九四二年四月号以後の『国民文学』における崔戴瑞の主張

「徴兵制実施の文化的意義」（一九四二年五・六合併号）は五月八日に閣議決定を見た徴兵制について、

（一）〈半島人は国民的資質に欠けてゐるのではなく、修練の機会に恵まれなかつたとする吾人の立場よりすれば、この度の決定は二重の喜びを齎す〉

（二）〈半島人は徴兵の実施を機会として確実に而も永久に祖国観念を把持するであらうことが予想せられる〉

（三）〈徴兵制実施に依つて半島人の資質が急激に向上せしめられることが考へられる〉

という三点を挙げて賛意を表明した。

文学との関係については、〈今日朝鮮の文学が云ひようのない行詰りを来した根本の原因は作家達に国民的な情熱が希薄だつたことにあるのである。（中略）国民的情熱と云ふものは説得や勧誘や、況してや命令や号令に依つて生ずるものではない。祖国のために自ら血を流し生命を捨てて闘ふ所から国民的な情熱は油然と湧き出るのである。そしてそれが詩となり、小説となるのである。今日以後も早詩人や小説家は題材に困ることも、執筆態度につけて思ひ悩むことも無いのである。凡ては決定され、ただ我々の義勇奉公の精神を俟つのみである。〉と述べている。

「新しき批評のために」（一九四二年七月号）で注目されるのは「外国文学の再評価」を主張していることである。外国文学研究者に世界文学史を書くことを奨めている。その利益として、

（一）〈我々の批評的立場が明瞭となり、将来日本的批評体系を樹立する上に於いて有力な助けとなるであらう。〉

（二）〈これに依つて外国文学の批判がただ抽象的にでなく、具体的になされ得るであらう。〉

（三）〈将来外国文学を採入れる上に於いて企画的な統制案がこれに依つて暗示されるであらう。さうなれば外国文学一切罷りならぬと云ふ議論も、又外国文学なら何でもよいと云ふ盲目者流の議論も同時に消滅するであらう。〉

と書いている。

英文学者らしい意見であり、戦時下の日本論壇と比較すると崔戴瑞の冷静さが際立つ。

「まつろふ文学」（一九四四年四月号）は「石田耕造」の筆名で発表された。それ以前に「石田耕人」という筆名で文芸時評を書いたことがあるが、創氏名を名乗ることになったいきさつを書いているので取り上げておく。

〈まつろふ文学は、天皇に仕へ奉る文学である〉という書き出しではじまり、やがて核心にせまる次のような文章があらわれる。

問題はいつも簡単明瞭であった。－君は日本人になり切れる自信があるか？　この質問は更に次のやうな疑問を起した。日本人とは何か？　日本人となるためにはどうすればよいのか？　日本人たるためには、朝鮮人たることをどう処理すればよいのか？

これらの疑問はもはや、知性的な理解や理論的な操作だけではどうにもならない、最後の障壁であつた。然しながらこの障壁を突き抜けない限り、八紘一宇も、内鮮一体も、大東亜共栄圏の確立も、世界新秩序の建設も、総じて大東亜戦争の意義が判らなくなる。祖国観念の把握と云つても、それらの疑問に対する明確なる解答を持たぬ限り、具体的、現実的とは云へない。

ここで私自身の体験を述べよう。私は昨年の暮頃からいろいろと自己を処理すべく深く決意し、元旦にはその手始めとして、創氏をした。そして二日の朝、そのことを奉告のために、朝鮮神宮へお参りした。大前に深々と首を垂れる瞬間、私は清々しい大気の中に吸ひ上げられ、総ての疑問から解き放たれたやうな気がした。

このあと、日本の古代文学、本居宣長、ギリシャ神話などを援用しながら文学の起源が「祭り」であるという説を展開している。日本人になりきろうした崔戴瑞の到達点のひとつである。

（北海道文学館理事長　二〇一〇年一月五日の北海道支部研究会にて報告。於：北海道文学館）

追記　この研究発表に加筆し、近刊予定の『〈外地〉文学への射程』（双文社出版）に収録することを申し添えておく。

（北海道文教大学教授）

川端康成と旧満州について
——一九四一年の旧満州紀行を中心に——

李《リ》　聖《セン》　傑《ジェー》

1　はじめに

川端康成の「哀愁」（『社会』一九四七年一〇月号）に以下の文章がある。

> 戦争中に私は東京へ往復の電車と灯火管制の寝床とで昔の「湖月抄本源氏物語」を読んだ。暗い灯や揺れる車で小さい活字を読むのは目に悪いから思ひついた。またいささか時勢に反抗する皮肉もまじつてゐた。横須賀線も次第に戦時色が強まつて来るなかで、王朝の恋物語を古い木版本で読んでゐるのはをかしいが、私の時代錯誤に気づく乗客はないやうだつた。途中万一空襲で怪我をしたら丈夫な日本紙は傷おさへに役立つかと戯れ考へてみたりもした。／かうして私が長物語のほぼ半ば二十二三帖まで読みすすんだころで、日本は降伏した。

ここでは、川端自身が「時勢に反抗する皮肉」を含んだ「時代錯誤」の姿勢をとったと述べている。彼はほかの文学者と違い、戦争に反対も賛成もしなかったともよく言われている。川端が十五年間にわたる日中戦争について、一体どういう態度をとったか、非常に曖昧さを感じるだろう。本稿はそういう国家、民族の激しく対立した時代における川端の戦争体験を通して、そのような状況における彼の身の処し方を検討してみようとする試みである[(1)]。

一九五五年八月号の『新潮』に発表された「敗戦のころ」に「軍報道班員としても私は外地に出なかつた。役に立たないと見られてゐたのである。しかし、十六年の春と秋と二度、満州から北支へ行つた」と書かれている。旧満州の旅については、奥出健の論(「川端康成—戦時下満州の旅をめぐって—」『国学院雑誌』二〇〇四年一一月)が上げられる。しかし、検証は秀子夫人の『川端康成とともに』によるものが多い。本稿は秀子夫人の回想だけでなく、『満州日日新聞』の記事を調べ、秀子夫人宛の書簡を合わせて、当時の旧満州[(2)](中国の東北地方)紀行を詳細に再考察し、そこから引き出される「敗戦のころ」に同行した村松梢風、火野葦平の書き漏らしたことについても検討してみる。

2　旧満州紀行の春の旅をめぐって

一九三七年七月七日、日中戦争のきっかけとなる盧溝橋事件が起こった。日本国内の文学者の対応として、川端が『文学界』九月号の「同人雑記」に「日支の戦ひが終つたならば、その後に、文学者の仕事はあるやうに思ふ。／平和に復つて、支那の人達に先づ親しみ、慰め得るものは、日本の文学であらねばならぬ。多くの知識人が日本語を解する、唯一の外国が支那であることを忘れてはならぬ。／お粗末な戦争文学などを一夜作りして、恥を千載に残す勿れ。／欧米よりも、私は支那や印度や、東洋各国へ行つてみたい。／身体強健ならば、私も従軍記者はしてみたい。／同じ文筆業のよしみといふか、戦場での殉職記者や従軍記者も、やはり手厚く慰問さるべきだと思ふ」と書いている。そして、『朝日新聞』一九三七年九月一日付「本因坊名人引退碁観戦記」にも「いづれ支那へ行く機会が私にも」あろうという、中国に行く願望を示していた川端が、一九四一年に夢を叶える旅を迎えた。春と秋の二回も旧満州に渡った一九四一年は川端にとって特記すべき年である。この年の三分の一の日数を旧満州で過ごしたからである。川端の人生でこんなに長く日本を離れたのは初めてであった。「敗戦のころ」の文章に、「春は満州日日新聞の呉清源氏招待に随行、一行に別れて後、熱河から北京にはいつた。熱河は三枝朝四郎氏の同行を得て幸ひした」とあるように、春の旅の目的は四月五日から始まる満州日日新聞社、満州棋院共同主催の「全満素人囲碁選手権大会」観戦のためであった。一九四一年四月二日に日本を出発し、五月一六日に神戸に到着した一ヶ月半の旅である。この旅について、主催者の満州日日新聞社が『満州日日新聞』に詳細に報道している。川端は旅先から秀子夫人に手紙五通、葉書一通、電報二通を送った。このほかに、川端は「新京から北京へ」（『少女の友』一九四一年八月）、「満州国の文学」（『芸文』一九四四年七月）をエッセイとして記している。なお、春の旅の日程の詳細（秋の旅も同）については、前掲拙稿を合わせて参照していただきたい。

では、川端が旧満州に対してどのような第一印象を持ったかについて、次の秀子夫人あての手紙に注目してみよう。

碁の会も昨日と今日ですんだ。一向に疲れない。汽車中も、新京のこれまで歩いたところも、日本人ばかり、東京近くにゐるやうで、変な工合だ。見物はまだしてゐない。見るところもないらしい。明日陸軍へ北京行の許可貰ひに行く、その結果で今後の予定がきまる。北京へ入れないと案外早く帰るかもしれない。一行皆無事で元気だ。（中略）大和ホテルでなく、満蒙ホテルといふので、日本間、日本の宿と全然同じだ。女中さんは聚楽に似、よろしい。そのお給仕で食べる朝飯も内地に同じ。

（一九四一年四月六日附秀子夫人あて書簡）

これは、川端が旧満州に入ってから書いた最初の手紙である。「一向に疲れない」という言葉から、初めて旧満州入りした川端の興奮する心情を垣間見ることができよう。汽車の中も街の中も日本人ばかりで、ホテルや食事までも日本と同じで、「東京近くにゐるやうで、変な工合だ」という驚きも示している。偽満州国の首都の新京（長春）で、「見物はまだしてゐない。見るところもないらしい」というのは、主催側が日程通りに行動させたいため、見るところがないと教えたからかもしれない。あるいは、見せてはいけないところが川端らに見られたら困るという配慮があったのかもしれない。また、「明日陸軍へ北京行の許可貰ひに行く、その結果で今後の予定がきまる」と書かれているように、北京に行こうとする川端が、その手紙の最後に「鎌倉署の身分証明書林君に頼んだが、原籍分るかしら」と秀子夫人に尋ねた。

しかし、四月一二日附の電報の中に、「ミブンシシヨウメイシヨヒツヨウナシ」と書いている。その理由は四月一三日附の手紙の冒頭文の「北京へは、関東軍嘱託として行ける事になつた」という記述からうかがえる。これも、関東軍の招待による秋の旅とつながっているだろう。その続きに次のような文章がある。

昨日新京から奉天に来た。新京では人に会つてばかりゐた感じだが、奉天では訪ねて来る人もない。昨日も今夜も外出せず、早く床に入つてゐる。昨夜は零下二度に下つた由。（中略）林君に頼んだ北支行の身分証明書入らず。シヤツまだつかず。ゼイカンやかましく、土産は何も買つて帰れぬ。／今日の夕方、松村さんと対談の放送をした。話はいやだ。／新京も奉天も東京の延長で不自由なし。（中略）支那町の見物も珍しくなくなり、奉天では今日昼のカンゲイ会に城内（支那町）の料理屋へ行き一寸歩いただけで、もうさう見たくない。／北京は花と若葉で美しいだらう。ラマ寺の承徳から、万里の長城越えて行く。（一九四一年四月一三日附秀子夫人あて書簡）

以上のように、新京にいたときに比べると、奉天に来てから客人が少なくなっている。しかし、「新京も奉天も東京の延長」だと川端は思っているので、見物する意欲もなくなった。「北京は花と若葉で美しいだらう。ラマ寺の承徳から、万里の長城越えて行く」というところから、新京や奉天に比べると、北京に行けるのは川端にとって最大の楽しみのようである。その時点では、新京、奉天、ハルピンを訪問したが、その感想を次のように述べている。「どこまで行つても一人旅でなし。ありがたいが、しかし一人で歩きたくもある。訪客と同行者だらけで、自分の時間なし。例へばハルピンへも同行五人。ハルピンから新京のホテルに帰ると、もう五六人待つてゐる。昨日は吉林行、今日帰るとやはり客待つてゐて、夜五六人にふえ、一人になるため一人で一時間ほど歩いて帰ると、また別の客が待つてゐる。連日連夜かくの如し」（四月二四日附秀子夫人あて書簡）と書かれているように、いつも同行者や客人がついていて、一人で歩けないのが苦痛だとこぼしていることがうかがえる。つまり、春の旅は自由に見学できなかったことがわかる。

その続きに、「水、生物、果物一切口にせず。日本食の漬物を食はぬほどだ。すべて内地の宿と同じ。汽車（二等）も宿も殆ど日本人ばかり。何不自由なし。ハルピンの夜の食堂も無論日本の女給さんだが、二三ロシアの少女もゐて、それが上手に飯をよそつてくれる」（4月24日附秀子夫人あて書簡）と書いている。ここで「水、生物、果物一切口にせず。日本食の漬物を食はぬほど」という行動は、一九四〇年に新京がペストで恐怖の町となったという背景からで、「そろそろその季節が来る。今年も出るかもしれぬ」と川端が心配していたからである。しかし、初めての旧満州訪問について、「見るも聞くもすべて小説の材料となる気がする。今度はだめだが、ゆつくり来て書きたい」（四月二四日附秀子夫人あて書簡）、「文学の方でも渡満の土産はのこした。僕自身も度々来て、満州の大きい作品を書きたいと思ふ」（四月二八日附秀子夫人あて書簡）、という再びの訪満への意欲を強く示している。また、春の旅に対する感想としては、次の手紙に注目してみたい。

熱河は杏の花盛り、春だ。東京よりやや暖い土地だといふ。三枝さんの同道で非常に助かつた。承徳のラマ寺の修繕状況調査に来るのを、僕のため一日早く立つてくれたわけだ。その案内で昨日ラマ寺を見た。実にひしぎな寺の眺めだ。どこの国に居るのかと思ふ。離宮も寺も荒廃しつつあり、修理の金もなく、大廈の崩れるのを小指で支へてゐる程度の手入れらしい。惜しいものだ。今日午後は伊東さんの奥様の案内で町を見物、夜は会がある。この町にも読者はある。伊東さんは古跡の調査をここで五年も続けてゐる篤学者、離宮内に住んでゐる。到るところで満州に愛を持つて調べてゐる人に会ふ。いい日本人の多く来てゐることを知る。ロシア人も満人も僕は実に好きになつた。

（一九四一年四月二八日附秀子夫人あて書簡）

以上のように、春の旅の川端は旧満州のことを、まさしく「五族協和」の世界と思っていたことがわかる。「ロシア人も満人も僕は実に好きになつた」とはその証左といえよう。その続きに「明朝北京に向ふ。十二時間かかる。第八路共産軍の出没する地方だが、汽車は安全といふ。但し碓氷峠の汽車のやうにのろい」（四月二八日附秀子夫人あて書簡）と書かれているように、北京に向かうときから、旧満州と少し異なる、華北地区（北京あたりなど）の実情が徐々にわかるようになった。一九四二年三月号の『文学界』に発表された「満州の本」に、「私が満州に行つてみて第一に驚いたことは、満州国のありさまが日本の内地に知られてゐないといふことであつた。それは私自身の怠惰な無知に驚いてゐるやうなものにちがひなかつたが、満州国の知らせ方にもあやまりはあつた。文学の任務が改めて感じられた」と川端は書いている。旧満州のありさまが日本に知られていないのは本当に川端の怠惰のためだろうか。そして、当時の政府側からの旧満州に関する宣伝は少なくないと思われるが、川端を驚かせたことはその宣伝の内容にあるのだろう。つまり、宣伝された情報と旧満州の実態の不一致によるものであろう。こうした驚きが与えられたのは秋の旅だと考えられる。

3　旧満州紀行の秋の旅について

「敗戦のころ」には、春の旅に比べると秋の旅の方が少し長く記されており、それは以下のようである。

秋は関東軍の招待で、故山本実彦氏、故高田保氏、大宅壮一氏が同行だつた。黒河、ハイラルなどに軍用機で飛んだ。二度とも報道的な旅行記はなにも書かなかつた。四人の日本人にとくに感銘を受けた。吉林のダム工場長と、吉林師範の阿部教授と、承徳離宮調査の伊東氏と、満蒙毛織の社長などである。その仕事への献身ぶりに打たれたのだ。／二度目の旅では、満蒙毛織の原地人を使つての事業を書くつもりで、奉天に一月ほど滞在して、工場に通ひ、北京郊外の清河鎮工場に泊り、張家口工場にも行つたが、たうとう一行も書けなかつた。満州人女工を毎日見つづけてもよくわからなかつた。／十一月の終り、大連に泊つてゐると、S氏が私を追ひ帰すやうにした。米英との開戦が間近なのをS氏は知つてゐて、私の身を案じてくれたのだつた。

以上のように、秋の旅は九月七日に日本を出発し、一一月三〇日に神戸に帰る約三ヶ月にわたる長旅である。自作年譜にあるように、二度目の渡満は関東軍による「満州建国十周年」の記念としての招待であった。国際緊張がいよいよ高まる中、日本の最前線地域である満州の状況を作家の目で見てほしいという趣旨の招待だった。『満州日日新聞』九月二日付に「事変十周年十八日に行事」、九月四日付に「事変記念日の式典駐日大使館光栄に恐懼」など続々と報道されているように「事変十周年」の記念である。『満州日日新聞』九月八日付に「日本ペン部隊の在満中日程」という記事に、九月一〇日から三〇日までのペン部隊の行動予定が詳細に記されている。しかし、「今、屋島のあたり航海中、元気です。旅程は大連へ着かぬと分からぬが、出来るだけ早く帰るつもりです」（九月八日附夫人あて書簡）と書かれているように、川端たちは大連に着くまでその在満中の日程を知らなかったのである。

九月一〇日、大連に着いた川端は、秀子夫人に次のような手紙を出した。「今朝大連安着、海も静かであつた。関東軍その他で非常に丁重なもてなしであるらしい。／ソ満国境は平穏明朗、この御心配は御無用。／火急重用ある時は、新京市関東軍報道部気附にて電報ありたし」（九月一〇日附秀子夫人あて書簡）とある。「ソ満国境は平穏明朗、この御心配は御無用」というところから、当時の旧満州の緊迫な情勢が、内地の日本では多少知らされていることがうかがわれる。春の旅と異なり、秋の旅は関東軍の招待であるので、軍部のルールが厳しいか、それとも何かの理由で、秀子夫人あての二通目の手紙は一〇月六日になる。ほぼ一ヶ月書簡を出していなかったことは、春の旅と比べるときわめて不思議に思われる。あるいは、その間の書簡の内容はまだ公開されていない可能性があるかもしれない。

秋の旅はそもそも九月の終わりまでの予定だったが、川端は秀子夫人を旧満州に呼んで、取材のために自費で夫人との大陸の旅を続けた。一〇月六日附秀子夫人あての手紙の中に、延長の理由などが語られている。

満州で一つ自分の作品を纏めて行きたく、奉天に後十日ほど滞在する事にした。この前は満州の作品年鑑を世話したが、今度は自分の仕事を一つはしてみたくなつた。来ただけの甲斐はあらしめたい。仕事は、満蒙毛織会社の厚生工場の満人女工を扱ふ。女工の生活や家庭も調べるつもり。見学万端の便宜は出来た。厚生工場とは、廃品更生の仕事だ。（中略）宿は一両日中に日本旅館の瀋陽館に変るはずだ、畳の部屋の方が仕事によい。少女の友は軍報道部の日程の中で到底書けなかつた。旅費は、報道部と、満日で貰つて心配ない。（中略）昨夜ホテルで音楽を聞くと、急に里心つき帰りたくなつたが、帰つては、なにも書けぬゆゑ、腰を据ゑる。帰り都合では神戸あたりまで迎へたのむ。京都で少し休みたい。（一九四一年一〇月六日附秀子夫人あて書簡）

以上のように、「満蒙毛織会社の厚生工場の満人女工を扱ふ」作品を書きたいという理由で、とりあえず奉天で一〇日間滞在することになった。延滞のための旅費は関東軍と満州日日新聞社からの謝金であることが分かる。宿を奉天の「日本旅館の瀋陽館」に移してから、一〇月一〇日に渡満の手続きについての手紙を秀子夫人に速達で送った。その手紙の中に次のような記述がある。

秀子北支入国許可、関東軍報道部で貰ふ故、小型写真急送。僕のは今日貰つた。／要用のみ、航空便と二通出す。（中略）／二十日頃、奉天又は大連に着いてほしい。／奉天か大連かは、こちらで決めて電報うつ。（中略）奉天又は大連で落合ひ、一二泊の上、北京へ行く。／北支の旅費は、満蒙毛織で借りる。大連又は奉天着までの自分の小遣だけ持参すればよろし。この方は林房雄君に頼んでもよろし。／持参のもの。康成用。原稿紙二百枚。マッチ。ワイシヤツ二枚。冬シヤツ一組。新女苑コント、少女の友作文（予選してなるべく数少く）出来るなら冬服一着。冬外套は不要。北京地図。（この前持帰つた内にあり）出来るなら、どてら一枚。ノクテナル。／秀子用。あい《（ママ）》洋服。あい《（ママ）》外套。袷着物（悪いのはいけない。）一組羽織つき。寝間着。／ジヤケツは、奉天でいいの買つた。コールドクリーム、口紅もこちらにある。／北支は十日か十五日の予定。満蒙毛織で北京工場を見てくれとのこと。／目下、奉天工場へ毎日通つてゐる。

（一九四一年一〇月一〇日附秀子夫人あて書簡）

以上のように、秀子夫人の渡満の日にち、交通機関、持ち物などが詳細に記されている。ところで、川端が奉天の「日本旅館の瀋陽館」に泊まっていたとき、在満作家の北村謙次郎と会ったことがある。北村謙次郎は先に述べた座談会「川端康成氏を囲んで」の参加者でもある。川端が訪満していたときに、北村謙次郎が『満州日日新聞』に「春聯」という作品を連載していた。川端は旅行中、その小説にも目を通した。読売新聞の取材に対して、北村謙次郎は満州の川端の印象を次のように語っている。

最初に川端さんが新京に見えたのは、ぼつぼつオーバーのいらなくなる四月ごろです。川端さんは気軽く方々を見学されましてね。新京郊外の寛城子という白系露人の部落にも足を運ばれた。レンガ作りの家が並び楊柳がふぜいをそえている部落です。東京の出版社から満州各民族の創作を出版する話があり、撰者の一人だった川端さんはその下相談を私たちとなさったが、一々手帳にメモをとるというたんねんさでした。新京に「田毎」というソバ屋があり、よくお供しました。声の美しい少女がいて、注文すると「ハーイ」と鈴を振るような声で返事したものです。二度目の満州訪問のときは、駅に迎えに行ったら、出迎えの軍人でいっぱいで、私たち在満文士とは親しくお話しできなかった。軍用機でチチハルなど方々を旅行されたらしく「こんどは文字通りの雲上旅行ですよ」と笑っておられた。奉天の旅館で小説を執筆なさっている姿を覚えています。

（読売新聞文化部『実録　川端康成』読売新聞社、一九六九年七月）

ここでは、春の旅のときは、川端が「新京郊外の寛城子という白系露人の部落」に足を伸ばしたことがわかる。そして、秋の旅のときは、関東軍の手配した九月の日程がとても忙しく、創作に手をつけることができなかった。しかし、春の旅で旧満州の人たちの生き方に共感と興味を覚えていた川端は、秋の旅でより一層創作の意欲をそそられたようで、日程を全部消化した後もひとりだけ残って取材を続けようとした。秀子夫人が着くまでの間、川端は奉天の「日本旅館の瀋陽館」で執筆をしていたこともわかる。秀子夫人は旧満州に到着してから、三日ほど奉天に滞在して北京に向かった。北京には合計二〇日ほど滞在した。北京から斎家鎮や張家口に行き、そこで満蒙毛織の工場などを見た。北京秀子夫人の記述によると、その後の旅費として満蒙毛織会社から二千円を借りたことがわかる。張家口は一一月一二日から一四日まで行き、あとはまた北京へ戻り、天津から大連に行った。「北京の町は今テレビや写真で見るよりもはるかにきれいでしたが、何しろ日本軍が占領軍として行っているのですから、何とも複雑でいやな気分でした。外国大使館もそろそろ引き揚げを始めていて、町が段々とひっそりして行く感じがありました」と秀子夫人が書いている。秀子夫人と川端が「複雑でいやな気分」になったのは、北京を占領しているからである。また、川端は『満州国各民族創作選集』（創元社、一九四二年）の序文にこう書いている。

満州国の建国十周年の春に、この年鑑作品集の第一巻の出版を見たことは、私達の慶祝の心が幸ひに最もふさはしい表現、また一つ確かな結実を得たものと思ふ。（中略）諸民族が協和の文化の里標を歴史に綴つてゆくこの書は、美しい理想の象徴であらう。大きい未来を呼ぶ声でもあらう。／日本は今南方にも戦を進めたが、他の民族と共に国を建て、文化を与しつつあるのは、まだ満州国の外にはないのである。大東亜の理想は先づ満州に実践されたのであつて、ここになし得ぬと考へられるばかりでなく、これを漢民族と共になしつつあることも、満州の重要な所以である。言ふまでもなく、漢民族ほどの優秀な民族は他にないからである。文化の領野に見ては、尚明らかにさうである。

ここからも川端の旧満州についての見方は明らかだろう。旧満州は、日本が中国の東北地方を占領しているのではなく、「五族協和」の形で作った新しい国であり、大東亜の理想の第一歩であると考えていることがうかがえるだろう。漢民族の文化を認めながらも、日本が「他の民族と共に国を建て、文化を与しつつある」のはもっと重要だという認識がうかがえる。五族が文化的に提携をもち文化を向上させ、そこに日本が中心点に置かれるという考え方は、戦時中に旧満州に足を向けた作家たちにとって常にある認識であった。

また、「敗戦のころ」に「十一月の終り、大連に泊つてゐると、S氏が私を追ひ帰すやうにした」とある。秀子夫人の回想によると、「大連では須知善一さんという、大豆の買いつけなどを商売にしている人に随分お世話になりました。おそらく特務機関などから情報があったのでしょう、何も理由は言わずにただ早く帰れ早く帰れ、と来るたびにおっしゃるのです」とあるように、「S氏」は須知善一のことであろう。ということで、太平洋戦争の勃発の直前に、川端夫婦は日本に戻った。これについて秀子夫人は「私たちが帰国してすぐ十二月八日の開戦となりました。私にとっては大変ショックで、主人は、軍部をおさえ切れないで勝つ見込みもない戦争にまきこまれてしまった、と慨嘆していました」と書いている。

また、川端が旧満州文藝春秋社刊行の一九四四年七月号の『芸文』に発表された「満州国の文学」に「新京の住宅難を私が十分実感してゐない見方かもしれなかつたが、満州国の作家暮しの苦労が見えてゐた。また外地における日本の一面、あわただしい貧しさや痼声の浮足立ちが、作家を浮かさせてゐるとも見えた」と書いている。川端が旧満州の作家の暮らしの苦労を通して、当時の開拓移民などの生活の苦しさを感じていたことが分かる。そして、同文に「私は満州紀行を紙面には書かなかつたが、内心には書き付けてゐたやうに思ふ。つまり、満州から北支への旅行の後、二年間ほど仕事がしにくくて困難した。この旅行による心の振動が強過ぎる期間だつたらうと思ふ。そのくせあわただしい素通りの旅で見聞は浮疏の悔いがあつた」とある。表面的には観光のような旧満州紀行であるが、川端の内心に大きな衝撃を与えたことがうかがえる。とくに、ショックを受けたのは、二人で北支に入ってから見たものである。

しかし、それについては具体的に書かれていない。それは書けないものか、あるいは書きたくないものかもしれない。そういう精神的な哀しみは川端が「二年間ほど仕事がしにくくて困難した」ことの要因であろう。心の底の「浮疏の悔い」はおそらく川端の知識人としての反省であるかもしれない。「ハイラルや蒙疆の入口へも行った」川端が、政府の報道と違う旧満州の実態が分かったから、「軍部をおさえ切れないで勝つ見込みもない戦争にまきこまれてしまった」と慨嘆してしまったのだろう。

以上のように、川端は持ち前の好奇心から春の旅と秋の旅を通して満州各地を熱心に見て回った。秋の旅のときに、関東軍報道部の将校は川端に「ご自分の作品を書かれるのも結構だが、それを一時中断しても満州へ来て、文化面の仕事をしてくれた方が有意義ではありませんか」と誘っていた。しかし、川端は首を横に振ったという。理由はいろいろ考えられるが、「五族協和」や「王道楽土」というスローガンと旧満州の実態とのギャップから受けたショックがその理由のひとつであろう。

4 「敗戦のころ」に村松梢風、火野葦平を書き漏らしたことについて

一六巻本の『川端康成全集』の「年譜」[3]に「春から初夏、『満州日日新聞』の招きによつて、呉清源一行に加はり、村松梢風とともに満州に行く。ハルピンで一行と別れ、熱河の承徳を経て北京に入る。初秋、関東軍の招きによつて、山本改造社長、高田保、大宅壮一、火野葦平と満州に行き、黒河、ハイラルなどに飛び、一行と別れて奉天に一月ほど滞在、北京に向ふ。北京に半月ほど、大連に三四

日ゐて帰ると、数日後に太平洋戦争開戦」とある。ここには、村松梢風と火野葦平が書かれているが、何故「敗戦のころ」に二人の名前を書き漏らしてしまったかはとても興味深い問題である。

まず、春の旅に同行した村松梢風について、二人は下関で落ち合い、共に囲碁大会を観戦し、また吉林や奉天に行き、ラジオで対談をするなどの行動を共にしている。たとえば、秀子夫人あての手紙の中に以下のような記述がある。

汽車は実に楽だつた。神戸過ぎた頃から眠り、朝鮮の寝台では、八時頃から翌朝の八時まで眠れた。村松さんも同じで、寧ろ宿に着いてからの方が眠れない。村松さんとは下の関で落合つた。船の中も碁を打つたり横になつたりだつた。（中略）明後日村松さんと満州の古都吉林へ行き一泊、十一日奉天へ向ふ。

（一九四一年四月六日附秀子夫人あて書簡）

先づ故障なく元気。村松さんは新京着早々腹をこはし、未だ全快に到らず。（中略）今日の夕方、村松さんと対談の放送をした。話はいやだ。

（一九四一年四月一三日附秀子夫人あて書簡）

村松さんの知人の案内で、競馬の第一日にも行つた。寒い日だつた。十二競馬、馬券十円、枚数無制限、大体一二枚づつ買つたが、よくあたつて、十円ばかりの損。それも富くじの方も買つたのだから、競馬だけでは損なしだつた。

（一九四一年四月二三日附秀子夫人あて書簡）

以上のように、村松梢風の名前が四月六日の手紙で三回、四月一三日の手紙で二回、四月二三日の手紙で一回出ていることが確認できる。それに、村松梢風は例の名人引退碁を観戦した仲であり、川端にとっては忘れるはずがない存在だろう。しかも「自作年譜」にも村松梢風の名を書いている。何故「敗戦のころ」に彼を省いているかを考えるときに、「東洋のマタ・ハリ」と呼ばれた清朝王女川島芳子との関係が連想される。一九三二年に川島芳子をモデルにした村松梢風の小説である『男装の麗人』が発表され、芳子は「日本軍に協力する清朝王女」としてマスコミの注目を浴びるようになった。日本の敗戦に伴い、川島芳子が同年一一月一四日に逮捕された。村松瑛（村松梢風の息子）の記述によると、「梢風は『川島芳子という人はウソつきの名人だった。そのウソがいかにも本当らしくて面白いのが特徴だった』と言ったことがある」そうだが、八ヶ月たった一九四六年七月三日の南京中央日報に、芳子の起訴状が掲載されている。その第八条に「日本人村松梢風の『男装の麗人』には、被告の行動が具体的に証明されている」とある。小説で芳子のスパイ行為をことさら誇張して描いたため、戦後芳子が漢奸裁判にかけられた際に小説が証拠として扱われ、芳子を死刑に追い込んだという批判がある。村松自身、戦後芳子の知人から「お前のせいで川島芳子は死んだ」となじられたという。芳子は日中戦争においては避けられない人物であり、偽満州国の建立にも大きな力を尽くした。

次に、火野葦平の書き漏らしについても考えてみたい。川端は「渡満葉書通信」[6]に「この春帰りはアルゼンチナ丸でしたが、今度は古い船です。北の方へ行けさうなのが楽しみです。船中火野君に互先二局とも負けました」と書いている。そして、『新潮日本文学アルバム　川端康成』には川端と火野葦平の集合写真が載せてある。[7]しかし、火野葦平は一般の作家とかなり違うことがよく知られている。彼は『麦と兵隊』『土と兵隊』『花と兵隊』の三部作を書き、従軍作家として活躍した。戦後「戦犯作家」として戦争責任を厳しく追及され、一九四八年から五〇年まで公職追放も受けた。川端が「敗戦のころ」を執筆する時はちょうど終戦一〇周年であることを考えると、書き漏らしたことも理解しがたくはないだろう。それに「敗戦のころ」を執筆する前の年に、川端が自ら作成した「年譜」

に村松梢風と火野葦平の名前が確実に出ている。つまり、川端が二人の名前を書き漏らしたのは、やはりあの戦争に関わりすぎる人物に意識的に言及したくなかったからだと推定できるだろう。
ところで川端は『東京新聞』一九四二年一二月一〇日付に「英霊の遺文　美しい『皇兵』」と題し、火野葦平の『土と兵隊』の冒頭を引用し、戦争文学について以下のように述べている。

このやうな日記や手紙から、火野氏の戦争文学は生まれたのであつたが、またこのやうな気持で、出征将兵は日記や手紙を書いたのである。（中略）すぐれた戦争文学、整つた戦史の一方に、出征将兵の文章の総和による戦争の記録も、国家のものとし、民族のものとし、万代にも伝へるべきで、この大出版を私は或る出版社に慫慂したことがあつた。たとへば上海の巻、南京の巻、漢口の巻といふ風に、大きい戦争の場所に分けて編纂するか、または部隊別にして、部隊の進軍に従つて編纂するかといふ話もしたが、何分大事業過ぎるか、まだ計画を見ない。

以上から見ると、川端が戦時下に賛美とはいえないまでも、戦争を肯定していることが見られるといってもいいだろう。しかし、戦後の「哀愁」などの文章ではそのことに触れず、ただ自分の「かなしみ」だけを強調している。このようなところから川端の戦争に対する態度が、戦中と戦後で少し変わっていると見ることができるだろう。

5　おわりに

川端は「独影自命」に「私は戦争からあまり影響も被害も受けなかつた方の日本人である。私の作物は戦前戦中戦後にいちじるしい変動はないし、目立つ断層もない。作家生活にも私生活にも戦争による不自由はさほど感じなかつた」と記している。本稿ではその実際を考察しようとしてきた。

旧満州紀行の春と秋の旅の考察を通して、日本が満州を占領したわけではなく、「五族協和」の下で新しい国を作ったと、川端が思っていたことが推測される。しかし一方で、実際に旧満州に行ったからこそ、政府の宣伝とは違う開拓移民の苦しさに驚きもした。川端は日本の内地に帰ってから「二年間ほど仕事がしにくくて困難し」たとも述べているが、彼が旧満州において内心に大きな衝撃を受け、知識人としての「浮疏の悔い」を感じていたことが想像される。また、川端は一九三九年二月号『文学界』に、「戦争に続く東亜の大きい動きにつれ、文学もここに当然立ち上るであらうが、その場合、思想と創作との関係が、プロレタリア文学の時のそれを繰り返すことではあつてほしくない」と記している。一九四二年には、日本文学報国会の派遣作家として長野県の農家を訪問したことがあり、一九四四年には「日本文学振興会」が制定した「戦記文学賞」の選者となり、一九四二年から一九四四年まで『東京新聞』に全二〇回「英霊の遺文」を発表している。また、旧満州の春の旅の後に未完の「雪国」の最終回にあたる「天の河」を発表して、急いで完結させようとし、戦時の兵士や戦地（旧満州や「北支」など）の婦人達を慰めた。このように川端は戦時中に当時の国策に協力する行動をもしていた。一方、終戦一〇年後に発表した「敗戦のころ」の文章の中に村松梢風と火野葦平を書き漏らしたことからは、戦争に関わりすぎる人物に言及したくないという川端の心情がうかがわれる。

以上のように、川端の戦争体験をたどり、考察してきたが、そこからは、彼の戦争に対する態度の柔軟さがうかがわれる。賛美でもなく、批判でもない。関東軍報道班員に頼まれたから見てみるという心情で旅に発っている。かなり協力したが、賛美の言葉は書いていない。それは戦争に対する〈弱肯定〉といってもいいであろう。しかし、戦後になってからは、戦時下の時代錯誤や戦争の影響を受けなかったと記している。つまり、過去の戦争とあまり関わりたくないという態度である。ここには川端の戦争に対する態度の小転向が見られる。このように見てくると彼の戦争観は時流順応といってもいいであろう。こういう処世の態度は川端が父栄吉に書いてもらった遺訓「保身」を連想させる。また、「父が死の床で、姉と私に書き遺してくれた大字」（「思ひ出すともなく」『毎日新聞』一九六九年四月二三日夕刊）という「要耐忍為康成書」も連想される。しかし、戦時下の旧満州紀行は、川端の戦後の精神風土に傷痕を残し、戦後作品の創作や死生観にも影響を与えているといえよう。

（早稲田大学社会科学総合学術院助手）

注1　川端と戦争についての先行研究としては、一九八〇年一〇月一九日の川端文学研究会第七回大会で「川端康成における『戦争』」のシンポジュウム（司会／松坂俊夫、報告者／長谷川泉、羽鳥徹哉、林武志）が行われた。その内容は、『国文学　解釈と鑑賞』（至文堂、一九八一年四月）の「第二特集　川端康成没後一〇年」に長谷川泉「『生命の樹』と戦争」、羽鳥徹哉「川端康成と戦争」、林武志「川端康成における戦争」の論として載せられている。なお、本稿は、拙稿「川端康成における戦争体験について―『敗戦のころ』を手がかりに―」（『ソシオサイエンス』17号、早稲田大学社会科学研究科、二〇一一年三月）と内容が一部重複していることをお断りしておく。

2　なお、旧満州政府のことについて、中国語では「偽満州国」と呼ばれる。本論文では、当時の史料の再現を目的としているため、新京（吉林省長春市）、奉天（遼寧省瀋陽市）、熱河（承徳市を中心とした河北省、遼寧省、内モングル自治区の交差地域）などの旧地名をそのまま表記するところがあることをおことわりしておく。

3　一六巻本『川端康成全集』（一九四八年五月～一九五四年四月、新潮社）が完結される際に、川端自らの筆になる「年譜」が附せられ、一九五三年一二月までの記載がなされている。

4　川島芳子（一九〇七年～一九四八年）中国名は金壁輝。清朝粛親王の第一四王女として東京に生まれた。清王朝の顧問である日本人川島浪速の養女になり、川島芳子ともいう。「九・一八事変」後、中国に帰り、スパイ活動をはじめた。偽満州国の建立、「七・七事変」、蒙古独立、汪精衛偽南京政権の樹立などの画策に参加し、最終的に清王朝の回復を企てた。戦後中華民国により漢奸として銃殺刑に処された。（『北京日報』一九八二年三月二五日付による）

5　村松梢風と川島芳子の奇遇、『男装の麗人』を書く経緯及び二人の同居生活について、村松瑛『色機嫌女・おんな、また女村松梢風の生涯』の一九七～二〇二頁を参照。

6　「渡満葉書通信」は『文芸』一九四一年一一月号に火野葦平、高田保、大宅壮一、山本実彦の４人とともに発表された。

7　『新潮日本文学アルバム川端康成』の四六頁に「昭和一六年、旧満州国吉林北山にて。右より高田保、川端、火野葦平」と「昭和一六年、旧満州にて。右より高田保、川端、火野葦平、大宅壮一」を題とする二枚の写真である。

報告

第十一回アジア児童文学大会

蕭《ショウ》 伊《イー》 芬《フン》

今年（二〇一二年）の夏、総数五十名を超す児童文学の専門家や作家がアジア各地から東京の国連大学に集まった。韓国、台湾、中国、香港など出身地はそれぞれ異なるが、彼らの目的は一つ、第十一回アジア児童文学大会への参加であった。

アジア児童文学大会は一九九〇年、韓国の李在徹児童文学学会会長の呼びかけにより始まり、以来、主な主催国をローテンションで交代しながら、二年に一度のペースで開催されてきた。日本の主催となる今年は、去年の東日本大震災や、開催前に発生した東アジア諸国間の緊張情勢もあり、果たして人が集まるかどうかという心配もあった。しかし、いざフタを開けてみれば、今までにないほどの盛況であり、さらにバラエティに富んだ発表の内容であった。

今大会の内容は大きく二つのパートに分かれる。一つは大会のメインテーマをめぐってのシンポジウムで、もう一つは参加者たちによる論文の発表であった。異なる国や地域で互いに同じテーマについて論じることができるのは、国際交流が盛んとなった近年の発達した出版事情によるところが大きく、互いの意見交換においても有意義なことである。他方、論文発表には統一したテーマがなかったが、それぞれの国や地域での研究傾向や関心事が伺える。本レポートではこれらシンポジウムと発表論文をもとに、今大会を振りかえりたいと思う。なお、以下、登場する人名には敬称を略す。

●シンポジウムの部――アジアにおける日本編――

今大会のシンポジウムのテーマは「子どもの本の翻訳in東アジア―アジアにおける日本　日本におけるアジア―」であった。まず日本から中国および台湾の出版事情に詳しい成實朋子による「東アジアにおける日本の子どもの本の翻訳」事情が紹介され、また韓国の児童文学専門家である大竹聖美から「日本における東アジアの子どもの本の翻訳」事情が説明された。両者ともに報告内容を二〇〇一年～二〇一一年の出版物に限定したのは、最新の流れと情報を報告するとともに、ここ十年の東アジアにおける出版情勢が目まぐるしく変化している状況を示している。

翻訳大国と言われている日本だが、こと子どもの本に関しては必ずしもそうとは限らない。さらにアジアの子どもの本の発展は、日本の作品と共に歩んできたといっても過言ではない。台湾出身の筆者にも覚えがあるが、八十年代生まれの多くの者にとって子どもの頃の愛読書といえば、『はじめてのおつかい』（筒井頼子作・林明子絵、福音館）や『十四ひきのひっこし』（いわむらかずお、童心社）など、日本の作家によるものがほとんどであった。アジアの日本児童文学ブームの中においても、国際子ども図書館の所蔵書資料によれば、日本の作品を特によく翻訳出版しているのは、韓国（二一七七件）、台湾（一二〇六件）、中国（五三七件）であった。成實の報告はそのようなブームの実態を探ると共に、それぞれの地域で好まれる作品の傾向と理由などについても丁寧に分析されていた。

たとえば日本の作品の翻訳出版点数について二〇〇九～二〇一一年の三年間に注目すれば、中国は二四〇点と韓国、台湾を大きく抜いて一位に躍り出ていることが分かる。成實は、急速な経済発展に伴い、都市部を中心に子どもへの教育経費が増えているが、その一環として、子どもの本への支出も増加しているからだと分析している。中でも絵本は人気で、セットとして一気に売り出すことも珍しくないそうである。確かに中国には科挙の歴史があり、そこまで遡るのは大げさだと思われる人もいるかもしれないが、日本の近代における立身出世の旋風とまではいかなくとも、現代の受験戦争からしてもアジアの教育熱がまだまだ冷めそうにないことを思い知らされる。

中国と同じく、あるいはより苛烈とも言える受験戦争が繰り広げられている韓国と台湾においては、出版産業の規模が脆弱であることも大きな一因で、子どもの本のみならず、大人の本においても翻訳物に頼るところがあった。ただ、台湾では文芸書を中心に海外の作品が紹介されており、絵本だけではなく、もう少し上の年齢層をターゲットとしたものも近年では翻訳出版されるようになってきている。一方、韓国では文芸書のみならず、自然科学・保健衛生・福祉などのノンフィクション系においても翻訳物が大きな割合を占めていると成實は説明した。

成實が指摘した出版産業規模の脆弱さとは、市場規模と政府の規制などが大きな原因となっているが、さらにそれぞれの文化背景と民情が反映され、現地の読者に好まれる作品が翻訳出版される傾向が伺える。たとえばアジア各地で等しく日本の児童文学の代名詞ともなっている宮澤賢治の作品ではあるが、読まれ方ひとつを見ても各地域の特色がある。同じく日本の児童文学の代名詞となっている新美南吉の作品も、切なく余韻の残る終わり方をしている「ごんぎつね」よりも、ハッピーエンドの「手袋を買いに」が人気なのも面白い結果である。

成實はそれぞれの地域において好まれる作品の特徴を以下のように簡潔に紹介した。韓国では灰谷健次郎の人気が高く、作品の翻訳点数も他地域に比べて突出している。最近の作家で、日本でも高い人気を集めているあさのあつこの初期代表作『バッテリー』が全巻翻訳されており、総じてリアリズムな素材を扱った作品が受け入れられやすいように見える。他方、中国はその反対で、灰谷健次郎のようなリアリズム系の作品も翻訳されてはいるが、むしろ安房直子のような幻想的なファンタジーや童話の人気が高い。小説の場合も、日常系といわれる家庭小説や学校小説よりも、探偵小説や動物小説などの点数が多い。成實によれば、これは両国のあいだに政治形態や学校体系などが異なるためで、読者にとって違和感を覚えやすいからなのではないかと推論されている。また、中国では沈石渓など動物小説の名手があり、元々盛んなジャンルであったことも理由の一つとしてつけ加えることができるだろう。

一方、台湾では二〇〇八年から「青い鳥文庫」のようなエンターテイメント系の読み物が多数翻訳されるようになった。多くの日本の小学生たちに読まれている「若おかみは小学生」シリーズ（令丈ヒロ子、講談社青い鳥文庫）もこれを記念して、台湾を舞台とした番外編を出版したりしている。また「かいけつゾロリ」（原ゆたか、ポプラ社）や「魔法の庭物語」（あんびるやすこ、岩崎書店）など、日本の子どもにとってなじみのあるエンターテイメント系シリーズ物も台湾で人気を博している。これらの作品は表紙絵に漫画家を起用したりするなど、内容のみならず、本の作りとしてもライトノベルと繋がるところがあるため、台湾の児童書業界の本作り、すなわちターゲットとする読者の年齢層や嗜好の想定と対策に、少なからぬ影響を与えているようである。

また、日本対アジアの他地域だけではなく、近年では中国語圏のものが韓国で出版され、もしくは韓国のものが中国語圏で出版されることも年々増え続けていると成實は報告した。これは各地域が歴史的な経緯や経済格差、もしくは政治体系の違いなどの困難を乗り越えて、今まで以上に、他地域のコンテンツの受け入れに柔軟となってきたことの表れだと成實は見ている。このようなボーダーレスな交流が互いに新たな力を注いでくれるだろう。

●シンポジウム――日本におけるアジア編――

日本以外の東アジアの他地域が海外作品の受容に対する柔軟性を増していく一方、日本国内はどうであったか。大竹聖美は自身の専門である韓国児童文学を中心に紹介した。

元々、日本では中国の昔話の再話を中心に、優れたアジア関連の子どもの本を出版してきた。赤羽末吉の『スーホの白馬』はその代表格といえるだろう。しかしながら、それらの多くは日本人作家によるものであり、本当にアジア発の絵本が存在感を示すようになったのは、ここ十年のことである。二〇〇〇年以降は〈韓流〉ブームの追い風もあってか、日本の子どもの本出版界においても、韓国発の作品は着実にシェアを増やしてきた。二〇〇一年～二〇一一年の十一年間で、実に七十七冊もの韓国絵本が翻訳出版されたのである。一方、台湾で絶大な人気を誇っていたジミーの作品は二〇〇一年より、ほぼ年に二冊のペースで日本においても翻訳出版されていたが、二〇〇六年の十二冊目を最後にぱたりと途絶えたのである。中国の方はもう少し複雑な事情が絡んでくるが、昨年には旧正月を過ごす一家をテーマにした『チュンチェ』が台湾の版元経由し、日本で出版されている。

日本における台湾翻訳絵本の不作は、大竹のみならず、複数の発表者も言及したように、長引く出版不況という日本出版界の事情が関係しているのは事実である。しかしながら、不況にもかかわらず韓国絵本が出版されつづけているのはなぜか。この問題については、張桂娥（台湾）や朱自強（中国）、朴鐘振（韓国）ら海外参加者の発表とも併せて考える必要があるだろう。

成實の調査からも分かるように、日本の児童文学はアジアの他地域にとってはひとつの指針であると同時に、己との違いを意識させられる存在でもあった。それは〈子ども〉や〈文学〉についての観念の違いであったり、或いは〈子ども〉と〈文学〉という、ただでさえややこしい両者をくっつけて誕生した〈児童文学〉という対象に対しての考え方と距離感の相違であったりする。

全体としてみると、リアリズムもしくはファンタジーの違いといった嗜好上の違いはあるにせよ、海外が日本の作品に求めるのは完成度の高さであることがわかる。民族色の強いテーマはそれぞれ独自の文化背景に依存するところが大きいからか、逆に受け入れられにくいところがある。（あさのあつこの『バッテリー』は韓国・台湾とも日本と同じく野球が盛んな地域であるから、読者にとってなじみやすかったのではと、成實も推測していた）。しかしながら、日本が海外作品、より明白にいうと、自国以外のアジア作品に求めるのはどちらかというと、ひと目で〈他者〉だとわかるような民族色であった。民族色の強い作品が日本の出版社に好まれる一因は、自身も韓国絵本の紹介と翻訳を手がけ、出版社と接する機会のよくある大竹が説明するように、「外国の文化を知ろう」のような企画が通りやすく、読み手にとっても好奇心をくすぐられやすいからであろう。また、無国籍的な画風の秀作ならば、日本国内ですでに数多く出版されていることも忘れてはならない。だからこそ、無国籍的な画風で都会人の乾いた憂鬱と微細な感情を印象的に描いたジミーでさえもいつしか日本の市場から姿を消したのかもしれない。

会場からは、なぜ民族色の強いもの以外の海外の作品がなかなか日本で紹介されないかとの質問があがったが、同じ苦境は戦後、欧米市場に進出しようとした日本の作品にも見られる。このことについては日本における著作権輸出の先駆であった栗田明子の『海の向こうに本を届ける─著作権輸出への道─』に詳しいので参照されたい。しかしながら、日本はそのような難局から何とか活路を見出してきたし、また同じアジア勢の中においても、ここ十年間の韓国絵本の健闘ぶりには目を見張るものがある。いうまでもなく、作品自身の完成度の高さが最も基本的かつ最重要な条件ではあるが、それだけでは、海外への道はまだまだ遠いと言ってよい。いかなる名作と言えども、今大会のテーマに〈翻訳〉が選ばれたように、良き翻訳者と良き紹介者に恵まれてこそ、作品は海外へ第一歩に踏みだせるのである。翻訳者は語学に堪能であるのはもちろんであるが、ある意味でリライトともいえる作業には、作品に対する理解も必要となってくる。また紹介者は作品に心酔するだけではなく、紹介しようとする受け入れ先の地域の市場構造や文化背景に詳しいことも求められよう。

そう考えると、未だに教育的な作品に偏ることの多い、ほかのアジア勢の作品がなかなか日本の市場に踏みこめずにいることも納得できる。古くは日本の菅忠道が「顧客の二重性」として説明した。今大会の発表者である台湾の張や中国の朱自身も言及したように、確かに児童文学は子どもを第一の読者として考えていながら、その子どもに本を手渡す媒介者として、児童文学に係わる者は教育者や保護者であることが多い。そのため、教育的なメッセージが強く出てしまうことはままある。しかしながら、それでも児童文学はやはり〈文学〉である以上、作品の中にひとを感動させ、もしくは惹きつける何かを秘めていなければ、それは教科書と何の違いがあろうか。

シンポジウムはその後、日本の作品が台湾、中国、韓国でどのように翻訳・受容されてきたのかについて、三地域の研究者によって発表された。それぞれの地域で好まれる傾向などについては、前述した成實の発表を参照されたい。たとえ韓国で高い人気を誇る「銀河鉄道の夜」のように同じ作品であっても、翻訳・装丁とも子ども向け・大人向けなど様々なバリエーションが作られているが、論じられるのは往々にして表面的なテーマにとどまっている。ひとつの作品にとらわれるよりも、大枠で物事をとらえようとするエネルギッシュな研究の姿勢には教えられるところがあり、また戦後の変革期にあった日本児童文学が持っていた熱気を彷彿させる。一方、せっかく同じ作品を共有できるようになったのに、たとえば賢治作品が日本国内で難解といわれるその中核までになかなか触れられなかったことを少し残念に思うのは、筆者だけであろうか。

●論文発表の部

共通のテーマを中心に、俯瞰的に議論が交わされたシンポジウムとはうってかわって、論文発表の部では、現在、各地域における書き手と読み手の双方にとって最も関心のあるトピックスが報告された。また読書による受容だけではなく、絵本の読み聞かせや子どもによる人形劇など、反省をふまえながらの具体的な実践の仕方もいくつか提案された。

韓国や香港、そして中国では急激な経済成長と社会構造の変化に対するとまどいを表わすように、エコロジーが大きな話題を呼んでいるとのことだ。これらの地域では十三編の発表のうち七編、実に半数以上のものは「エコロジー児童文学」、「地球環境保護」といったことばがキーワードとなっていた。二〇世紀の中国児童文学を振りかえった呉其南の発表によれば、特に中国では急変する社会に対応できずに懐古主義がブームとなっていた。「ルーツ探し文学」が童心主義と母性愛、自然のイメージを纏っている一部の児童文学は、近代化に対抗するシンボルとさえなっているようにみえる。このような熱意は同じく自然の大切さを呼び掛ける韓国と香港の発表者からも感じられ、その多くは学校教育がこれらの作品をより積極的に取り込まなければならないと強く訴えるものであった。

しかしながら、ほかの参加者から指摘されたように、学校教育というもの自体がすでに近代化の象徴であり、極めて不自然な形で〈教養ある近代人〉を作り上げようとして作られたシステムである。また今さらながら、便利さに慣れた人々が電気も水もない生活に戻れるとはとても思えない。戦後の変革期にあって意気盛んであった日本の児童文学もおそらくこの矛盾に気づいたからこそ、徐々に冷静となり、読者にとってのリアリティとして、新たな共存の道を模索しようと努力を続けてきたのであろう。この矛盾を自覚できるか否かによって、そのあとに視えてくる風景は全く変わってくると思うが、現時点ではまだしばらくの観察が必要であろう。

テーマとしてのエコロジー以外で、韓国や台湾では共に児童小説や少年小説といった、これまでターゲットとしてきた読者よりもう少し上の年齢層を対象とした長編の読み物によせる関心が見られた。

これらの作品はいずれも元々、それぞれの地域で書かれてはいるが、絵本や童話に比べるとあまり注目されず、もしくは特定の作家による作品以外はほとんど顧みられてこなかった。しかしながら、実際には多くの少年少女に読まれており、日本でいう思春期文学もしくはその前哨としてそれなりの影響力を持っていることは否めない。舞台とする地域は異なるが、これらの作品に共通する特徴として、自己のナショナリティとアイデンティティの混乱や欲求の抑圧といった、子どもの内面を描こうと試みていることがあげられる。日本では一九七〇年代から、子どもと大人の文学の間のボーダレス状態について論じる時、重要な要素のひとつとして議論されてきた。問題提起という意味においても、とりあげられ、注目されたのは喜ばしいことである。今大会ではまだテーマに偏った論じ方がされていたが、今後、研究が進むにつれて、アジア児童文学に語りのもたらす効果など、よりラディカルな発想の可能性が示されるのではなかろうか。

また、日本の発表者からは翻訳物ならではの苦悩と解決法と、そこに見られる考え方の変遷が紹介された。特に「少年少女向け翻訳叢書における「世界」と「東洋」」をテーマにした佐藤宗子の発表は過去を振り返りながらも、今を見つめる労作と言えよう。佐藤は〈教養〉の意味が日本において大きく変わりつつある一九五〇年代という節目に着目しながら、叢書の編集方針からその社会背景および影響を読み取ろうとしたのである。その発表によれば、西洋の一地域と同じ程度の冊数しかないとはいえ、「東洋」を明確に意識した「地域割り」がなされたのは、一九五三年に創元社から刊行された『世界少年少女文学全集』が最初であった。そしてオリエンタリズムのまなざしの存在を否定できないにしても、それまでになかった「世界」の見え方はやはり新鮮であり、有意義であった。

このような叢書は一九八〇年代以降の日本児童文学の世界から消え去ってしまったが、翻訳文学が共存するようになった二十一世紀においてこそ、新しい「教養」が形成される可能性の参考になってくれるのではないかと、佐藤は期待を込めて新たに問題提起をしたのである。佐藤の論説は日本の児童文学を対象としながらも、民族の誇りとアイデンティティを取り戻そう（作り直そう）と、伝統文化の復興に盛り上がるほかのアジア諸地域にとっても、極めて示唆に富んでいるのではないだろうか。

●大会を終えて

論文発表の部で佐藤をはじめ、多くの参加者が述べたように、文学―特に児童文学は書き手と読み手だけのハネムーンでは成り立ちにくいものである。それを伝える者の存在もまた、文学のあり方に大きな影響を及ぼしていると、筆者はこの二日間を通して改めて痛感した。このことは翻訳のような分かりやすく変形させられ、媒介を経由せざるをえないもののみならず、たとえば古典作品の受容についても、どこまで変容が許容できるか、どこまでが原作へのオマージュで、どこまでがパロディかなど、同じ注意が必要であろう。

それぞれの立場もしくは文化背景による意見の食い違いは、当然に存在するだろうし、またそうであるからこそ、このように地域を越えた交流が意味あるものとなるのである。韓国の李在徹会長のような長老のご逝去が惜しまれる一方、中堅研究者たちの努力が各方面で実を結びつつある。二年後、韓国の古都・慶州で第二十二回大会が開催されるが、その時、アジアの児童文学はまたどのような様子を見せてくれるのか、楽しみである。

（白百合女子大学大学院生）

座談会

〈東アジアの留学生たちと語る村上春樹〉

交流するアジア／行き来する春樹文学《たましい》

原　善（司会　日本）・蕭伊芬（台湾）・張愛眞（韓国）
吉　越（中国）・篠田康（日本）・恒川茂樹（日本）

原　今晩は。皆さん、お忙しくて、なかなか全員が集まれる日を作れなくて大変でしたが、今日は、無理をしてお集まりくださり有難うございます。

本日は、東アジアの隣人たちの間で村上春樹文学がどのように受け入れられているのか、そしてその意味する所は何なのか、について、皆さんで話し合っていただこうと思っているわけですが、まず最初に皆さんから簡単な自己紹介をしていただきましょう。

蕭　蕭伊芬（ショウイーフン）です。台湾出身です。専門はティーンを対象とした日本のヤングアダルト文学で、白百合女子大学の大学院で勉強しています。

張　張愛眞（チャンエジン）です。韓国の釜山出身で、今明治大学の大学院で勉強しています。修士論文を春樹で書くか考え中です。

吉　吉越（ジーユエ）です。中国人民大学大学院から明治大学の大学院に交換留学で来ています。向田邦子を研究しています。

原　ありがとうございました。以上の外国の皆さんに対して、日本からは現在の流通の状況にも詳しいお二人に参加いただきました。

恒川　恒川茂樹です。卒業論文で『ダンス・ダンス・ダンス』を取り上げました。現在新刊書店に勤務しています。

篠田　篠田康といいます。新古書店に勤めています。

『東アジアが読む村上春樹』をめぐって

原　ありがとうございました。私は東アジア隣人ネットワークの事務局長をしている原善といいます。私を除くと皆さん二十代前半から三十代前半までの若い世代の方々です。『東アジアが読む村上春樹』（藤井省三編、若草書房。以下『東アジア』と略記）という本がすでに刊行されている中で、このような企画は意味がないかに心配されそうですが、皆さんはガチガチの研究者ではなくて、より一般の読者に近いところにいます。しかも若い世代の、生の声を集めたいと思っておりますので、充分に意義はあるだろうということで、本日は皆さんどうぞ忌憚のない意見をお聞かせください。

しかしまずは、『東アジア』を読んだ感想はいかがでしたでしょうか。

蕭　拝読しましたが、歴史的分析が結構されているのに対して、アジアのリアルタイムの若者の反応に対するリサーチが少ないのが気になりました。

張　私の場合、とても勉強になったし、参考にもなりました。しかし、個人的に足りないと感じたところは、どうして春樹が韓国でウケたのかについていろいろ書いてある中で、九〇年代から春樹が売れ出した理由について民主化と経済成長という二つを取り上げていたんですけれども、そういう社会の流れの中で人々が感じた価値観の揺れだとか時代における喪失感とか虚無感というのは韓国だけではなくて、アジア全体の問題でしたから、国ごとに分けて考えなくてもよかったのではないかと思いました。

原　それはある意味で本質的な批判かもしれません。あの本には東アジアの各国の人が書いているけど、じゃあ東アジア全体としてどうなのかということについては読者にゆだねられている部分がありますね。そういう意味でも、今回のわれわれの座談会も各国の話に終わることなく、東アジア全体として、何か答えが見える方向へ行ければいいですね。

蕭　そもそもなぜ春樹が東アジアの国々でウケているのか考えたとき、私が思うには、日本は東アジアの中でも、十年先の未来像として見られているところがあったんです。特に九〇年代においては。それは民主化に伴う過程の中で、学生運動がやはりひとつ大きな要素になっていたのではないかと思います。ただ学生運動のレベルがそれぞれの国でどの程度のものであったか、それだけではなくてアメリカとの関係であったりいろいろな要素がからんでいて、それぞれの国で違いはやはりあると思いますが、それをトータルで見たときにどういったことが言えるのかなと思いました。

原　では、中国の吉さんは、どうでしたか。『東アジア』では、中国において村上春樹の最も著名な翻訳家である林少華氏が文章を寄せていますが。

吉　はい。中国では村上春樹が、若者文化の一部として持てはやされていて、彼にまつわるものを身に着けることがお洒落なファッションとなっているという状況があります。中国では、『ノルウェイの森』は知らない若者がいないぐらい有名なんですけれども、『ノルウェイの森』が大ヒットした一因としては、性的描写がたくさんあることがよく挙げられます。『ノルウェイの森』が中国で売れ出したのは一九九〇年代の初め頃で、当時の中国では性的描写がある小説はあまりなかったのです。マスターベーションとセックスを淡々と描く『ノルウェイの森』は中国人読者にとって衝撃的だったかもしれません。特に同性愛の話は当時の中国人にとっては非常に新鮮で、『ノルウェイの森』を通してはじめて同性愛を知った人もたくさんいました。それから春樹の作品の中にある、主人公が感じる孤独感や寂しさも思春期にある若者の需要に合っていますね。なんとなく、孤独な自分が格好いいみたいで、春樹の小説を読んでいる自分がイケているというような感じがありますね。そのように一般読者の間では好意的に迎えられている春樹ですが、文学作品として評価する際に、やはり戦中の日本による侵略行為に目が行く人もいるのだと感じました。

原　そういう若者の受容の実態と翻訳者林氏の論との間に隔たりを感じたということですか。

吉　そうです。文学と戦争との関わりは春樹によらずともちろんあることなのですが、そのような一面だけから読み解いていくのはとても偏りがあると思うし、ブームになるということは一つのシンパシーの表れでもあると思うので、どうして中国人もほかのアジアの国々の人々と同じようにして村上春樹に共感を寄せているのかということを、もっと庶民のレベルから見抜いていくことが必要だと思いました。

　中国人の一般読者が春樹の作品を戦争と結びつけているようには思いません。実際にネットなどでレビューを見ても、性や孤独感や青春については頻繁に出てくるものの、戦争云々はあまり見当たらないのです。ですから、中国人読者もほかの国の人々と同じように春樹の作品を読んでいると思います。
第一、戦争の話は中国に限らないでしょう。韓国も昔戦争の被害を受けているじゃないですか。文学的な評価はよく分からないのですが、一般の中国人読者が春樹の作品から戦争的要素を感じているというのは決して事実ではないと思います。だいたい戦争の話を最初に持ち出したのは小森陽一氏ではありませんか。

原 たしかに、春樹の作品を全部訳してきた人なのにもかかわらず、林少華氏の文章はほとんど戦争のことで、アメリカのジェイ・ルービン氏の『ハルキ・ムラカミと言葉の音楽』（新潮社）を紹介して、それを追認しているだけになっていますね。もう一つある中国の許金龍氏の文章も、「中国において村上春樹と大江健三郎を考察する」と書いているけれど、ほとんど大江健三郎のことばかりで、キーワードの「英雄」って大江のことなのか、って感じですしね。
藤井省三氏は有名な「時計回り」の説で、村上現象は台湾、香港、中国と回っていったというふうに唱えていますが、一方では、韓国については中国と並行していたのが面白いと言ってしまって、自分で自分の説を崩してしまっているかのところがあります。中国と韓国が並行している辺りを彼の説ではくくれていないし。そんなあたりもあとから話をできればいいと思っています。

ノーベル賞をめぐって

原 さて、村上春樹といえば、最近の話題では、ノーベル賞を獲るだろうという期待が日本ではあって、でもまた今年も獲れなかった……。それについてはどうでしょうか。莫言氏が獲ったわけですが、みなさんは莫言の作品は読まれましたか。

吉　もちろんです。莫言は中国国内でも大変有名な作家ですし、高く評価されています。よく「体制内作家」と名指しで批判されていますが、決してそうではなく、「体制内」でぎりぎりの「反体制」的な作品を書き続けています。発禁本もあるのがその証です。彼が受賞したことは中国人にとって非常に名誉なことだと思います。

しかし莫言の作品は農村の題材が多くて、正直に言いますと、若者にあまり人気がないと思います。率直に言ってダサいイメージがあるかもしれません。しかしそれに対し、春樹の作品はお洒落です。お洒落要素としてはジャズやコーヒーなど西洋的要素が多いことが挙げられるでしょう。中国人は西洋に憧れているのです。中国では春樹の作品を語るときにプチブルジョアという言葉をよく聞きますね。社会主義の中国はまだ発展途上国であって、資本主義の国々はとても豊かです。そういう意味でも中国人は資本主義に憧れを抱いていると言えますね。春樹の作品は中国人読者のニーズに合っています。

恒川　作風として、莫言はとてもリアリスティックに物事を描き、春樹はファンタジー的な要素を駆使してメッセージをそれとなく示唆する。まるで対照的な二人だと思います。春樹が逃したのは残念ですが、新たなノーベル賞作家誕生を祝福すべきだと思います。

篠田　僕は張藝謀（チャン・イーモウ）の映画で『紅いコーリャン』（原作『赤い高粱』）を観ただけです。

原　村上春樹がノーベル賞候補として前評判が高かったのは、彼が今最も世界で受け入れられてる日本人作家だからということもあります。では海外でなぜ春樹が評価されるのか……。

蕭　院生などの論文がネットに、特に九〇年代以降のものがアップされていて、村上春樹も多く取り上げられていますから、ただ読まれているだけではなくて文学研究的な注目もされていることが分かります。ところがその論文の中には、日本での文献にあたってみると散々な言われようでショックを受けたというような感想めいたものもあって、台湾での評価と日本での評価の違いに戸惑いを感じている様子が分かります。日本でも、春樹の新刊が出たらとりあえず手に取ってみるというように読まれているのに、やはりどちらかというと日本より海外での評価の方が高いイメージがあります。

張　海外での方が評価が高いという話を、日本人から聞くんですよね。韓国人からすれば、当然日本でも評価は高いだろうと感じているので、日本人からそういうことを聞くのはとても不思議な感じがします。

恒川　実際、日本でも評価される一方でかなり批判されているところはあります。しかしそれはよくある話で、芸術家の村上隆氏も海外で評価されたことで改めて日本で評価されたという経緯がありま す。村上春樹にもその傾向があるのは、あまりにも前衛的というか旧来の日本文学からかけ離れていたところがあったからこそではないかと思います。

蕭　私たちは確かに一括りに日本文学として認識してしまっている面があるんですね。日本人が無意識に感じる、社会の中の文脈なり文学史の変化、春樹以前、以後を見たときの変化が、我々には分からないから、素直に作品に対しての感想なり評価なりを言えたのではないでしょうか。

篠田　たしかに日本の中にいて、ずっと日本の文学史を見つめてきた批評家など、評価する側の人たちからすれば、やっぱり春樹はこれまでとは間違いなく違ったものであっただろうし。それを受け入れられない人たちはかなりいたんだと思います。そういう点では、海外の方が、評価されやすい条件があったのかもしれませんが、評価の高さでいえば、海外と日本を比べてもそれほど変わらないのではないかと思います。

恒川　ではやはり、これまでの日本文学との違いがあったからこそ海外の人も熱中したのですね。

蕭　私も実際はそうだと思うんです。ただ日本文学の中での違いというよりは、自分の国の文学と比べても、文章の軽さなりパラレルワールドの使い方なりに今までにない新しさを感じたからこそ、反応したんでしょうね。

恒川　春樹だったからこそ、ブームが起こったと。

張　だから、篠田さんがおっしゃったように、受け入れられない世代の人からすると、そういう意味でも落差ができて、評価の分かれ方として表れているのかなと思いました。

原　なるほど。少しまとめましょう。海外の人から見て、日本での酷評が目立つということに関して、蓮實重彥氏もそうだし、先程、吉さんの触れられた小森陽一氏の『海辺のカフカ』批判もそうだし。

恒川　川村湊氏も批判していますね。

原　全共闘世代前後の人はあまり評価していないということがあったりしています。絓秀実《すがひでみ》氏なんかは春樹を全否定をしているわけですし、日本の批評家の仕事を見たときに春樹を評価するのは批評家では加藤典洋氏や川本三郎氏など一部に限られています。ただ、一般の読者という意味では、日本も海外も同じように受け入れられているのかなという気がしますが。

蕭　台湾では専門の批評家たちの間でも受け入れられているんですよね。台湾でも、タイムラグはあるにしろ日本と同じ道をたどってきたのに、日本における全共闘世代と同じような時代を経験してきた、どちらかといえば古い世代の人たちにも春樹の作品は受け入れられている。なのになぜ日本では受け入れられていないのかがずっと気になっていました。

原　では、台湾では否定的な意見というのはないのですか。

蕭　そもそも、台湾に限らず、海外の文学に興味を持つ人というのは、海外の文学になにかしら惹かれるものがあって……。

原　だからあまり否定から入らない、と。

蕭　そうなんです。苦手な人だったら、最初から敬遠してしまうと思います。あるいは初期にこそ、「文体の乱れ」や「閉鎖感」、「退廃性」を問題として糾弾する人もいたかもしれません。頼明珠さんの訳文が当時の人々にとって新鮮＝見慣れないものに見えたのと同じ理由で。また初期の春樹作品に特に見られるような主人公の傾向などが、そういう批判を呼んだのでしょう。しかし、それも『海辺のカフカ』あたりからあまり見かけなくなった気が……。それこそ張明敏さんも『東アジア』で書いていましたが、台湾の高校の入試問題に春樹の作品が出てくる（二〇〇七年）くらい、ですからね。

原　韓国ではどうでしょうか。否定的な批評はありますか。

張　『東アジア』でも触れられていたのですが、文学としての春樹の評価ももちろんあると思うんですけども、初めて春樹の、ブームと言える現象が起きたときに、春樹の文学が韓国ですごくウケているということ自体を心配していた人たちが結構いました。文学だけではなく、すべての文化においてやっと自由になれたのは、韓国では二〇〇〇年くらいからなんですよね。自分が小さいときは歌でも小説でも、ちょっと性的な表現が強かったり、思春期の子たちに悪い影響を与えそうなものは国から禁止されていました。『ノルウェイの森』が初めて翻訳されたのは一九八九年で、まだまだ国の制約が強い時期でした。そういう時期においてもかなり売れたので、「これが売れていいの？」という声は結構ありました。

原　春樹が引き金になって他国の文化の受け入れが変わったということですか。

張　いいえ、おそらく時代の流れだとは思うんですけども、春樹の作品は日本文化が全面的に開放される二〇〇〇年代以前の早い段階でも受け入れられたということに注目すべきだと思います。

原　現在においてはいかがでしょう。

張　それはもう、国でも抑制できないくらいの地位を確立しましたので。文学作品として。

原　では文学作品として見たときに、日本でいう蓮實重彦的な意見を言う人はいますか。

張　韓国内でも春樹の「文学性」をめぐる意見はさまざまです。春樹の小説を「大衆文学」とみるべきか、「純粋文学」とみるべきかが論争の中心になりますし、韓国内で、いわゆる売れている作家たちを論ずる際にも春樹と、このような点においてよく比較されたりします。しかし、春樹の「文学性」を論ずる時は、日本国内でどのように評価されているかを中心に論じられる時が多くて、その時は蓮實重彦氏の春樹論もよく紹介されたりします。そのような日本の評論家たちの意見を基にして、春樹の「文学性」をめぐる賛否両論が行われているのは度々目にします。

蕭　台湾でも初期の作品に対しては精神分析的に論じて、主人公の「僕」の自閉性を問題視する傾向があります。見方によっては救いようのない終わり方をする作品もあることに関しては、いかがなものかという声はありました。ただ、確かに初期は救いようのない終わり方をするけども、徐々に変わってきていると言及している論文もあったりして、今では肯定的な意見の方が多いイメージがあります。

原　中国ではどうですか。

吉　ちょっと台湾とは別かもしれないんですが、さっきも紹介した林少華氏のように、知識人の中には、春樹が文学活動を重ねていく中で、彼の歴史認識に対して、やはり異議を唱える人がちらほらいるようです。それは戦争にどう責任を取るのかということに関してしっかりと向き合えていない、物語の中ではあやふやにそういうことを書いたようでいて実は書いていないというようなところで、否定的に見る論者もいるのは事実です。しかしそれは一般大衆の意見とはかけ離れたもので、日本国内で小森陽一氏が指摘しているようなことです。

原　先ほど挙げた許金龍氏なんかも、ノーベル賞の大江健三郎や東大教授の小森陽一、つまり権威を持ってきて自分の論の代弁としてしまっていますからね。

蕭　でも、そこで、権威のある人ではなく若い人たちがどう思い、感じているのか気になりますね。

若い世代に流通する春樹

原　そうですね。今、話は研究者レベルでどう読まれているのかという話になっていました。では一般の読者というところで考えていきましょう。日本から参加のお二人は流通にも関わっているわけですが、日本での春樹の売れ方みたいなことについての印象をお願いします。

恒川　そうですね。新刊書店に勤めている者の立場からお話をさせていただくと、先ほど蕭さんから学生運動というキーワードが出ましたが、日本でいう学生運動というと団塊の世代、六〇歳を少し超えたあたりの世代の人たちがあてはまるわけですが、もちろんその人たちにも受け入れられてはいるんですが、それだけではなくて、今、レジに立ってみて、春樹の作品を買っていく人というのはだいたい二〇代の若い人が多いです。それもまた二〇代の若い人が多いので、春樹の流行には学生運動のあとの虚無感に共感していです。文庫本がよく売れるのですが、春樹作品の洋書を買っていく人も多いという事情ももちろんあると思うのですが、それだけではなく、現代の若い人にまで共通する心情に訴えるものがあるからこそのものであり、若い人もたくさん買っているのかなというふうに感じています。

張　それは韓国にも通じる話なんです、確かに。今、韓国での春樹のファンは、明らかに二〇代とか三〇代とかの若い人たちなんですよね。そこが春樹が評価される理由の一つでもあります。春樹自身はどんどん歳をとっていくのに、時代時代によって常に二〇代のファンがい続けています。

恒川　先日丸谷才一が亡くなったとき、書店には彼の本を求めてくる人がいました。著名な作家ですし、皮肉なことですが、彼の逝去を契機として作品を読もうと思った方も多いと思います。じゃあ買いに来た人が若い世代だったかというとほとんどの場合そうではありませんでした。

張　村上春樹が若い世代の心をつかめるのは、そこにやはり春樹の普遍性みたいなものがあるからかなと感じますね。

恒川　若い世代の感じるシンパシーというか。

張　『ノルウェイの森』はよく成長小説という言い方をされるじゃないですか。だから特にこの作品に関してはずっと、二〇代に売れ続けているんですよね。

原　春樹自身が、「普通読者というのは、作家とともに歳をとっていくことが多いんだけど、僕の場合そうならないのは、僕の書いていることが、その年代の人たちにとって切実なことだからなんじゃないかな。正確にはわからないけれど、それはつまり、人が孤独に、しかも十全に生きていくのはどうすれば可能か、ということだろうと思う」（『夢を見るために毎朝僕は目覚めるのです』）なんてことをインタビューで答えています。

張　『ノルウェイの森』の最後、主人公が、今自分がどこにいるのか分からないというところに私自身も心を打たれたんですけども、やはりどの時代にも、時代と自分との関係の中で、自分がどこへ向かっていくのか、自分がどこにいるのか、という問いはおそらくずっとこれからも続くものではないかと思います。

蕭　だから時代の流れによって新しく現れてくる若い読者にも受け入れられやすいのですね。作品自体が、その時代ごとにおける一過性のものではないから。

原　新刊書店の話が出ましたが、篠田さん、いかがですか？

篠田　はい。僕は新古書店にかかわっているのですが、僕が知っている書店では、ということでお話をしますと、『1Q84』が出たとき、まだ新古書店には売られてこないような早い時期から、かなりの人から在庫状況を訊ねられました。それからだんだんと売られてくる量が増えて、最近では売れるよりも売られてくる方が多い状態です。そのため、それなりに売れてはいても、在庫がダブついてきているなという印象はあります。ただし、底値までは落としていません。安くしなくても、コンスタントに、きちんと売れ続けるからです。ただ、買っていく年齢層ということでいえば、若い世代が圧倒的に多いとは言い切れません。

原　おもしろいですね。新刊書店で春樹を買っていくのは若い人たちが多く、新古書店での購買層は広い。

東アジアでの春樹受容

原　台湾には古本屋さんみたいなものはあるのでしょうか？

蕭　そんなにないですね。古書店は大学の近くに点在するだけで、普通の街中にはあまりありません。その代り貸本屋さんが多いです。公立の図書館が整備される以前から市民の図書館としての役割を果たしていました。ファッション誌やカンフーと時代小説、ファンタジーをミックスさせたような武《ぶ》侠《きょう》小説、恋愛小説、ライトノベルに占められた店内に、『1Q84』を置いてある貸本屋はたくさんあります。でもそれは話題性に乗っかって、たとえば『ハリー・ポッター』が流行った時のように、とりあえず棚に並べてみようというような感じでした。だから一般読者もあまり文学的評価とは関係なしに、何となく手に取ってみたのでは。『1Q84』に関しては久しぶりの新作ということもあってか、文学的にどうかということよりも、コミュニケーションツールとして売れているという印象を持っています。

張　韓国の書店では、二〇〇〇年以降のことですが、すごくいい場所に日本小説のコーナーがあるんです。「外国小説」でも「アジア小説」でもなく、「日本小説」という名前のコーナーが大手の書店には必ずある。それって韓国だけなんでしょうか。

吉　中国では「外国文学」というくくりの中に入れられていますので、「日本文学」として独立した棚があるということはありません。だからこそ春樹が中国で流行したことは非常に画期的な事だったのです。

蕭　台湾もそうですよ。海外文学のコーナーではまず「英米文学」、その横にすぐ「日本文学」とありますね。

原　東アジアでの自分の小説の読まれ方の傾向を、春樹自身が語っていることがありますので、ちょっと長いですがご紹介しますね。

〈韓国、中国、台湾、日本、それにタイなど東南アジアの方の国も含めていいと思うけど、大きなイースト・エイジアン・マーケットのようなものができつつあるということですね。経済的なことだけじゃなく、文学、音楽、マンガといったジャンルでも、「東アジア文化圏」というべきものを形成しつつあるようです。（…）それら（注・東アジア文化圏、ヨーロッパ文化圏、アメリカ文化圏）の文化圏での僕の小説の読まれ方を比較して面白いのは、東アジア文化圏では傾向として「イズム」がないんですよ。ポストモダニズム、マジックリアリズムといった理論的な受容ではなく、ただ物語として受け止めるんですよ。僕の小説を、物語として面白いじゃないか、カッコいいじゃないかという感じでぐいぐい読んでいく。今読んでいるこの小説がリアリズムか非リアリズムかなんてことはたいした問題ではない。（…）ところがヨーロッパやアメリカ文化圏に行くとそうじゃなくて、マジックリアリズムとかと関連付けて、物語のシステムとか構造とかを分析的に読んでいく場合がまだ多い。まあ彼らだって結局のところ、皮膚感覚的に直観的に読んで受け入れてくれているとは思うんです。なんのかんの言っても、物語として面白いから手にとって読むわけです。でも、どこが新しいのか、どこが面白いのか、どこに中毒的になるような要素があるのか、彼らはまずそういうことを考える。どうしてだろう、と。東アジアの人は多くの場合、そういう回路には行かずに、ただそのまま読むだけです。そのまま受け止める。〉（『夢を見るために毎朝僕は目覚めるのです』）

これに関して、いかがでしょうか。

蕭　素朴な疑問なのですが、春樹は海外における自分の評価をどのようにして、いかなるルートで知っているのでしょうか。アメリカでは生活していましたし、プリンストン大学やタフツ大学で講義も持たれていましたから、現地の人たちと触れ合う機会は多かったはずです。しかし東アジアでは読者に直接触れる機会はあまりなく、出版社や出版関係の人たちから得る情報しかないのではないかと推測します。そうなると、極端に言えば、一方では大学という学術的な世界にいる読者、もう一方では学術的なところにいない読者から、というように、それぞれの読者の背景が違っているということも言えます。それも、今紹介された春樹の発言に影響を与えている要素の一つではないかと思います。

恒川　アメリカだとオーサー・ビジットという著者を囲む会は一般的ですから、春樹の言うアメリカ文化圏でも一般読者との交流はあるのではないでしょうか。

蕭　それに来る読者がどういうものかは分からないですよね。

原　春樹は少なくとも作家になってからは台湾にも韓国にも、そしてモンゴル国境を除けば中国にも行ったことがない。ので、やはりアメリカ文化圏などと同じようなレベルでの情報は得られないと思います。おそらくインタビューを受けたときの、質問のされ方なども関係しているのではないでしょうか。

蕭　日本だと読者アンケートなどがありますよね。

原　アンケートだけでなく、読者とメールでやり取りもしていましたよね（『「そうだ、村上さんに聞いてみよう」と世間の人々が村上春樹にとりあえずぶっつける282の大疑問に果たして村上さんはちゃんと答えられるのか?』（朝日新聞社、二〇〇〇）他）。でも海外の人とそれほど多くやり取りしたとは思えないから、そういう意味では、このアジア圏と欧米圏での比較というのが何を元にされたのか分からないところはありますけどね。何か、受け取られ方の違いのようなものがあるのでしょうか。

張　韓国では、春樹の人気の一つとして、顔が見えないということが指摘されたことがあります。頻繁にマスコミに出ませんよね。

原　神秘性があると。

張　そうです。

蕭　それは確かに分かります。やはり日本国内でもミステリアスな面があって、それが台湾にも伝わっていて、ファッションアイコンとしての人気に加え、作家自身の人気をたきつける要因でもあったのではないでしょうか。

原　しかし、他の作家がそんなに露出しているということもないと思いますよ。石田衣良や高橋源一郎なんかはテレビのコメンテーターやラジオのＤＪとしても活躍しているけれど、他の普通の作家はそれほどメディアに出ているというわけではないんじゃないかという感じがします。

蕭　中国の八〇年代以降に生まれた若手の作家たちは、自分をまるでアイドルのようにメディアに露出させて売りだしている人も多いです。郭敬明などはプロフィール写真からしてまるでジャニーズのような撮り方をしているし、韓寒も小説だけでなくレーサーとしても活躍していることをアピールしてウケているということもあります。

吉　春樹は郭敬明や韓寒とは格が違います。二人は露出が多いからこそ、人気を得ている反面、批判も甚だしいです。そのような作家の作品に最初から疑問を抱き、読もうとしない読者もたくさんいます。

恒川　世界的に著名な覆面作家としてはトマス・ピンチョンがいますが、彼は日本国内で確かに人気はありますね。新潮社から出された『トマス・ピンチョン全小説』（二〇一〇〜二〇一二）の売れ行きも好調でした。しかし覆面だから特に人気だというわけではない。春樹の人気というのも、その情報の少なさも一因としてはあるのでしょうが、それが大きな理由とは言えないでしょうね。

張　そもそも神秘性に関することというのは、人気があるからこそ、あとから言えることですよね。

篠田　そもそもの人気がなければ、情報の少なさは目立ちませんね。

張　逆に、見たくない、という読者もいると思うんですけどね。作品を通じて春樹に会いたいという読者も中にはいるはずです。

原　なるほど。写真も出ているし、インタビューだって多く受けている。エッセイだって、彼の普段の様子は書かれている。マラソン大会にだって何度も参加している。情報量は決して少なくはない。

篠田 求められている情報量の方が、それをはるかに凌駕してしまっているのではないでしょうか。

蕭 東アジアの人の方が物語として素直に受け入れているというのが事実だとしたら、それはもしかしたら八〇年代後半になってやっと海外の翻訳物が自由に読めるようになったからというのもあるのかもしれません。それまでの台湾文学界は政府の介入があったので、一般読者からしてみれば面白みのないものしかなかった。でもそこへ大量に翻訳物が入ってきて、その中に春樹のもあって、単純に「こんな面白いものがあるのか」と飛びついたのが人気の始まりです。だからそもそものきっかけが、イズムとしての文学史的にどうこうということではなかったんだと思います。

張 サッカーの日韓W杯が開催された二〇〇二年くらいを前後にして、日本の大衆文化がほぼ解禁されました。そして日本では韓流ブーム、韓国では日流《ニチル》という現象が同時進行的に起きたわけです。韓流というのは主にドラマや歌が中心ですが、それに対して日流というのは小説が中心でした。

恒川 日流というのは知らなかったですね。

張 そう、なぜか日本人では知らない人の方が多いですね。韓流は韓国でもよく知られています。それはドラマというエンターテイメント性の強いものと、小説という少し固いものというジャンルの違いがありますから、話題のされ方にも差は当然あると思うんですけどね。

原 台湾では、春樹だけでなく日本がブームになるという現象がありましたよね。

蕭 ありましたね。一番のピークは九〇年代で、二〇〇〇年代に入って徐々に下火になっていって、という感じですね。「哈日瘋《ハーリーフォン》」という言葉もありました。熱狂的な日本マニアという意味で、そういう人たちのことを「哈日族《ハーリーズー》」と呼んでいました。「101回目のプロポーズ」や「東京ラブストーリー」などのトレンディ・ドラマは、小学生の間でもかなり話題になっていました。その現象もやはり翻訳物の小説が入ってきたときと同じように、当時の台湾人にとっては、「これまでのものとは違うぞ」という感覚を抱かせたものでした。

原　なるほど、政府の規制から解放された、それまでの反動というものが、東アジアにおける春樹人気の根底にあるということですね。

張　それまでの、日本の文学は奥が深くてとても難しいというイメージを変えたのは、やっぱり春樹だと思うんですよね。日本の小説って意外と読みやすいじゃないか、と思わせてくれたのは春樹かなと感じます。

篠田　春樹自身もやはり、インタビューなどで語っていることを見てみると、自分の書く文章は読みやすいと自覚していますね。でも、他にも読みやすい作家というのはたくさんいると思います。ほかにどんな作家が人気で、どんな風に日本の小説は受け入れられているんですか？

張　よしもとばななや辻仁成、江國香織などが人気で、日本の小説に対する、感性的で、お洒落で、というイメージを定着させたのは特に江國香織、辻仁成の『冷静と情熱のあいだ』（初刊一九九九、韓訳二〇〇〇）でした。

蕭　台湾でも日本の小説は、洗練されていて、感性豊かなイメージがあります。しかもシチュエーションや文体などの演出としては洗練されているのに、アメリカなど英米のものよりも、皮膚感覚として知っている、というか、親しみやすい面がある。たとえば最近の小説なら東野圭吾、小説以外ならマンガの『深夜食堂』などが人気のようです。

原　たとえば恩田陸も台湾の書店にトークショーをしに行っているし、いろんな作家が台湾へ行っているんだと思うのですが、日本の多くの作家が知られている中でもやはり春樹が突出しているんですね？

蕭　そうですね。

張　韓国も同じです。明らかに、春樹が最も売れているし、多くの人がそれは認めています。ただ、日本では絶対にこんな言い方はしないと思いますが、韓国ではなぜか江國香織のことを女版村上春樹と呼ぶんですね。そのくらい江國にもファンが、特に女性のファンが多いです。それでも江國の名前を知らない人はまだまだたくさんいると思います。ところが村上春樹となると、名前だけはみんな知っている。「読んだことはないけど、村上春樹は知っている」という人はかなり多いです。

蕭　台湾もそれは同じで、読んでいない人にとっても、「日本文学の代表者」あるいは「日本＋α的なもの」として知られている。台湾ではマンションや団地などの名前をわりかし自由につけられるんですが、以前、「村上春樹」と名付けられたものを見つけて衝撃的でしたね（笑）。

原　私も台湾の「海辺のカフカ」「ノルウェイの森」と名付けられた、カフェに行ったことがありますよ（笑）。

吉　中国ではカフェに春樹の本がたくさん置かれていますね。本棚が設置されているカフェに行ったら、春樹の本が必ず置いてあると言っても過言ではないです。

原　私は中国でも春樹グッズを沢山集めてきましたから、そこらの事情もよくわかるのですが……、話を先に進めましょう。

文化交流における春樹の意義

原　ここまで、春樹の人気について、流行した要因、現在も人気が続いている理由などからさまざまなご意見が出ました。おかげで東アジアでこれほど高い人気を得て、読まれている作家は稀有だということが実感できましたね。では、東アジアで春樹が広く読まれること、そしてすでに広く読まれていることの意義は何でしょうか。

篠田　日本以外の東アジアの国々でも、ファン層は若い人が中心で、読まれ方、受け取られ方にそれほど違いがあるわけではない、そのことをやはり日本のファンはもっと意識した方が良いと思います。春樹の作品を読んで同じように感じている人がいるんだって知ること、あるいは、「普遍性」という話がさっき出ましたけど、春樹が何を描き、何が普遍であるのか、そういったところを追求していくことで、ファン層が一体何を求めていて、そして我々にとって何がいったい共通の切実なことであるのかというところが見えてくると思います。東アジア中に同志がいるんだという思いで読むことができれば、東アジアの国々との物理的なものではない、つまり心の距離とでも言うべきものは縮まってくるはずです。

原　春樹の母国である日本からの意見が出ました。もう一人、日本から参加の恒川さん、いかがですか。歴史認識の問題、最近では特に尖閣諸島や竹島における領土問題でのにらみ合いが目立っていますが……。

恒川　領土問題については春樹と中国人作家の閻連科《イエン・リエンコー》とのやり取りがありましたね。

原　そうですね。朝日新聞（二〇一二年九月二十八日、十月八日）に掲載され話題になりました。春樹の寄稿は「魂の行き来する道筋」と題されていました。

恒川　まさにそこで二人が述べている通りで、領土問題一つでいがみ合いを続けることは両者、あるいはアジア全体にとっての不利益を生むだけです。世界が交流の中で発展を遂げてきたならば、草の根的な文化交流こそがそれを支えることができるのではないでしょうか。そうした密かな、しかし確実に大きくなってきている流れの中に春樹の小説というものがある。文学というものが単に個人の心的な事柄にとどまらない役割を持つものであるならば、まさに春樹の作品はそうした役割を十全に果たす非常にスケールの大きな小説と言えるのではないでしょうか。

原　それを聞いて、留学生のみなさんはいかがでしょうか。もう既に結論が出されてしまった、という感がありますが……。

張　そうですね。お二人の言われるとおりだと思います。竹島の問題などは本当に悲しいことだと思います。

蕭　ブームの当初は、日本自体が「十年先の未来像」として東アジアの各国から見られていたのが大きな一因となっていたのでは、というのはさっきも述べました。恐らくこの理由が、当時の一部の古典文学擁護派からは「そんなの一時のファッションアイコンにすぎない」と批判された一因にもなっていたのだと思います。

しかしながら、経済の発達の中で、東アジアの間で差異は減少しつつあります。となると、資本主義への転換・接近の仕方が似通ったパターンのプロセスを通過してきただけに、不景気や若者の失業など抱えこむ課題も似てきます。一方で、それぞれの政治的、もしくは歴史的背景による心のベクトルの違いも見えてくるんだと思います。その間に、春樹の作品が、春樹の描く「僕ら」がいる……。同じ繁体字版の翻訳を読みながらも、香港では見られなかった、台湾における「小確幸」の受容のように、それぞれの国や地域により適した読み方はこれからも生まれてくると思うんです。

原　えーっと……。「小確幸」って、『うずまき猫のみつけかた』か何かで春樹が作った「小さいけれども確かな幸せ」という意味の造語ですが……。

蕭　ごめんなさい。さっき触れたつもりでいたんですが、その言葉が香港ではまったく流行らなかったのに、台湾では大ウケしたということがあったんです。そしてそれらの読み方の違いに「正しさ」なんて規範を設けずに、それらが自然発生したようにその存在を許容してしまうしなやかさこそ重要なのだと思うのです。現在の春樹受容はブーム、というには少し落ち着いてきましたし、もはや長すぎて、どこかしら、それぞれの国における日常の一部になりつつある気がします。だからこそ、それぞれの中で閉じこもらずに、繋がっていく可能性が高まってきたのだと思います。

吉　蕭さんが言われたように、中国にしても春樹はもう日常の一部になっています。それは日本の家庭に韓国ドラマのＤＶＤがあるのと同じ感覚です。それだけの文化がすでに国境を越えている中で、はたして政治に何が出来るのか。その流れを推し進めるほかに選択肢はないと思います。文化交流はもはや止めることのできないアジアの流れですから、これをますます推進して、アジア全地域が共栄共存の関係を深めていければ、より幸福な未来が描けるのではないでしょうか。「未来志向」と単にお題目を唱えるのではなく、まして一つの小島をめぐって争うでもなく、今回でも影響をもろに受けた文化活動こそ盛んに行っていくことが、これからの東アジアに求められていくことであると思います。その交流の礎として、春樹作品はこれからも力を発し続けていくのだろうと思います。

原　まさしく皆さんがおっしゃられた点でこそ村上春樹は高く評価されるべきなのでしょうね。こういうきな臭い時期だからこそ、政治とかを離れた文化的交流の意義があるのでしょう。先ほど話題に出た「魂の行き来する道筋」ですが、その少し前に中国の現代文学の翻訳（『中国新鋭作家短編小説選9人の隣人たちの声』）が刊行されたのですが、まさに日中交流の意義を認めたいところなのに、その刊行記念の「日本・中国の新鋭作家が語る文学の未来」と題したイベントを中止（九月十八日）したりしているという底の浅さを見せてしまったなんてことが続いている中では、春樹の発言には快哉を叫びたいですし、春樹の寄稿以降、偶然なのかどうか、文化面での日韓・日中の交流が話題になるようになりました。

たとえば九月には「文化は文化と割り切って、私たちは交流を続ける」として敢行された大久保での「日韓交流おまつり」の報道がありましたし、一〇月に開かれた東京国際映画祭で、参加取りやめを通告してきた中国映画の「風水」を上映して好評だったということもありました。国際映画祭では、「人が来られなくても上映できること」が映画の強みだという主宰者側の発言が印象的でしたが、文学の場合は、上映会場に行かなくてもどこでも自由に読めるという意味で、より強みを発揮できます。

春樹の発言の正しさが称揚されるべきだというだけでなく、彼の文学が読まれているというそのことが既に充分な在るべき文化交流になっているのだ、ということが本日の皆さんの話し合いの中で確認されたと思います。そして、先ほど「小確幸」の話題がありましたが、こうした東アジアの留学生をまじえた集まりの中で何かを話し合うということそれ自体も、小さな確かな交流としての「小確交」として、まさしく求められている文化交流の一つの実践になっているはずだ、と今回の企画の意義を自画自賛して終わりましょう。

皆さん、どうも有難うございました。謝々。カムサハムニダ。

（二〇一二年十一月十六日、於・シダックス新宿セントラルロードクラブ店）

（原：東アジア隣人ネットワーク事務局長・元武蔵野大学教授）

（蕭：白百合女子大学大学院博士課程在学中）

（張：明治大学大学院修士課程在学中）

（吉：中国人民大学大学院修士課程・明治大学大学院修士課程交換留学中）

（篠田：東京都内新古書店店員）

（恒川：茨城県内新刊書店店員）

●付記

この座談会は、本書のために企画され、ＮＰＯ法人東アジア隣人ネットワークに所縁の方たちに推薦していただいた若い方々に参加を呼びかけ開かれたものである。場所も押さえられない中でカラオケ店で行なわれたことでもお分かりのように、突然の企画で急遽集まっていただいたものだが、五人の若者に参加していただけた。仕事も持っていて忙しいなかを参加してくださった参加者の皆さんにお礼を申し上げたい。当初予定していたロシアからの参加者が欠席したりしたこともあり、日本側の人数が多くなってはと裏方にまわってくれた協力者がほかに二人いたことも紹介しておく。岡崎晃帆、春日川諭子の両氏だが、人選・タイムキープ・記録・テープ起こし・校正等での彼女たちの協力がなければ、この座談会が無事に活字になることは叶わなかった。ここに記して感謝したい。

さて、予習する時間もないなかでぶっつけ本番の座談会になったことは、彼らが（村上春樹専門の研究者ではないにもかかわらず）いかにたくさん春樹の本を読んでいて、かつ記憶しているかを示す形になってよかったとは言えるが、一方、人名だけ出されて書名が出されずに話が進んでいくような展開も生まれてしまっている。もちろんこれは準備不足のためだけでなく、その場のメンバーには自明で書名を出すまでもなく済んでしまったから、ということもあるが、活字になった段階で一般の読者の方に判りにくいところがあったとしたら、その責任はひとえに座談会の場で補足発言ができなかった進行役である私にある。

活字にする段階で、例えば〈小森陽一氏〉と名前が出されているのは『村上春樹論――『海辺のカフカ』を精読する』（平凡社新書）のことである、といった注記をすることも考えたが、ネット等での検索の容易な現代にあっては、煩雑な注によって流れを堰き止めるよりは自然な流れを残しておくことの方を選んだ。ご理解願いたい。

ただし、結び近くで言及されている春樹自身の朝日新聞への寄稿についてだけは少し補足しておきたい。

座談会に先だつ二〇一二年九月二八日朝日新聞朝刊に、村上春樹のエッセイが掲載された。後日その記事に応えるように中国人作家閻連科が二〇一二年十月六日米紙インターナショナル・ヘラルド・トリビューンに記事を寄せ、領土問題をめぐって村上春樹と閻連科とがメッセージを交わすかたちとなった。

村上春樹は、現在の日本あるいは中国の状況を「安酒の酔いに似ている」と言い、後先を考えずにその時限りの国民感情から領土に固執して横暴な手段に訴えようとする姿勢についてノモンハン戦争を引き合いに出して批判している。また、音楽や文学、映画やテレビ番組などが等価で自由に交換され合う東アジアを「東アジア文化圏」と呼び、「国境を越えて魂が行き来する道筋」としての文化交流が途絶えることに憂慮を示している。一方、閻連科は村上のエッセイが「対話のきっかけをもたらした」と評価した上で、「文化と文学は、人類共通の絆である」とし、「文化や文学という私たちの存在の根が断ち切られようとしているときに、領土は本当に重要なのだろうか」と村上春樹に深い共感を寄せた。

この座談会のタイトルももちろんこの村上春樹の寄稿から借りたものである。「東アジア文化圏」の若者が集まって行なったこの座談会そのものも、一つの文化交流として「国境を越えて魂が行き来」できている、と評価されることを願っている。

（原　善）

結章

「民際」とは

「草の根地域外交」の知慧から平和を紡ぐもの

洪《ホン》 萬《マン》 杓《ピョ》

はじめに

人類の普遍的価値である平和を追求することこそ国家の果たすべき役割だとすれば、地方自治体の責任は地域の懸案問題解決のために優先的に行動することにあろう。ここ七年間、韓国忠清南道の真の地域外交を目指して活動してきたことを、具体的に語って欲しいとの各方面からの要望に答えるべく本稿を作成した。

地域外交のためには、まずは独創的な考えに基づいた道を開拓して行く冒険精神が不可欠だと考える。そこに立脚してこそ国際感覚を土台とした専門知識のみならず、業務遂行能力が活性化されるのである。

こうした信念が日本をはじめとした海外交流拡大に寄与して来たこと、とくに、二〇〇六年、二〇一一年の〝錦山世界高麗人参エキスポ〟及び二〇〇九年の〝安眠島国際花博覧会〟をはじめ、二〇一〇年の〝世界大百済典〟において、外国人観光客誘致などに大きく貢献したと韓国政府の認めるところとなり、二〇一三年二月十五日『地方行政の達人―地域外交・広報の達人―』賞を授与されたのである。以下、私が行なってきた今までの地域外交の足跡を辿ってみる。

1．人的ネットワークの中で

私は韓国で大学を卒業した後、一九九〇年より日本で研究生活をしていた。地域政策分野で博士学位論文を準備する傍ら、中国とベトナムを往来し、次第に〝東アジアの価値と共同体意識〟に関心を持つようになった。

生まれ故郷の忠清南道の公募に応じた結果、二〇〇六年三月二十八日を以て、忠清南道国際通商課の地方契約職（専任）に任用されて公職に携わることとなった。早速、李完九《イ・ウァング》知事（当時）から〈百済〉をテーマにして地域活性化ができないかと課題を投げかけられ、古代史関連の知識をかき集める中で〝百済文化〟の力に衝撃を受け、日本と百済の古代文化の同質性を強く感じるようになった。とくに日本人の精神世界にまで大きな影響を及ぼしているという事実を知り、「私の生まれ育った故郷」について日本人に正しく知らせることこそ、私に任せられた役目だと思いはじめた。かくして忠清南道の国際交流の水準と範囲をさらに高めようと、今日まで公務員としての業務に励んでいる。

七年間の地方公務員として活動する中で、国際交流拡大と各種国際行事へ多くの外国人観光客誘致に寄与した秘訣を語るとすれば、十七年間の日本での生活において各界各層の人々と紡いできた「人的ネットワーク」だったと言えよう。私には何かが起きればすぐにでも駆けつけてくれる日本人の友達が多く、その友達に何かあれば私もすぐに駆けつけたいと思う。そして、このような人的ネットワークは日本だけではなく、東アジアに広がり、週末はほとんど東アジアを行ったり来たりしている。つまり、私費で日本を中心に中国、ベトナムなどに通いながら民間外交をしていると言っても過言ではない。そこには国家や地方自治体ではできないが、個人の次元だから自由に接近できるものがあると考えるからだ。私費をかけても民間外交をする理由は、国民の税金で暮らしている公務員として、給与の十パーセントぐらいは「韓-日」などの国際関係発展のために喜んで使用したいからだ。

私が〝人的ネットワーク〟をどのようにして形成したか。その秘訣は何もない。単に人が好きで、人と会うことが好きなだけだ。「朝会ったら、夕方には友達になる自信がある」といつも語ってきたが、その人懐っこさが秘訣といえば秘訣だろうか。ある行事などをきっかけに結んだ縁を、大部分の人々はその状況が終われば忘れてしまうだろう。私は忘れずに感謝のメッセージを送るし、何かにつけて季節の挨拶をする。それに胸を打たれた相手が、次の折にはまた他の人を紹介してくれる。こうして交流の輪が少しずつ広がっていく。但し、単純に多くの人と知り合うことだけが目標ではない。関係がしばらく切れても、相手のために時には耳が痛い指摘もできる真心と率直さが土台になければならない。それが結局は人間関係を固める滋養分として作用するからである。

私のそうした性格は「ダイヤモンド」というニックネームにも現われている。そう呼ばれるのには二つの理由がある。一つは、ある航空会社では飛行機に乗った回数が一定の範囲を越した人を「ダイヤモンド」と呼ぶことによる。私はパスポートをこの七年余の間（二〇〇六年一月～二〇一二年十一月）に四回更新し、出入国を合わせて二四三回の印鑑が押されている。つまり、それだけ飛行機を利用したことになる。二つ目は、「ダイヤモンドみたいに角がある奴」の意味だ。ダイヤモンドの角は尖っているが、そのように私が友人たちに苦言をよく呈するからで、日本人の友人が付けてくれたものだ。

今まで積み上げて来た人的ネットワークを証明してくれるのは、携帯電話に保存された人の数だ。私が所有している韓国と日本の二台の携帯電話に保存された人は五千人を超えているが、その中で日本人を含めた外国人がより多くの比重を占めている。

2. 国際交流の拡大と改善

人々は私を「日本通」と呼ぶ。また、ある人は「日本人より日本をもっとよく知っている専門家」と評すが、私ごときを「専門家」とはおこがましい。私は人間が好きなだけである。十七年間の日本での生活で培ってきた知慧と人的ネットワークを駆使して今後とも東アジアで活動していきたい。

その例として私が忠清南道の中で積み上げてきた国際交流について整理してみたい。

二〇〇八年、中国の上海市（十一月三日）と四川省（九月五日）と交流協定を締結し、同時にそれぞれの現地事務所の拡大及び新設によって、忠清南道内企業の中国進出に重要な橋頭保を準備することができた。日本に関して言えば、二十四年間、熊本県とだけ交流してきた忠清南道であったが、奈良県（二〇一一年十月二十六日）と静岡県（二〇一一年十月二十七日）とそれぞれ友好交流協定を結んだ。その他、北海道（二〇〇九年二月）、石川県（二〇〇九年一月）、大阪府（二〇〇七年六月、二〇〇八年六月、二〇〇九年七月）、沖縄県（二〇〇九年七月）などを、忠清南道の知事が公式訪問するために私はコーディネーター役を果たしてきた。

私は任用当時の日本TPチーム長（二〇〇七年九月一日）から中日交流担当（二〇〇八年七月十七日）、東アジア担当（二〇〇九月七年二日）となり、現在は国際専門チーム長（二〇〇一年一月一日〜）を引き受けている。これは些細なことかも知れないが、このような名称の変更は私の活動範囲が広くなったことを意味しており、地方が主体になる「地域外交の範囲と影響力」を少しずつ拡張しているということを傍証している。

とくに、忠清南道が現在まで日本の地方自治体となめらかな関係を維持することができたのは、道がすぐれた状況把握と対処能力を発揮して政策決定をしてきたからでもあるが、私が個人的に紡いできた人的ネットワークと知慧が結合してシナジー効果を生み出したと言えよう。

たとえば日韓の歴史問題によるトラブルがある。最近のように独島問題、歴史を歪曲した教科書採択問題など政治的に難しい時期にあって、地方自治体として日韓関係をどのように捌けばいいか。否、難しい時期であればあるほど、地方自治体間の交流が遮断されないようにすることが重要だろう。そのために忠清南道の公的交流ではなく、個人的なつき合いによる交流を長く続けることで信頼を回復し、関係の悪化を阻んできた。言わば〝交流安全網〟の役目を果そうと努力した。韓国では「Face-to-Face 行政」という言葉があるが、国際関係でも人的ネットワークが重要な作用をすることは否定できない事実だ。

静岡県の例をあげよう。静岡県知事である川勝平太氏の要請でソウルの航空業界と観光業界などを一緒に訪問し、トップセールスに心を込めてお手伝いした。これに感動した川勝知事が直接、安熙正《アン・ヒジョン》忠南道知事に感謝の書簡を送ってきた。今日のような時期にもかかわらず、二〇一二年十一月には私を〝静岡県富士の国親善大使〟に委嘱（二〇一二年十一月九日）した程だ。

また、日本の独島領有権主張が盛られた育鵬社版の公民教科書副教材を熊本県が採択した時のことである。このことを知った忠清南道は、二〇一二年二月から熊本県との交流を中断することにした。が、私は熊本県と交流再開の道をひらくことが重要と認識し、関係改善に努力を傾けてきた。二〇一二年四月、安熙正忠南道知事の抗議書簡を持った特使南宮英《ナン・グンヨン》経済通商室長と共に訪問した時、熊本県は「教育委員会という独立した教育分野の仕事であり、国家で検定した教科書なので仕方ない」という立場をとっていた。しかし、二〇一二年十月二十四日、天安市の独立記念館で開催された実務者協議会において、熊本県の「歪曲教科書副教材採択撤回のために努力する用意がある」という条件で、忠清南道は「姉妹提携三十周年記念行事を共同開催する方案を積極的に検討する」という立場を明らかにした。これに対して、「忠南道で問題点として指摘した部分（歪曲された教科書の内容）について助言をくれれば、その内容を検討して措置する」という一歩前進した立場を熊本県が表明するに至った。さらに熊本県の公務員と市民団体がそれぞれ忠清南道を訪問し、中断されていた両地域間の交流を再開しようという意見を取り交わすなど、関係が大きく改善された。

これに関連して私は一泊二日（二〇一二年十一月二十二日）の日程で熊本県を訪問して、『財団法人北東アジア歴史財団』研究員の指摘事項を伝達し、さらに歪曲教科書副教材採択に対して「予算不使用及び不採択」を強く正確に要求すると同時に、懸案事項である「交流三十周年記念事業」についてもより深化した論議をした。これは交流と要求を同時に進める方法であるが、こうした方法により、関係をより発展させることができたといえよう。

その他、国の行政に関わる問題にも協力できる場合が少なくない。

二〇一一年九月三十日、百済文化祭参加のために小渕優子衆議院議員（群馬県選出、当選四回）が忠清南道を訪問した。彼女は小渕恵三元首相の次女である。小渕首相といえば、その温和で篤実な性格により、二〇〇〇年当時、韓国で村上春樹に次いで人気の高い日本人だった。彼女の依頼に応え、私の従兄弟である洪文杓《ホン・ムンピョ》韓国農漁村公社社長との出会いの場を設定した。この会見が土台となって、その後の「両国がFTA共同対応体系を準備、韓日両国間の農業が発展する方向を模索し、少子・高齢化対策など共同して対処する方案を模索」などの合意に繋がったのである。

韓日議員連盟など国会議員間の親睦と交流増進のための集まりはあったが、韓国内の農漁村問題専門家と日本の衆議院議員が持続的で体系的な研究のために、〝農業発展共同方案研究協議会（仮称）〟設立に努力することは極めて異例という評価を受けた。ここにも私の人的ネットワークが活用されているわけで、国の政策の基本にも個人の働きが影響を与えると言えるのではないか。

その他、人類愛に立脚した対外関係にも関心を持っている。というのは、忠清南道には結婚移民女性が八千人余いるが、その中でベトナム女性が二千名（二十九％）を超えている。そこでベトナムとの交流を推進すべく、二〇一〇年四月、ベトナムのロンアン省を訪問した。忠清南道内の結婚移民女性とその家族の家庭訪問プログラムである〝多文化家庭支援プログラム〟を提示するためだ。また、（財）忠南道青少年育成センターで十五人ほどのボランティアを育成し、ロンアン省の学校環境改善ボランティアを展開する〝国際青少年ボランティア〟への協力体制の合意を締結させ、事業遂行のために積極的な行政の手助けをした。

3．国際行事開催成功の鍵

国際専門チーム長として国際交流における媒介役を務めてきただけではない。外国人観光客誘致に全力投球でプロモーション役も務めた。

そのために、二〇〇九年二月、李完九忠清南道知事の日本歴訪を企画した。北海道TVの出演、地域の報道人・知識人との懇談会を通じて『二〇〇九年安眠島国際花博覧会』及び『二〇一〇年世界大百済典』などの積極的な広報活動を行なった。さらに同年七月には、李完九知事の日本歴訪中に舛添要一厚生労働省大臣など日本側の主要人物と面会を設定し、花博覧会への参加団派遣に対する感謝のあいさつを伝えた。と同時に『二〇一〇年世界大百済典』について広報した。

二〇〇九年の安眠島国際花博覧会の開催にあたっては、団長として直接・間接に四ヶ国十一団体を巡って広報した。その結果、日本・中国・カンボジアの三ヶ国九団体（熊本県、奈良県、シエムリアップ州、河北省、四川省、延辺自治州、山東省、上海市、江蘇省）が参加することとなった。

二〇一〇年の世界大百済典の場合は、民間交流こそ一番波及効果が高いと考え、東アジア地域が持つ「百済文化の意味」の広報に力を注いだ。私は自己紹介するとき「百済文化の伝道師です」と言う。それほど〝世界大百済典〟及び〝百済文化〟に対する愛着と自負心が大きかったのだ。行事を主催する「（財）百済文化祭推進委員会」諮問委員の資格で、公州・扶余を東アジア文化共同体の求心点として捉え、〝百済・飛鳥文化通り（仮称）〟の造成を『公州文化会館誌』に提案し、これを支援する〝韓日共同推進協議会（仮称）〟を組織するよう訴えるなど、多くの情熱を注いだのだった。

そうした情熱が伝ってか、日本人観光客四、〇〇〇人誘致の目標を越えて、四、三六五名の誘致に成功した。

さらに、私が実務訪問団を率いて友好協力交流団体であるカンボジア・シエムリアップ州とベトナム・ロンアン省を直接訪問した結果であろうか、ベトナム・ロンアン省からユン・クゥック・スン（DUONG QUOC XUAN）省長と、カンボジア・シエムリアップ州のソー・ピリン（SOU PHIRIN）州知事が大規模観光客と共に開幕式に参加するという成果を得た。日本からは熊本県、奈良県、静岡県などの広域地方自治体知事が大百済典に住民たちと一緒に参加した。このように多くの団体が参加することは、地方行事の歴史上、前例がないそうだ。これについて観光業界では「首長が動く場合三十万人の観光客広報効果が発生する」と言われている。

大百済典の成功で「韓国と日本、中国、ベトナムまで含む東アジアの平和と安定に『百済』が媒介の役目を果たした」という評価を受けた。こうした成功の影には「絶えざる努力と熱い情熱」も大いに貢献しているのではないかと思っている。

4．学術活動と人的ネットワーク構築のために

以上のような私の活動を学術的に位置づけるべきだという意見から、日本などの国際行事や学会からもしばしば発題を要請される。私としては発題するだけでなく、個人的にもシンポジウムや学会、市民集会など、交流協力の足場を作るためにできるだけ多くの行事に参加している。

二〇〇七年から二〇〇九年まで毎年、忠清南道は毎日新聞社の協力を得て百済文化関連の講演とシ

ンポジウムを、『古代から未来を思う』をテーマに日本の各地で開催してきた。その仕掛け人たる私の活動ぶりにインパクトを受けてか、奈良県から広報大使を委嘱（二〇〇八年六月三日）された。奈良県で「東アジア地方政府会合」が実現し、二〇〇九年十月、日本を歴訪中の李完九知事が自ら『中央政府を導いた忠清南道の政策事例（二十一世紀国家発展のための忠清南道の役目と課題）』を発表した。

また、二〇一一年八月、国際高麗学会がカナダ・バンクーバーのブリティシュコロンビア大学創立二〇周年記念講堂で開催した『第一〇回韓国学国際学術討論会』において、兼村高文教授とともに明治大市民ガバナンス研究所の客員研究員の資格で論文『住民参与予算制度の国際比較を通じて地方政府の市民ガバナンスの変化過程に関する研究』を発表した。また、二〇一〇年七月には東京学芸大学で開かれた「第三回百済文化国際シンポジウム」に招請されて「国際交流論」を発表した。

〝人的ネットワーク〟を構築するには、できるだけ多くの討論会などに会員として参加することだ。こうしたきっかけを通じて自然に〝人的ネットワーク〟が構築され、国際交流に必要なより広い視野も確保することができたように思う。二〇〇六年に日本から韓国に帰って来て以来、『ソウルジャパンクラブ（SJC）』との交流を持ち、ソウルに駐在している日本の諸団体スタッフたちとフランクな人間関係を形成してきた。こうした常日頃の付き合いから有機的な情報共有も可能となるのではないか。

また、現在、私は韓国忠清南道の職員であるが、明治大学市民ガバナンス研究所の研究推進委員も務めており、民間での活動組織として二〇〇九年六月に東京で『NPO法人東アジア隣人ネットワーク』を設立したときの共同代表でもある。この組織では一〇〇人余りの会員がさまざまな立場から集会や行事に参加しているし、真に友好的なネットワークである。人的ネットワークを共有する集まりとしてこのような集まりに、韓国人の私が共同代表を引き受けているということもこの会の国際感覚に溢れた特徴を示すものであろう。

百済文化と関連して二〇〇九年十一月に、東アジア隣人ネットワークのメンバーとともに大阪で第一回「百済・飛鳥文化を考える市民の集い」を始めた。百済文化に関心がある人々で構成された市民の集いは、定年退職者、主婦、在日韓国人など各界各層の日本人で構成されているが、七回目の集い(二〇一一年十月)は日本と百済の歴史的関係を現場で経験することとし、韓国・公州市で開催した。八回、九回を経て、来る二〇一三年九月には群馬県で十回目の集まりを持つ予定である。

5. 今後のことなど

最近、とくに私が関心を持っている分野は〝草の根地方外交〟である。個人的な、あるいは民間団体を起点とした交流を地方自治体が掬い上げ、市や郡の友好協力に発展させていくことである。これは公的機関が上から決定する交流ではなく、草の根の意識を育て、民間の意志で交流する力を養うことである。

忠清南道の場合、現在のところ、各市や郡に友好協力を望む対象国と地方自治体を選んでもらい、実務陣の訪問と交流協定の締結時までワン・ストップで責任を負う形をとっている。忠清南道の基礎自治団体である論山市と錦山郡が、それぞれ日本の静岡県御殿場市と裾野市と交流を希望していると ころから、縁組み実現まで責任を負って推進して来た。今後は互いに交流を発展させて欲しいと願っている。韓国でも民選五期（地方自治体の首長を選挙で選出するようになって五期目）に至り、漸く基礎自治団体にまで自律的に国際交流を願う雰囲気が広がってきたのである。だが、これに留まってはならない。民間の中から自主的な動きの声を拾い上げてこそ、真の「草の根地方外交」と言えるであろう。

忠清南道のことではないが、全羅北道全州市の民間団体である韓日文化交流センターを例に挙げよう。このグループは「百済」のキーワードを掛け声に、大阪の枚方市で行われている「百済フェスティバル」に続けて参加し、さらに枚方の市民と良好な交流を続けている。こうした民間交流を契機にして、枚方市との交流に積極的に取り組むことが重要である。これこそ百済文化との絆を取り戻し、国際交流を深めていく「草の根外交」であろう。

つい最近、六月二十七日には静岡県より招待を受けて「幹部職員（一一〇人）を対象とした講演会」を行った（**付のファイル参照**）。このように、日本と韓国の自治体を行脚しながら古代同質文化とのつながりや東アジアの価値、歴史的な共同体意識などを伝えていきたい。

さらに、今後はＡＳＥＡＮの地方自治団体とも積極的に交流の道を探りたい。それには多くの時間が必要と思われるが、そのためにも「隣人ネットワーク」と連帯し、民間交流を大事にしていかねばならない。

かつて、百済の国は中国大陸から東南アジア、中央アジアに至る大きな文化交流の輪の中にあったように、百済文化を絆として東アジアも平和を実現できればと念願している。

「古代百済文化が飛鳥文化を花咲かせた」と言われるように日本人には百済文化に対する敬愛の念が強い。ここでも「百済文化」を媒介にして日本との交流協力を持続的に発展させて行けば、地域の懸案問題も自然に解決されるのではないか。

おわりに

近年、日中韓の間は、とくに「歴史認識」のずれや領土問題でギクシャクしている。その溝を埋めるためには、どうするのが最善策か。私たち東アジアの市民も、もう一度「歴史をどう捉えるか」をともに考えてみる時期に差し掛かっているのではないか。

近代歴史学の父と言われるレオポルト・フォン・ランケ（Leopold von Ranke）は「事実自らに語らせよ！」と実証主義的歴史観を示した。それに、ベネデット・クローチェ（Benedetto Croce）は、「すべての歴史は現代史である」を命題とし、事実の記録は価値の評価による選択であると視ている。また、『朝鮮科學史』を一九四四年に東京で出版している洪以燮は、「なぜ、どういう根拠でその事実を選択し、史実化したのか」という視点から、歴史家を研究する必要があることを唱えていた。

以上、捉えてきたように、「歴史家が意味のあると解釈した事実が歴史的な事実になる」と言っているカーの視座と、ランケの「自我を消去せよ」という実証主義を徹底させ、「人類の普遍的な価値であるもの」に近づく努力を怠ってはならない。巻頭言でも言及したように、「政治形態は私たち人類の意識構造を支配するが、文化形態は私たちの精神世界の無意識さえも左右しているのだからである」。少なくとも日韓関係においては、現在の諸問題を解きほぐすキーとして「百済・飛鳥文化」を媒介に、「民際」に学ぶ知と文化の「統摂」（Consilience）を先行していく必要性があろう。

（韓国・忠清南道国際チーム長／地域政策学博士）

「百済・飛鳥文化を考える市民の集い」から見えるもの

萱沼紀子

はじめに

二〇〇九年に東アジア隣人ネットワークというNPO法人を立ち上げて、今年で四年目を迎えようとしている。きっかけは韓国忠清南道が主催した日本列島と百済文化に関するシンポジウムにあったが、その仕掛け人は韓国忠清南道国際通商課で日本担当チーム長を務めていた洪萬杓氏だった。彼は二〇〇七年に大阪でのシンポジウムを成功させた勢いで、二〇〇八年にも東京で同じようなシンポジウムを行いたいとわたしにプロデュースを依頼してきた。東京でも大阪と同様、会場いっぱいの参加者を得て大盛会だった。そこに集まったのは日韓の古代史や民俗学に関心のある人びとのみならず、韓流ブームで韓国ドラマにハマった女性たち、在日韓国・朝鮮人の人権問題に関する市民運動をしてきた方々など実にさまざまだった。ところがシンポジウム終了後のアンケートには、異口同音に百済の歴史と文化に関心を持って参加した旨の回答が寄せられていた。これほど多くの方々が日韓の歴史や文化、とくに百済の歴史と文化に興味を持たれていることに感動を覚え、これは一度で終わらせるのではなく、なんとか継続できる会に成長されられないかと考えた。つまりは、さまざまな角度から日本列島内の渡来文化に関心を寄せている人々を、「百済」で紡いでいこうというのである。

だが、洪萬杓氏は日韓に留まらず東アジアというより広範な視点から捉え直し、国境を超えた仲間づくりがしたいと強力に働きかけてきた。東アジアはモンスーン地域の米作地帯であり、古くからコメ文化を共有してきたではないか、東アジアの協調と平和なくして世界平和はありえない、日韓の枠を超えた組織にしようというのである。彼は当時、日本のみならず、中国やヴェトナムへもしばしば出張し、東アジアに軸足を置いていたためもあったのだろうが、実に個性的な発想をする人物である。確かにこれからの活動は、日韓の枠にこだわらずに中国、台湾、北朝鮮といった地域にも目を向けることが重要である。そこで東アジア隣人ネットワークという名称を考えた。

二〇〇九年四月二十四日にＮＰＯ法人として東京都の認可を受け、六月六日設立総会を東京・銀座のアジアンカルチュアセンター・銀座サロンで行った。その時点ではわたしが住んでいた東京に中心をおき、会員も関東地方が殆どだった。しかし、その年の十一月二十七日、洪萬杓氏が長年滞在していた大阪に関西支部を立ち上げることとなった。当初、洪さんは今日本に住んでいないし、わたし自身関西地方に縁がないので、立ち上げてもうまく維持できるか心配だった。それでも発会式には関東からも七名が参加し、ともに関西支部の立ち上げを祝った。この関西支部の会は「百済・飛鳥文化を考える市民の集い」と命名され、第一回目は上田正昭京都大学名誉教授に発題講演をいただいた。その内容はわれわれの組織の目的が端的に表わされており、本書第一章の冒頭に掲げてある。

関西支部は二〇一一年六月十八日の大阪・堺市における「百済・飛鳥文化を考える市民の集い」まで、合計七回に及ぶ会合を開催した。毎回、関西会員の皆さんが確実に集まってくださり、とくに七回目は中西進奈良県立万葉文学館館長・堺市立博物館館長の講演もあって大盛況だった。その会合には韓国からも十名に及ぶ参加者があったのみならず、関東地方からも六名、九州からも一名が駆けつけ、文字通り隣人ネットワークの集まりに相応しいものとなった。

さらに八回目を百済の本拠地である韓国の公州市で開催した。講演者は百済語がヤマト語の基になっていると説かれる金容雲漢陽大学校名誉教授で、日韓の会員が参加、質疑討論し、活気あふれる会だった。と同時に馬韓・百済の古墳や遺跡、さらに全羅南道の前方後円墳にまで足を伸ばす古代史見学会も併せて行ない、「百済・飛鳥文化を考える市民の集い」のテーマを締めくくる意味をもたせた。但し、金容雲氏の講演の続きを聞きたいという希望者の要請により、二〇一二年一月二十八日に総会記念講演を第九回「百済・飛鳥文化を考える市民の集い」として、静岡市において開催した。

一方、東京のグループは、二〇〇九年から毎年、歴史、文学、文化に関する講演会を開催してきた。また、百済と関係ある韓国歴史探訪や飛鳥・河内の古蹟、静岡市内の史跡めぐりなどの実地研修も行なってきた。北海道では神谷忠孝氏が独自に札幌で研究会を開催した。これら三年間の活動をすべてまとめた報告書の出版計画を二〇一一年度定期総会において決定したのだった。

Ⅰ

ところが総会後まもない二〇一一年三月十一日東北大地震が発生した。これは日本人に生き方や考え方に方向転換を迫る衝撃的事件となった。韓国の全州市に滞在しているわたしはインターネット上で大地震の発生を知り、急いでNHK国際放送にチャンネルを回すと、その凄まじい惨状が飛び込んで来た。地震と津波と原発事故の悲報に接して、韓国の人びとがどのように反応するのか、多少不安な気持ちもあった。多くの韓国人は日本全体が破壊されたと思ったのであろう、「ご家族はご無事ですか」とか、「日本へ帰らなくてもいいのですか」などと、いたわりの言葉をかけられた。

韓国政府は地震の翌日の十二日には救助団（人員五名と救助犬二匹）を派遣、さらに翌十三日には一〇二名の救助隊員を追加派遣した。それとともに韓国放送局を通して「日本ガンバレ」の全国募金キャンペーンが開始され、十四日は朝からTVやラジオで日本への募金を訴える全国中継が始まった。わたしたちの全州市でもTVの中継車が出て、募金に応じている人びとの姿を撮影したり、インタービューをしたり、識者の見解を聞いたりしていた。これは二十四時間特別番組だった。人びとは「日本が津波に流される映像を見て本当に悲しかった。隣の国の人間として少しでも協力したい」、「日本政府との間には過去から現在まで不愉快な事件がいろいろとあるが、国民同士はお互いに手をつないで助け合っていかなければならない」、「こういう時こそ同じアジア人として見て見ぬふりをすることなどできない」、「日本ガンバレ、わたしたちも募金に頑張る」などなど積極的で好意に満ちた発言が続いていた。そして何万ウォンものお金を封筒に入れて寄付する人の列が続いた。わたしも事務所のスタッフと共に同じ列に連なったが、わたしたちが日本人であることに気付くと、丁寧に頭を下げて哀悼の意を表してくれた。

その日の午後、KBSラジオのソウル局から今回の惨事について日本人としての感想を求める電話取材があった。わたしは自国の出来事よりも韓国の人びとの行動に驚いた旨を話した。市民の皆さんが自分のことのように深刻に受け止めて、多くの募金をしてくださっている姿に感動した、心から感謝しますと話した。実際、これ程熱心に全国規模で「日本ガンバレ！」の声が広がるとは予想していなかったのだ。

その後、中国は十四日に、台湾は十六日に、そしてモンゴルは十七日にと救助隊を相次いで被災地へ送り、さらに救助物資とともに多額の義援金が寄せられたことを報道で知った。まさに東アジアの兄弟姉妹がともに手を繋いでいこうという状況にあったといえよう。勿論、世界中の国々から多くの支援が寄せられたのだが、東アジアに焦点を当てて言うならば、韓国も、中国も、台湾も日本の植民地として多くの苦難を受けた国々だ。それらの国々から兄弟姉妹のように心からの救助があったわけである。そしてＴＶの画面を通して、アジアの人々も普通の日本人というものを再認識できる機会ともなったようだ。幾人もの韓国人から、日本人は素晴らしい国民だ、どんなに悲しいことがあっても取り乱して泣き喚いたりせず、忍耐し、沈着に行動する、苦しみの中から希望を見出していこうとする姿に感動した、こういう国は必ずや見事に復活するだろうなどの感想を聞いた。

大自然の脅威の前に人間の力とはいかに弱く小さなものであることか！　文明の力で自然を征服できると思ってきた人間の傲慢さと愚かさが打ちくだかれ、もう一度われわれに生きることの原点へ回帰させる出来事でもあった。生きる力に目覚めよという神の声にも似て、今や東アジアの人びとが国境や文化の違いを超えて支えあい、信頼し合うことができる原点に帰りつつあるのではないか。わたしは日本がこの危機をきっかけとして東アジアの真の朋友になることを願った。

しかし、そうは問屋が卸さなかった。三・一一後の混乱した中で民衆はいつの間にか強権的政治家を待ち望み、憲法改正や核兵器保持を主張する言動に違和感すら示さなくなったかのようだ。それは日本の東アジアへの平和と友好の歩みにストップをかけることとならないか。東アジアの中で日本が信頼を得ていくには、平和憲法がアジアの隣人としての重要な絆となるものではないか。三十年前に戻ったかの如く南京事件はなかったの、従軍慰安婦は商行為であるのといった発言にマスコミが異議申立てもせず、韓国や中国側がそれに反発する姿をセンセーショナルに報道するだけではあまりにも無能である。

現在、日本は周辺国との間に領土問題を抱えているというが、果たして日本は領土問題を云々できる立場なのだろうか。日本は第二次世界大戦敗戦国なのだ。ポツダム宣言を受け入れたのである。そこには「日本国ノ主権ハ本州、北海道、九州、四国ト連合国側ノ決定スル小島ニ局限セラルベシ」とあり、昭和二十六年八月十七日の衆議院本会議において吉田茂首相は「日本の領土となるものは、四つの大きな島と、これに付属する小さな島とに限られておるのであります。すなわち、それ以外の領土については放棄いたしたのであります。これは厳とした事実であります」と明確に述べているではないか。サンフランシスコ平和条約においてもその基本路線に変更はなく、日本は明らかに敗戦国としての責任を負うこととなったのだ。

同じく敗戦国であったドイツはプロイセンのほぼ全土をポーランドに割譲し、そこに居住していたドイツ人をドイツへ移住させた。長年、独仏の紛争の種であったアルザス・ロレーンもフランスに返還した。戦後のドイツは割譲した国土の返還など一度も求めたことはなく、周辺国と領土問題など口にした試しもない。だからこそ、ヨーロッパの中で確とした地位を築き、かつての敵国であったフランスとの摩擦などありえないのだ。

そもそも日本固有の領土という言い方自体に問題がある。日本列島のひと続きである北海道でさえ、かつては蝦夷地と称された外国だったのだ。確かにそこは倭人と異なるアイヌ人が住んでいたのだから。松前藩の支配が及んでいた地は渡島半島南西部で、大部分はアイヌ人の地だった。明治維新後、政府が行なったことは測量によってアイヌ人からとりあげた地に屯田兵や開拓民を募集して開墾地を与えたのだ。さらに祖先からの名前を日本式に改名にさせ、アイヌ語の使用を禁止して日本語教育を強制し、後の植民地政策の先駆けともいうべき徹底した日本化を推し進めたのである。つまり、北海道でさえおのれのモノと主張しているに過ぎない地ではないか。勿論、現在は明治以来多くの日本人が居住するようになり、アイヌの領土だと蒸し返そうとは思わないが、本来、人類の住む処に固有の領土などという概念はありえず、あくまで歴史的概念なのだ。

「竹島」の場合は北海道と少し事情が異なる。朝鮮国と日本国という、すでに国境が存在していた時代の二国間での問題だ。この島は林子平の『三国接壌地図』（一七八五年）に「竹島」（鬱陵島のこと）「松島」（独島のこと）として描き入れられ、朝鮮の領土を表す黄色で示されている。さらに日本陸軍省参謀局が一八七五年に作った『朝鮮全図』でも「松島」を朝鮮の領土としているし、日本海軍省が一八八六年に編纂した『朝鮮東海岸図』においても「松島」を朝鮮の領土と認めている（金学俊『独島・

竹島 韓国の論理』論創社)。これは日本の領土としての認識が、一八八六年まで明治政府になかったことを示している。「竹島」を日本の領土に組み入れたのは一九〇五年のことで、日本政府が一方的に島根県の所轄であると閣議決定したことに始まる。それはまさに一九一〇年の韓国併合の助走であったと言えよう。

アメリカのラスク国務次官補が一九五一年八月十日に送った韓国大使宛書簡で「我々への情報によれば独島は朝鮮の一部として扱われたことは一度もなく、一九〇五年以降島根県隠岐島司の所管にある」と述べているとのことだが、それは一九〇五年以前には日本のものではなかったということを逆に物語っており、それ以前の史実に対するラスクの無知ぶりを露呈している。日本政府がしばしば言うところの李ラインの一方的宣言とは、このラスク書簡に危機感を感じた李承晩が繰り出した苦肉の策ではなかったろうか。李ラインの宣言は一九五二年一月十九日のことで、ラスク書簡の約半年後だ。当時アメリカは共産主義思想の進出を食い止めるのに、独立国家としてまだ弱体な韓国よりも、軍国主義国家としての経験豊かな日本を利用する方に力を入れたわけで、独島を日本領に含めようとしたのだろう。

しかし、現在のアメリカは韓国支持に舵を切り替えており、アメリカの地名委員会(BGN、一八九〇年の大統領令および一九四七年の法律で設置された)によれば、独島・竹島の公式名称がLiancourt rocks、所属国はSouth Koreaと表記されている。

「尖閣」の問題はいつ頃から登場してきたのであろうか。またその背景は何か。我々は冷静に歴史を見つめなければならない。現在、「尖閣」は沖縄県の住所を持つものとして日本側で扱われているが、歴史を省みると、沖縄自体、日本固有の領土といいうるのだろうか。沖縄はかつての琉球王国で、完全な独立国だった。島津藩が武力で琉球を脅して属国扱いしていたが、徳川幕府は島津からの正確な情報も得ておらず、外国として扱っていた。江戸期の正徳三年に書かれた寺島良安の『和漢三才図会』では、琉球が「異国」の条で扱われ、「福建泉州の東に在り」と記されている。しかも琉球王国は中国と正式な冊封関係にあった。

明治政府は一八七二年、琉球王国を強制的に廃して琉球藩としたが、琉球藩に含まれたのは八重山諸島までだ。琉球処分自体が琉球王国の意思を無視したものであり、日本固有の領土でないことを示している。それ故、今日でも沖縄には独立論者が健在だ。まして「尖閣」諸島は日清戦争のどさくさに紛れて、一八九五年一月十四日、一方的に日本領土に組み入れたのであって、固有の領土などと呼ぶべき根拠はない。

勿論、現在中国がヴェトナムやフィリピンとの間でも領海・領土問題に関して、その大国主義的・強圧的態度で圧力をかけており、他の国々からも大いに反発を買っていることは周知のとおりである。だからと言って日本の「尖閣」諸島国有化などという手段を正当化できるわけではなかろう。日本は第二次世界大戦によって日本列島以外の地を失ったのである。アメリカは沖縄占領と同時に「尖閣」諸島も占領した。それ故、沖縄返還と同時に日本のものとなったとされているのだが、それではもともと中国のものと考えていた側にとっては不満が残るはずだ。

わたしが中学校の社会科で学んだ日本の領土は、ポツダム宣言にある通りの「本州、北海道、九州、四国とそれに付属する小島」で、沖縄も外国扱いであった。高校生の参考書であった児玉幸多編の

『標準日本史地図』（吉川弘文館出版、一九五六年）を見ると、南は北緯二九度にラインが引かれ、一九五三年に奄美諸島が日本に返還されたと記されている。西は対馬まで日本領になっているが、竹島・鬱陵島は日本領の外だ。北は稚内海峡に、東は歯舞・色丹より西にラインが引かれており、その頃までは確かに日本領土の範囲がそのように認識されていたのだ。

それがいつ頃からだろうか（わたしの記憶ではさやかではないが）、北方領土の返還が謳われ出し、歯舞、色丹から国後、択捉へと拡大していった。いかなる根拠からそのような変化が起こったのだろうか？わたしには永遠に解けそうもない難題だったが、そこには日本とソ連とを、永久に不和を抱える間柄にしておきたいというアメリカの大いなる策略があったこと、元外交官孫崎享氏の『日本の国境問題―尖閣・竹島・北方領土』（ちくま新書、二〇一一年十一月）で知った。孫崎氏は外交文書を細かく読み解き、丁寧な分析によってそのことを明らかにしている。

朝鮮戦争が勃発した一九五〇年六月二十五日を境に東西の対立は激化の一途を辿っていった。孫崎氏によれば、一九五一年のサンフランシスコ条約締結時には、日本とソ連が千島列島の問題で永遠に対立が続くように、米国政府はすでに暗躍していたのだ。そして日本国内で北方領土要求の機運を作るべく仕掛けていた。その機運を察して日本政府は、サンフランシスコ平和条約並びに日米安保条約締結後まもなく、南千島が日本固有の領土だとする統一見解を発表している。それでも一九五五年に首相となった鳩山一郎は、念願のソ連との国交正常化を図り、そのためには歯舞・色丹二島の返還で領土問題を解決しようとした。ソ連側は二島返還案を提示し、交渉を任されていた重光葵外相はソ連の提案通りに今決めなければ永遠に解決できないと、一時期日ソ交渉全権大使となった松本俊一に語り、まさに決着させようとしていた。だが、ダレス米国務長官は、もし日本が国後・択捉をソ連の帰属とみとめるならば、沖縄を米国の領土とすると重光を恫喝。やむなく南千島の国後・択捉返還まで求めることとなったと、孫崎享氏の前掲書は明らかにしている。確かに日ソ交渉は挫折、今日に至っている。アメリカの思惑通りと言えよう。

日本政府が主張する「日本固有の領土」は、隣国と摩擦を生ずる原因となっている。ＥＵのように国境を超越してひとつの地域共同体に生まれ変わることこそ地球人の夢ではなかろうか。鳩山由紀夫氏が東アジア共同体論をぶちあげると、日米の政治家も政治評論家も一斉に反対を表明した。そこには鳩山氏の駆け引きの不器用さもあったが、マスコミまで揃ってぶち壊すことはおかしいではないか。アメリカの中にも東アジア共同体に賛同する学者や政治家も結構いるようだ。信念を持って模索していけば、必ずや道は開けるのではないか。東アジア共同体という言葉が反発を買うとすれば、「百済文化」で隣人関係を結ぶのも一つの道ではなかろうか。

Ⅲ

日本が東アジアの中で友好関係を構築していくために忘れてならないことは、歴史の真実を見つめることである。日本は明治政府成立後、神話的歴史観に基づいた教育を行ない、それを体制の中核に据えてきた。戊辰戦争から西南戦争に至る新旧勢力の対立も、常に錦の御旗を掲げる政府軍側に正義ありとしてきた。のみならず、対外戦争もすべて日本側の論理だけを世に宣伝してきた。第二次世界大戦敗北後もなお止むことなく、植民地侵略政策を正当化しようという流れがある。そこには戦前の歴史観が繰り返し登場してくる。大宅壮一の「国民総懺悔」なる言葉は流行語のごとく用いられたが、一体何に対する懺悔なのかの議論がないまま時は過ぎていった。

同じ敗戦国ドイツの戦後を見ると、ナチの協力者となり、ナチの党員となった圧倒的多くの国民も知識階級も、自分たちはことごとくナチズムに反対であったふりをしたそうだ。ナチに協力した哲学者や宗教人すら何の反省の言もなく、ナチが好きな人などどこにもいなかったと言ったそうだ（三島憲一『戦後ドイツ』岩波新書）。彼らへの反駁は、反戦作家として戦時中に圧迫されたヘルマン・ヘッセやトーマス・マンの書簡類から確かめることができる。

初代大統領テオドール・ホイスは、一九三三年にヒットラーの全権委任法採択にあたって国会議員として賛成の票を投じたことを後悔し、一九五三年ベルゲン‐ベルゼンの強制収容所跡地に作られた警告碑の除幕式で、自分たちはユダヤ人の殺戮計画を知っていたことを告白し、「ドイツ人によって犯された犯罪」（同上）と認めているのである。このようにまだ国民全体の反応が鈍く自己弁護が盛んな時期に、彼の国の政治的指導者は率先して民族としての罪を告白し、世界の平和を希求する人々に感動を与えたのである。第六代大統領であるリヒャルト・カール・フォン・ヴァイツゼッカーの演説のワン・フレーズ、「過去に目を閉ざすものは、未来に対してもやはり盲目となる」は政治家が胸に刻みつけておくべき言としてあまりにも有名であるが、ドイツには高い政治理念と哲学を持している政治指導者が多い。

しかるに日本には高い政治理念や哲学を持っている政治家が少ない。そうした数少ない政治家の一人である河野洋平氏は官房長官時代の一九九三年、慰安婦問題に関する談話を発表し、「総じて本人たちの意思に反し」、「女性の名誉と尊厳を著しく傷つけた」ことに対する「お詫びと反省の気持ち」を表明した。この常識ある発言を最近では取り消そうとする動きがあるに至っては開いた口が塞がらない。そして、そういう政治家を議員として選んだのが日本国民だということを考えると、なんとも情けなくなってしまう。

講和条約発布後まもなく、日本は朝鮮戦争を契機として軍事景気に沸きかえった。さらにかつて戦争で踏みにじった国々と、平和条約及び賠償・経済協力の条約締結を図った。次第に経済大国へと成長していくにつれ、いまだ戦後処理を済ませていない日本への批判が内外ともに激しくなった。かつての植民地出身の人びとで強制労働、強制連行による被害者たち、兵士や軍属として徴用され、身体にも大きな傷を負った被害者たちから補償を求める訴訟が数多く提訴された。

一九八七年、韓国では第二次光州事件をきっかけに民主化運動が活発となった。当時、梨花女子大学教授であり、韓国ＹＷＣＡの会長でもあった尹貞玉氏の提言により〝女子挺身隊〟の真相究明が始まった。女子挺身隊とは、国家総動員法によって軍事工場などに動員された女子学生を指していた。日本国内の女子学生も動員されたが、植民地における女子挺身隊は日本の工場に動員された場合もあるが、着いた先が慰安所だったという場合も多かった。儒教精神の強い国柄である韓国では、慰安婦という表現自体が避けられ、両者を共に女子挺身隊と称してきたのである。

尹貞玉氏は一九四三年当時、梨花女子大の学生で国家総動員法にかかる年齢だった。父親が彼女を隠してくれたので徴用から逃れることができたそうだが、彼女の友人の何人かは女子挺身隊として引っ張られ、戦争が終わっても終に帰ることがなかったとのことだ。彼女らのような女子挺身隊の犠牲となった人びとの真相を明らかにしたいという思いが、尹貞玉氏を突き動かし、一九九〇年、日本軍の従軍慰安婦とされた生き証人たちに名乗り出てほしいと新聞やＭＢＣ放送を通して訴えたのである。

わたしたちが一九九七年に取材した金福善さんは、その放送を聞いた一人で、自分も被害者の一人だとＭＢＣ局に名乗り出て、尹貞玉先生と会い、取材を受けたという。その後金福善さんは今まで家政婦をしていた家の主人に、自分の過去を打ち明けたという。主人夫妻はとてもよく理解して、今まで以上に優しく親切にしてくれたそうだ。

一九九一年八月十四日、金学順さんという女性が初めて、自分は日本軍の慰安婦だったと実名で名乗り出たのである。これは衝撃的ニュースで、韓国においても大変センセーショナルに扱われた。金学順さんのニュースが大きく取り上げられて、日本の市民団体から被害者証言の要請を受け、金福善さんも九二、九三、九四年と東京、大阪、名古屋、富山へ証言に行ったとのことである。そうすることで日本政府から理解が得られ、補償問題も早く解決するのではないかと思ったという。

だが、現実は大いに違った。今もって従軍慰安婦はなかったなどという発言が、政治家からも、研究者やジャーナリストを自称する人びとの口から繰り返し飛び出してくる。彼らは一様に日本軍が関与した公的資料はない、日本政府が責任を取る必要はないといい、彼女らの行為は私的商行為に過ぎないなどという。だが、日本軍が関係した物的証拠など、どうして残っているというのか。それを求めるのは支配者側の自己弁明に過ぎない。権力者は自分たちの都合で勝手に人狩りをも命令することができる。法律の解釈などお手のものだ。

わたしは数人の友人たちと共に一九九九年十二月に『百万人の身世打鈴』という強制労働・強制連

行に関する証言集を出版したが、その取材過程で従軍慰安婦たちからも話しを聞くチャンスを得た。すなわち、一九九七年九月三日、金允心さん、文弼基さん、金銀禮さんを、同じく四日には金福善さんを取材した。また翌九八年の八月十一日には日本に住んでいる宋神道さんも取材した。彼女らはいずれも日本人と朝鮮人が組になった男たちに連行され、その日本人とは警察か軍隊か、いずれかに属している人間であった。

金銀禮さんの場合は紡績工場で働かないかと誘惑され、船に載せられて中国の何処かに連れて行かれたとのこと。文弼基さんの場合は勉強したがっていたので、勉強のできるところを教えてあげると騙されて連れ出され、強制的に車に乗せられて連行されている。金福善さんは家でご飯を食べている場に踏み込まれ、動員命令だと連行されている。金允心さんは豊かな家に育った少女だった。外で遊んでいると、当時としては珍しい乗用車が家の近くに止まった。近寄って車を見ていると、乗ってみたいかと誘われた。嬉しくなって頷くと、車に乗せられ、ついに家に戻されず、そのまま連行されてしまったという。宋さんの場合は完全に朝鮮女の女衒に騙され、新義州に働くところがあると言われて来て、そこからさらに天津の慰安所へ回されている。そこは兵隊さんを慰安するところで、洗濯をしたり、掃除をしたりする仕事だと聞かされて来たが、そこには性病検査係として日本軍の軍曹が絶えず出入りをしていたという。

彼女らは皆、一文たりともお金はもらっていない。人狩をした人間や慰安所を経営していたものには、当然のごとく管轄の軍から手当が支給されたであろうが、軍が関与している慰安所では慰安婦に対価を支払わないことが常識になっていたようだ（千田夏光『従軍慰安婦・慶子』恒友出版）。

従軍慰安婦としての被害を受けた人びとは、そのきっかけがいかなるものであれ、日本軍のために大変な苦しみを受けたのみならず、戦後においても生きることが困難な状況におかれてきたのだ。それを民間業者が勝手にしたことだから日本政府に責任はないなどと、片付けられるであろうか。それこそ卑怯者のすることではないか。

日本軍の関与がなければ、一体、誰が強制的に、あるいは騙して、連行できるというのか。また部隊の移動とともに前線各地に運ばれた女たちは、自分の意志で軍隊について行ったというのか。そもそも慰安所は軍の関与がなければ成り立たなかった。軍は性病の流行を恐れていたから定期的に検査をしていたが、その仕事を手伝った日本人の看護婦もいて、その凄まじい地獄のさまもわたしたちは取材している。

儒教的伝統のいまだに強い韓国であるから、彼女らは慰安婦という「汚れた世界」に足を入れたという意識が強く、己の過去を知られたくない、そんなことを知られたらまともに人と顔を合わせることもできなくなると思っていた。だから、みなソウルという孤独な大都会の中で長年ひっそりと身を隠すようにして生きてきたのだった。しかし、彼女らは実名でその被害者たることを名乗り出ることで人間としての誇りを回復した。彼女らは少なくとも堂々と生きてよいのだと信じている。この世をすでに去った人びとも、もう、何も恥ずかしがる必要はないのだと胸を張っていることだろう。

おわりに

わたしはもう十年以上韓国と日本を往復しながら生きてきた。今では韓国に滞在する時間のほうが長いだろうか。日本政府や政治家の「妄言」によって、あるいは教科書問題や独島問題によって国民感情が極めてナーバスになることはしばしばある。だが、わたし自身は一度たりとも罵られたり、悪口を言われたり、暴力をふるわれたりしたことはない。議論を挑まれてもわたしは日本政府の代弁者ではないから、日本が悪いことは悪いと言う。すると、わたしを親韓派だという。わたしは違うと答える。日本が悪いことは悪いと言うのであって、何も韓国が好きだからではない、と。その代わり韓国の悪い点もはっきり言う。すると、相手も認める。このように互いに忌憚のない意見を述べあうからだろうか、意気投合して楽しくつきあっている。

東アジア隣人ネットワークを組織して以来、いろいろな方々と出会い、百済文化を出発点に各地域の歴史や文化について語り、共に日本国内を、あるいは韓国内を旅して新しい文化に触れる。新鮮な体験と知識に感動し、人びとと連帯したくなる。これからも百済・飛鳥文化が人びとを結びつける重要な役割を果たすことを期待している。

本書の出版にあたって、当ネットワークの顧問であられる上田正昭、金容雲両先生を初め、理事、会員など多くの方々にご執筆・ご協力いただいたことに深く謝意を表したい。当初の活動報告の出版計画とはだいぶ変更になり、約束の出版時期も大幅に遅延となった。皆さまにご迷惑をおかけしたことと思う。いろいろと試行錯誤を繰り返しながら、やっとここまで漕ぎ着けることができたというのが正直な実感である。幾度もの変更で、鼎書房代表の加曽利達孝氏にはたいそうご迷惑をおかけしたことを心からお詫びしたい。

（ＮＰＯ法人東アジア隣人ネットワーク代表）

補・封建領主制度以降の自治制度の歴史的考察

日本の道州制構想における政策的含意

洪　萬　杓・八幡和郎

Ⅰ　近代日本地方自治制度の変遷についての世界史的な視点

●世界史的な文脈での地方制度の成立

近代日本の政治制度の基本は一八六八年の明治維新によって確立されたものである。この「維新」という言葉は英語では"RESTORATION"と訳されているが、ここに問題を解く鍵がある。つまり、明治維新は、一面では八世紀に中国の影響を模倣して成立した律令制国家に戻ることであったが、同時に、フランス革命によって成立した西洋的近代国家を真似る意味も持っていた。だが、この二面性は矛盾したものではなかった。なぜなら、十八世紀のフランスでは、イエズス会の宣教師たちが中国の中央集権的な地方制度や試験による官僚の採用を、理想化して紹介していたからだ。フランス革命後に、最終的にナポレオンによって完成された制度は、まさに、こうした考え方にインスピレーションを得たものだったといえよう。つまり、地方制度においては、全国を大きさが均一な数十の県に分け、さらにそれをコミューンに分け、公務員は試験で選ぶこととした。そして、ここが中国と違うところだが、すべての子どもたちに無料の公教育を行うこととしたのである。

明治維新後の日本が採用したのは、実際には、このフランスおよびそれに触発されたドイツの制度だった。地方制度については、全国を四十七の都道府県（プレフェクチャー。フランスのデパルトマン）に分けた。それは八世紀の行政区画を基本に少し手直ししたもので、できるだけ均一に近い人口規模を目指した。明治維新以前における封建領土の境界は無視された。そして、その都道府県の長である知事は政府から試験によって採用された官僚を派遣し、さらに選挙による議会を設けて一定の権限を与えている。市町村（フランスにおけるコミューン）については、明治維新以前には約七万の村があったが、これを最低でも人口三千人とすることをめざし、全国で約一万の市町村に組み替えた。ここでは、議会が設けられ、市長が選ばれた。この人口三千人が何を基準にしたかというと、小学校をつくるのにふさわしい大きさであった。明治政府は公教育の確立こそ近代化の鍵だと考えたのだ。おかげで、明治維新の十年ほどのちには、すべての子どもたちが無料の公教育を受けられる体制をつくることに成功したのである。つまり、この公教育の普及こそが、明治維新が東洋的な中央集権国家でなく近代西洋的国家になった鍵だったのだ。

●戦後体制の成立

第二次世界大戦の後に改正された新しい憲法では地方自治を拡大することが決められている。主としてアメリカの要求によるものだ。そして、知事と市長のいずれもが公選で選ばれることになった。知事や市長と議会の関係については、世界でも例外的といってよいほど知事や市長の権限が強い。議会は首長を解任することは可能だが、最低四分の三の賛成が必要で、それ以外にもいろいろな制約があるので、ほとんど解任は不可能に近いのである。そして、県と市町村の制度についてはさまざま問題が提起されている。市町村は一九五〇年ごろに盛んに合併が行われた結果、一万は三千にまで減り、例外的な場合を除いて人口一万人くらいが最低になった。二〇〇〇年以降に財政上の合理化を主たる理由とし、大合併の動きがあり、二〇一三年一月一日現在では一七四二にまで減った。

しかし、県と市町村の領域は、地方分権をさらに進めて行くには、いずれも狭すぎるとされ、自民党は県を数個ずつ合併して日本を八から十の州にすることを提案している。これは、フランスやイタリアでも行われた改革と同じだ。また、民主党は全国を三百程度の人口十五万人以上の基礎自治体に分け、県は解消するとしている。このふたつの構想を両方とも実現すべきだという人もいるが、大阪や京都のような大都市では、県全体の人口に比して大都市の人口の割合が多すぎるので、県と市との役割分担が不明確となり、同じような仕事をどちらでも行っているなどから、大都市を県から独立させようという「特別市」の提案もある。

●最近における動向

それに対して、東京都がいまでもそうであるように、大都市を廃止して、都庁の下の特別区に分けるという提案が橋下大阪市長から出ている。現在のところ、この橋下市長の「大阪都」構想が人気を得ているが、いつまでブームが続くかは不明だ。いずれにせよ、日本の自治制度は、この道州制、基礎自治体の充実、特別市、大都市を都にすることの四つの構想をどう組み合わせていくかというのが、これからの課題である。

Ⅱ　第二次世界大戦以前における日本の地方制度の確立過程

●江戸時代以前の日本の地方制度

日本では四世紀頃に統一されたが、有力な豪族たちの連合政権という色彩は残っていた。しかし、七世紀に百済などを介して紹介された中国の制度をまねて、国土を六十余りの「国」に分け、さらに、それぞれを数個の「郡」に分けた。そして、国には中央から派遣された「国司」が行政長官として派遣され、統一的な行政が行われた。

その目的は大陸文明の効率的な適用と国軍の育成だったが、いちおうの目的達成と唐や新羅の衰退に伴って、より簡素な地方体制に移行していった。まず、国司などが受領という徴税請負人のようなものに変化していった。つまり、定額の貢を京都の朝廷に納めれば、あとは自分の取り分になるという、受領はたいへんな利権ポストになった。また、それは、有力貴族らの荘園内の支配を代行するということも進められた。その後、荘園のガードマンだった武士が台頭して、警察・司法の権限を手に入れ、また、自らも領地を持つようになった。

江戸時代には大名などの武士が領主としてそれぞれミニ国家を運営するに至った。一口に江戸三百藩と言われるが、旗本の存在や大名の領国のなかでも有力な家来はミニ王国をつくっていたから、実際の国家はもっと多かった。

江戸幕府は江戸や大坂などとその周辺を支配する地方領主であるとともに、正式の政府である京都の朝廷から全国の支配を委任された事実上の中央政府でもあった。中央政府としての財源は自分の支配地からの税収のほかに、大名たちに公共工事や軍事行動を分担させることでもまかなわれていた。だが、大規模なインフラ整備や統一的な教育制度などを進めることは無理で、欧米の艦船が来航しても対抗できる強力な国軍はなかった。

そこで、幕府も自分たちを中心にした中央集権国家をめざしたが、大名たちは天皇のために領地を返すのならいいが、幕府に差し出すわけにはいかないと考えた。それが天皇を頂点とする明治維新が実現された維新実現の理由である。

●フランスなど西欧における近代国家の成立と地方自治

西洋世界で近代的な国家と国際関係の枠組みが出来たのは、一六四八年のウェストファリア条約によってであるといわれている。しかし、それぞれの国内では領地を私有財産のように扱う封建領主がそのまま残っており、地方ごとにばらばらな制度が適用され、国民の権利が国家によって十分守られないことも多かった。

もっとも早く絶対王制が確立したと言われるフランスですらそうだった。十七世紀後半から十八世紀にはルイ十四世や十五世のもとで、徐々に近代国家にふさわしい地方制度や公務員制度が形成されていくことになった。

そのときにもっとも参考にされたのは、イエズス会の宣教師たちによって紹介された中国の制度だった。同じ中央集権制でも古代ローマ帝国の場合は軍隊の司令官による地方支配だったが、官僚、それも科挙という試験によって選ばれた文官による支配という発想は、ヨーロッパ人たちにとって一種の理想的な統治形態にみえたのだ。また、全国をほぼ同じ規模の数十の県に分けて統治するというのも、秦の始皇帝に始まる制度を真似たものだ。このことによって同じ制度が合理的に適用できるとともに、首都に対抗するような大規模で強力な地方の台頭を防止できるからだった。

そして、官僚を国家の手で養成する制度も用意され、さらに、国民すべてに義務教育を無料で施す公教育の体制が取られていった。

●明治維新と地方制度の整備

明治体制のもとでは大名の領国は廃止され、全国は都道府県に分けられた。明治維新については、市民革命であるか、王政復古としての性格を強調すべきか、議論の分かれるところである。しかし、地方制度については、最初に紹介したように、近代フランスの県制度自体が中国を真似たものであるから、フランスの制度を採り入れることと古代の律令制度に戻ることとは、ほとんど同じことだったといえよう。

近代的な官僚養成は、当初は留学経験者が重要な地位を占めた時期もあったが、急速に新規に設立された大学の卒業生に取ってかわられることとなった。また、非常に重要なことは、明治維新から十年ほどで、全国民を対象にした無償の近代的な小学校が普及したことである。とくに、市町村はこの小学校を運営することを重要な目的として成立したのであった。中学校（現在の中学校と高校をあわせたもの）の整備は少し遅れたが、明治二十年までには各県ごとに最低ひとつは充実したものができた。このことで、庶民の子でも優秀であれば、官僚となる道が確保されたのである。

県の下の出先機関として郡役所が置かれたが、一九二六年に廃止された。知事は内務省の官僚が任命され、議会は選挙で選ばれた。一八八九年になって市町村制度が創設された。江戸時代では農村に平均すると人口数百人のムラがあったが、これを数個あわせて人口三千人くらいの村を最低単位として約一万の市町村が創設された。これは小学校をつくるために決められた単位で、市町村長は議会で選ばれた。

Ⅲ　日本の地方振興制度の問題点

●戦後体制に内在する問題

戦後における憲法改正で都道府県知事も市町村長も直接選挙で選ばれることとなった。ただ、戦後の地方制度改革には、その出発点からさまざまな問題があった。

①四十七都道府県というのは中央集権に便利な広さだが、地方自治の単位としては狭すぎる。

②知事や市町村長の権限が議会に比べて強すぎる。この結果、現職知事の勝率は九十％であり、平均在任は十年を越え、解任もほとんど成立しない。

③都道府県の人口の半分以上の人口の市もある一方、小さすぎる市町村も多い。小さすぎる基礎自治体を解消するために一九六〇年ごろに大規模な合併があり、一万ほどあった市町村は三千ほどになり、二〇〇〇年代に入って中規模の合併の動きがあり、二千足らずになったが、根本的な変化にはほど遠い状態である。

何よりも問題なのは、絶え間なく続く東京への一極集中を阻止、緩和できる決め手になるかである。

●地方の時代と工業再配置

「地方の時代」ということがいわれたのは一九七〇年代のことである。つまり、一九六〇年代に進められた高度経済成長政策の結果、それまでの大都市中心の工業開発、基幹インフラの整備の結果、人口と産業の過度な集中が進み、いわゆる過密過大の弊害が出てきたのである。過密とは満員電車であり、過大とは遠距離通勤だと思えばよい。一方、地方では、それまで長男が農業などを引き継ぎ、次男以下が都会へ出ることをむしろ歓迎していたが、農業での所得は多くを望めなくなったこともあり、地元に工場が進出することを望むようになった。

こうした背景のもとで、工場分散を軸とした地方経済の振興が望まれるようになり、東京など大都市への集中を避けて「国土の均衡が取れた発展」を目指すべきであるといった言葉が、政治的なスローガンとして取り上げられ続けてきた。戦後の地方分権にもかかわらず、財政基盤は弱く、優れた人材にも不足していたが、このころになると、経済成長のお陰で地方の財政力も高まり、地方公務員の能力も向上してきた。また、地域づくりも効率追究一辺倒の画一的なものが嫌われるようになり、住民参加も課題となった。

そうしたなかで、長洲一二神奈川県知事が唱えた「地方の時代」という言葉が流行した。このころは革新系の首長をもつ自治体が多くなり、その意味でも政府との対立が目立ち始めた。

●三〇〇基礎自治体構想

その間に地方分権を推進すべきであるとか、「地方主権」をめざせといったスローガンは流行ったが、地方自治制度の限界も明らかになってきた。東京への一極集中はますます進み、地方の衰退は人口減の中で目を覆うべき現状にあるし、一極集中が危機管理上も問題であることは、東日本大震災で明白になった。明治の廃藩置県に匹敵する地方制度の改革、スローガンだけでなく、結果が出る地方振興策、明日にでも起きる可能性がある大災害に備えた即効性のある危機対策に勇気を持って取り組むべきだという声が高まった。

明治政府は数十の都道府県と約一万の市町村を創設して地方経営の単位としたが、一世紀余りを経過した今も都道府県はほぼそのままである。市町村は自主的な合併の結果、大小さまざまであるがゆえに、共通した同一の役割を果たし得ず、合理的な地域割りも必ずしも実現しておらず約二千の市町村になっている。

しかし、現代における交通手段、日常生活で必要とされる公的施設や機能に照らし合わせるならば、都道府県と市町村を発展解消し、環境と利便性を兼ね備えた三百程度の基礎自治体を形成することが望ましいという考え方がつよくなっている。三百というのは、たまたまかつての藩の数とも現在の小選挙区の数とも同じであるが、地方では十から十五万石くらいのほどよい大きさの藩、あるいは小選挙区ないしはその半分くらいとなり、総合病院や本格的なスポーツ・文化施設などを備えて、さまざまな方面の専門的職員をもつのに十分な最小単位といえる。

●具体的な制度設計

これをもって地方主権の基本単位とし、国は基礎自治体の存立基盤となるべき基礎的インフラと財源を提供し、地域経営についてはできる限り自主的に行わせるものとすることができる。地方では首長と議会の不毛の対立が繰り返されている。この背景には、マスコミでも頻繁に取り上げられる広範な権限を有する首長の影響力の巨大さに対して、議会の役割は不明確で市民にとってもわかりにくく、地方自治における影響力が議会での質問や陳情取り次ぎなど、限定的とならざるを得ないという状況がある。その意味では、議員が国政での大臣のような形で行政に参加できないのが国会議員との大きな違いであり、問題だともいえよう。

そこで、首長と議会の役割を再検討し、助役などを議員が兼ねられ、国政における大臣のような役割を果たして、議員がより大きな力を発揮できるようにするのも一案だろう。また、首長選で各党相乗りの候補が多いが、その結果、有権者の選択の幅が狭くなっているのも問題だ。その意味では、首長や議員への立候補を容易にして、市民に選択の幅が十分に与えられることが大事だ。

こうした力のある基礎自治体ができれば、どこへ行っても同じような都市の景観しか見られないといったことはなくなり、ドイツやイタリアのように住民の創意と工夫が生きた個性ある地域がきら星のように連なり、生活上の高い利便性が保証され、行政費用の削減も可能となるのではないだろうか。

三百基礎自治体の創設にあっては、都道府県と市町村を発展的に解消することが好ましい。都道府県の職員はいずれかの基礎自治体に引き継がれるべきだ。基礎自治体の区割りは、市町村合併の手法による限り、豊かな中心市町村が合併に参加せず、逆に一部の市町村の参加が拒否されたりする事例がみられるので、国ないし都道府県が区割りを決める方がいいかもしれない。もちろん、基礎自治体の下部組織としてより細かい「区」を設けることも可能だが、広い範囲での統一的対応が必要な問題については、基礎自治体の連合体で担当することがあってもよい。

国は基礎自治体が自立しうる基礎的インフラと財源を提供するだけにとどめることを原則として、内部組織や予算の使途などについては干渉しないことがよい。むしろ、大都市集中と地方における過度な分散居住から、自然に囲まれた職住近接の中小都市での居住へ、できる限り政策誘導することが理想である。また、都市と農村を問わず、住宅や病院などを含む都市施設は、交通便利で安全なところにコンパクトに集約化する方向を進め、農林水産業の生産現場へはそこから通えばよいのではないか。

●道州制構想の背景

市町村は合併をしてきたのに、都道府県は明治からそのままというのはおかしいという考え方も多い。都道府県のあいだで関西広域連合のような仕組みが提案され、すでに動き出している。つまり、任意に組合を結成して、共同して事業を行うというものだ。ただし、これを支援した関西の経済界は道州制を実現するための一里塚として広域連合を位置づけたのだが、大阪以外の知事たちは、「道州制を阻止するための仕組み（広域行政必要な分野があればこのような仕組みでやれば用が足りるという意味）」と考えている。とくに、会長である兵庫県の井戸知事の考えはそうだ。

井戸氏は、もし、現在の都道府県のなかに規模が小さすぎるものがあるというのが問題ならば、兵庫県は単独でも四国四県の合計より多い人口を擁しているからそのままでよいことになるという。また、同様の発想で、京都の山田啓二知事は、京都と滋賀県の合併をしてはどうかとボールを投げている。

一方、道州制、つまり、日本全体を数個から十個くらいの道州に分けようという動きも活発で、自民党はこれを公約にしている。ただし、その哲学は十分に整理されているとは言い難い。

まず、新しい道州の権限と人員は、現在の政府から分け与えられるものなのか、都道府県の事実上の合併なのかという議論がある。もし、後者だとすれば、大阪とか福岡、仙台といった各ブロックの中心都市の人口は増えますが、それ以外の府県のそれは減少することが予想される。都道府県は存続するのかどうかという問題もある。

●特別市か、大阪都か

さらに、大都市制度については、中国における北京や上海のように大都市が都道府県から独立するという特別市の考え方もある。とくに、大阪市がそれを強く主張していたことがあった。しかし、最近では、大阪府知事時代の橋下徹現大阪市長が、大阪都構想という、東京都をまねて大都市の仕組みを解体して都道府県庁にその役割を兼ねさせ、一方、現在の大阪市域には公選された区長と区議会を持つ特別区にしようという提案をした。

これに大阪市の平松市長が賛成しなかったので、橋下知事は、自らが大阪市長に立候補して当選を果たした。同時に、大阪維新の会という地域政党を結成し、後任の大阪府知事には松井幹事長を、大阪府議会では過半数を獲得し、大阪市議会では第一党になった。そして、この力を背景に、与野党は人口二百万人以上の政令指定都市とそれを含む道府県が、東京都と同じ仕組みを取れるようにできる法律に合意し、成立させた。

この仕組みのメリットは、ひとつには、大阪府と大阪市がしばしば同じような組織や施設をもっていることを解消できることだ。また、大阪市という組織が大きすぎて、きめ細かい住民サービスが行われていないという批判に応えることになる。また、東京都知事に、大阪府知事が対抗できるだけの力を持ちたいということもあった。一方で、大阪市における都市計画を進めるにあたって、各特別区の調整が必要になり、迅速に進められないという考え方もある。橋下市長は「大阪都」という名称を提案していたが、法律では「大阪府」のままになりそうだ。

しかし、最終的には、憲法改正も含めて、地方制度をあらたに作り直すことが合理的であることにたどりつくのではないかという気がしてならない。

●首都機能の移転分散問題

さらに、このような基礎自治体の形成に加えて新しい地方振興策を講ずる必要がある。たとえば、政府活動が生み出す職場が不必要に東京に集中していることを改める必要がある。日本では韓国に先立ち、首都機能を東京からほかの地方へ移転しようという計画があり、法律まで立法されたが、石原慎太郎前知事ら東京の巻き返しで棚上げ状態にある。

施設の設置やイベントの開催などいわゆる箇所付けは、縦割りの省庁ごとに行われてきが、諸外国や戦前の日本で「地方間バランス」がつねに政治的な関心であったのに、現在ではほとんど配慮されていない。地方が箇所付けについての陳情に莫大なエネルギーをとらされる一方、霞ヶ関に好都合な東京に近い地域や、例外的に政治力の強い一部地方に集中してきたのである。つまり、中央政府による直接雇用創出という恩恵が東京に集中しているのだ。

竹下内閣の時に「一省庁一機関の地方移転」が行われたが、機関の選定も移転場所も省庁に任せで、その結果、ほとんどが東京郊外に集中してしまった。フランスで首相のイニシアティブで重要機関が全国各地にバランス良く配置され、各地方はそれぞれ大きな満足を得たのと対照的だった。イギリスではロンドンの税務署すら地方都市で事務を行っている。年金台帳照合作業などいくらでも地方でやれるのだ。政府の活動から生じる雇用をできるだけ地方に分散させ、箇所付けが偏らないように省庁横断的に調整すべきだろう。

Ⅳ　おわりに――今後の韓国における地方分権の形――

以上を踏まえると、日本において議論されている道州制は、連邦国家のようなものへの移行を目指しているようにも見える。しかし、巨大な東京の力を制御するための提案を伴っていない。その意味では、かつての封建領主のかわりに選挙で選ばれたとはいえ強力で制御することが難しい独裁的な支配者を生む可能性がある。

しかし、古代から同質文化を共有してきたものの、制度においては韓国の事情は違う。近世の朝鮮時代まで科挙制度があり、中央集権制度を維持してきたので、日本の道州制のような提案は市民の支持がない。そこで、「市民参加の拡大及び一〇〇%公開」と「二重行政解消」という観点から、真の地方分権をなしとげるための行政改革の形を提示したい。

とくに「住民参与予算制度」が実質的に機能しがたい十五の広域自治体（二つの特別自治体を除く）を解体し、三十万から五十万の地域に再編する。それにまたがる広域行政の内、「インフラ整備」と「自然災害」、そして「広域外交」だけについて、たとえば、「インフラ整備」は国土均衡発展論に鑑み、「広域圏〇〇庁」を中央政府の傘下機関として設ける。そのほかの広域事務については、基礎自治体の連合体を設立し、その長は公選でなく連合体に参加する基礎自治体による選挙ないし話し合いで選ぶことである。

現在、正に「世宗特別自治市」がその実験台に立たされているなか、様々な問題点を今後の課題にしたい。

（洪：明治大学市民ガバナンス研究所客員研究員）

（八幡：日本徳島文理大学教授）

注　本論文は、韓国地方自治学会（２０１２・８・30―31、韓国大田広域市、大田大学校）で共同発表したものに加筆した。

日本における地方自治制度について

森脇　宏

はじめに――地方自治制度を考察する背景と視点――

日本の地方自治制度は、地方自治法（一九四八年施行）によって基本的な事項が定められている。この地方自治法は、日本国憲法第九十二条「地方公共団体の組織及び運営に関する事項は、地方自治の本旨に基いて、法律でこれを定める」という条文を受けて制定されており、憲法に記されている「地方自治の本旨」とは、「住民自治」と「団体自治」を指すとされている。ここで言う「住民自治」とは、地方自治はその地域社会の住民の意思によって行われるべきという概念であり、「団体自治」とは、地方自治は国（中央政府）から独立した地域社会自らの団体（組織・機関）によって行われるべきという概念である。

こうした地方自治制度が、近年、大きく変わりつつある。まず、基本法である地方自治法そのものが、地方分権一括法（二〇〇〇年施行）によって大幅に改正され、地方の自主裁量を高め、逆に国の管理を少なくするため、機関委任事務が廃止され、国と地方の関係は上下・主従の関係から対等・協力の関係へと変わったと言われている。また、「住民自治」については、行政手続法（一九九四年施行）を契機に普及したパブリックコメントをはじめ、市政提案公募制度、パブリックインボルブメント、地域内分権制度の導入など、多様な住民参加の試みが各地に広がってきている。「団体自治」についても、「平成の市町村合併」の下で、二〇〇一年に国の市町村合併支援本部が決定した支援策の一つとして「政令指定都市の弾力的な指定」が謳われ、政令指定都市が急増し、府県との関係も含めた新たな大都市制度が問われるようになっている。さらに最近では、マスコミを賑わす「大阪都構想」が登場し、これを実現させる大都市地域特別区設置法が国会で成立したところである。

本稿では、以上のような近年の地方自治制度をめぐる動向を受けて、今日的な地方自治制度のあり方について、「地方自治の本旨」である「住民自治」と「団体自治」などの視点から考察するものである。

具体的には、まず「住民参加の現状と課題」について、住民参加の意義や可能性を中心に考察する。さらに、「地方自治制度をめぐる論点」について、大都市制度のあり方を中心に考察を行う。そして最後に、それまでの考察を踏まえ、今日、関心が高まっている「大阪都構想」について、一定の評価を行うものとする。

1．日本における住民参加の現状と課題——住民参加の意義と可能性——

それでは、まず日本における住民参加の現状と課題について考察することにしたい。

（1）住民参加の現状

住民参加の前提となる「住民自治」は、日本国憲法第九十三条「地方公共団体には、法律の定めるところにより、その議事機関として議会を設置する」と、その第二項「地方公共団体の長、その議会の議員及び法律の定めるその他の吏員は、その地方公共団体の住民が、直接これを選挙する」に対応する概念であり、この住民による直接選挙が、住民参加の最も基本的な形態であると考えられる。住民を代表する首長と議員が、その主導の下で行政の施策・事業等を立案し実施することは、住民参加の原型であるが、これだけでは不十分であるとの認識から、これを補完する形で多様な住民参加の試みが積み重ねられてきた。

本来、住民参加は地方行政に関わるすべての場面で論じられるものであるが、本稿では考察が発散しないよう、住民参加が問われることが多い行政施策・事業等の立案に絞って論ずることとし、施策・事業の検証等は考察の対象外とする。施策・事業等の立案に関する住民参加の内容や方法は、これらの検討プロセスの中で、どの段階に位置するかによって異なってくる。

まず施策・事業等の検討前の段階では、住民の意向（現状の評価、今後の重点課題など）の把握が中心となり、アンケート調査が採用されることが多いが、住民に集まってもらう集団インタビュー、公募住民によるワークショップ（まち歩き等を含む）、地域団体ヒアリングなども行われている。いずれにせよ、策定にあたっての重要な情報把握の一環で取り組まれている。

施策・事業等の検討段階では住民が検討メンバーに加わって、他のメンバーと議論を重ねて具体的な施策・事業等を立案していくことになる。検討の場面や方法は多様であり、審議会等の公的機関に公募委員として参加する方法、行政が設定した委員会やワークショップ等に参加して立案して行政や委員会などに提案していく方法、住民が主体的に運営する市民会議等を設置して住民案を立案し行政に提案していく方法などが用いられ、これらの途中段階でシンポジウムや意見交換会など、住民の関心を高めて巻き込んでいく工夫もなされている。いずれにせよ、様々な情報と意見を集約し、議論を通じて認識を深めるとともに、多様な意見を粘り強く調整し、現実的で妥当な結論を導き出す最も重要なプロセスであり、住民参加のあり方が最も強く問われる段階だとも言える。

施策・事業等の案が策定された後の段階でも、この案に対して住民が評価する形での住民参加が取れ組まれている。パブリックコメントや公聴会は、その代表的な方法であるが、案に対する賛否をアンケート等で問う方法もある。住民投票は、賛否アンケートの究極の形である。いずれにせよ、既にパッケージ化された施策・事業等の案に対する評価であり、パブリックコメント等における妥当な意見には、案の修正という対応が図られることになり、賛否アンケートや住民投票には、案の採否判断という対応が図られている。

（2）住民参加の意義

前述のように、住民による直接選挙は住民参加の最も基本的な形態であるが、それでは不十分な面があるため、住民参加が求められるようになってきている。住民は、首長や議員の政策や政治姿勢を評価し、最も共感する候補に投票し選出することから、首長や議員は住民を代表することができる。しかしながら、現実問題として地域のあらゆることに関して候補者の考え方を住民が理解している訳ではないし、住民から白紙委任をもらっている訳でもない。こうした限界があることから、首長・議員にすべてを委ねるのではなく、住民参加によって以下の3点から補完するところに住民参加の意義がある。

①地域精通度の補完

首長や議員は地域に精通していることが望まれるが、すべての地域に精通することは極めて難しい。その一方で、極めて地域性が強く、地域に精通していなければ適切な立案が難しい施策や事業等もあり、こうした案件では、このギャップを地元住民の参加によって埋めることが考えられる。

②優先順位決定力の補完

限られた予算の範囲内で、効果的な施策・事業を展開するには、優先順位を明確にすることが不可欠である。特に、地方自治体の財政制約が強い今日では、極めて重要な課題である。しかしながら、特に議員の場合は、これまで行政当局に対して予算措置を迫ることが多く、しかもそれが次の再選につながる側面があり、その一方で自ら施策・事業を削る経験が少ないことから、その任に当たることには限界がある。したがって、住民が直接優先順位を議論する方が合意されやすい面があり、特に、限定された地域や分野の中で、限られた予算をどう分配するか、というテーマについては、関係者に委ねる方が現実的な案に収斂しやすいと考えられる。

③協働性の補完

今日の地方行政は、行政と住民の協働を抜いては語れず、施策・事業等に協働の要素を組み込む場合、当事者の一方である住民あるいは住民団体等が検討に参加していることによって、住民の発意や創意が活かせるだけでなく、協働による施策・事業案が「絵に描いた餅」にもならず、立案段階から実現性が担保されることになる。

（3）住民参加の可能性

〈現状の住民参加に対する批判〉

前述のような意義を持つ住民参加ではあるが、実際の取り組みに当たっては批判も多く、これらに適切に対処して、その可能性を広げていくことが望まれる。現在の住民参加のあり方に対する批判としては、大きく次の二点があり、これらを克服していくことが必要である。

①代表性がない（あるいは弱い）

参加した住民が住民全体を代表している訳ではないこと、したがって、そこで導き出した結論も一部の住民が作成したものでしかないことが、よく指摘される。この批判は、議員から出るだけでなく、議員におもんばかる行政職員から出ることも多く、議員の権限を守るため、住民参加を敵視する意見は論外ではあるが、本質的な限界の指摘としては理解でき、議会との関係を正確に整理する必要がある。この代表性を強めるため、最近ではプラーヌンクツェレにように、母集団と同じ構成になるように住民を選定するような工夫もされているが、厳密に考えると代表性の面では限界がある。

②アリバイ的になっている

住民参加を丁寧に進めるには、ある程度の時間や費用が必要であり、参加メンバーの選定方法や成果の位置づけなどもテーマに応じて工夫する必要があるが、これらのプロセス設計が不十分だと、不十分な議論で終わることや、成果がどのように生かされるかが見えないことがある。こうした場合、「アリバイ的な住民参加」「ガス抜きのための住民参加」と批判されることが多い。

である。

〈住民参加のあり方〉

以上のような批判に実践的に対処していくためには、次の二点に留意して取り組むことが重要である。

①議会との関係を明確にすること

最終決定権は首長や議会が持っていることを前提に、住民参加の成果は行政あるいは議会への提案として位置づけることが基本である。仮に何らかの決定権を付与するとしても、限定的なものにすべきであり、かつ議会等による追認を最終決定の条件とすべきである。また、それにふさわしく、テーマに応じた関係者が参加できるような人選と進め方に努め、その提案を受ける行政や議会は、関係者が十分議論した成果であることを尊重して、取り扱うことが望まれる。

②議論のプロセスを重視すること

首長や議会に成果を尊重してもらえるよう、テーマにふさわしいメンバーが参加していること、十分な情報をメンバーに与えて議論を進めること、参加者相互の意見交換等によりメンバーの認識を深めながら議論することなど、議論のプロセスを重視して進めることが重要である。

特に、制約のある時間や費用の下でも、最も効率的な進め方を工夫すべきであり、例えば、代表性に限界があるにもかかわらず、いたずらに参加者だけを（アリバイ的に）増やし、その分だけ議論のプロセスがしわ寄せを受けて、お座成りになることがしばしば見受けられるが、厳に慎むべきである。

（4）地域内分権

近年こうした住民自治の一つの発展形として、地域内分権の仕組みが各地で試みられている。これは市町村をさらに地域分割し、各地域に一定の自治権を持たせる方式であり、地域自治区やまちづくり協議会の形態を採っていることが多い。

〈地域内分権の背景〉

こうした地域内分権が導入される主要な背景として、次の三点を挙げることができる。

①市町村合併後の地域自治の確保

平成の市町村合併の検討過程において、旧市町村の自治機能を残す必要性が合意された場合、地域分権の仕組みが導入されている。具体的には、新市町村内の旧市町村ごとに地域自治区を設置し、市町村長の権限に属する事務を分掌させ、地域住民の意見を反映させて処理している。この地域自治区の仕組みは、元々、地方自治法で規定されていたが、「市町村の合併の特例等に関する法律」でも規定され、近年の設置は後者の規程によっている。

②自治会・町内会の機能低下への対策

従来、自治会や町内会が地域自治の実質的な担い手であったが、近年、住民の加入率の低下（新興住宅地では自治会・町内会そのものが設置されていない場合もある）や、役員の担い手不足などから、その機能が低下してきており、自治会・町内会に代わりうる（あるいは補完しうる）新たな地域自治のあり方が模索されている。

③まちづくり協議会の実績

従来、住環境整備、商業振興、地域福祉、イベントなどのまちづくり活動が積極的に取り組まれている地域では、地域住民が中心に運営するまちづくり協議会等が設置されていることが多く、多様な実績を積み上げてきている。これらの組織は、行政から正式に認定され、助成金等も受け取る公的な機関として運営されていることが多く、こうした実績を積み上げてきたことが、住民にまちづくり関連案件を委ねる可能性を切り広げてきている。

〈地域内分権の意義〉

こうした地域内分権の意義についても、前述の「住民参加の意義」で挙げた3点、「地域精通度」「優先順位」「協働性」が確認できる。すなわち、地域内分権によって、限定された地域をよく知っている地元住民が、限られた予算の中で当該地域の施策・事業の優先順位を判断し、行政との協働で取り組む可能性を主体的に追求することを目指している。

〈地域内分権を担う地域自治組織のあり方〉

今日、各地で取り組まれている地域内分権には、多様なタイプがある。地域の大きさだけとらえても、市町村合併に伴う地域自治区は旧市町村が地域の単位となるが、まちづくり協議会は、小学校区や中学校区単位の場合が多い。また、地域内分権を担う地域自治組織の構成については、自治会・町内会を中心とする地域の主要諸団体が参画していることが多いが、ＮＰＯ等にも門戸を開けているところもある。さらに、地域自治組織の権限についても様々なタイプがあり、大きく捉えると次の２つのタイプに分けられる。

①助成金等受取型

関西では東近江市（滋賀県）や伊賀市（三重県）等で既に取り組まれているタイプであり、幅広いコミュニティ活動を取り組んでいることから、行政から助成金等を受け取って、独自事業にも取り組んでいる。直接的な助成金ではないが、公民館等の管理を委託され、管理を通じて地域のコミュニティ活動を支援するとともに、その委託料を用いて独自事業を行っているところもある。

②予算決定権委譲型

関西では池田市（大阪府）や名張市（三重県）等で既に取り組まれているタイプであり、地域自治組織が地域を代表していると市町村が認定し、地域密着の諸問題についての検討と決定が委ねられている（市町村全体の視点から検討し決定する必要がある案件は対象外とする）。市町村合併に伴う地域自治区は、法的に位置づけられているが、それ以外のまちづくり協議会等については、市町村の自治基本条例等で位置づけている場合が多い。前記の「助成金等受取型」より自治権が確立したタイプであり、今後こうした事例が増えてくるものと予想される。

2. 日本における地方自治制度をめぐる論点――大都市制度を中心に――

続いて、日本における地方自治制度をめぐる論点について、大都市制度のあり方を中心に考察を進めたい。

（1）日本の大都市制度の現状と変遷

〈日本の大都市制度の現状〉

日本の主な大都市制度として、都区制度と政令指定都市制度を取り上げ、それぞれの特徴を整理すると次のとおりである。

①都区制度の概要

都区制度とは、東京23区の制度であり、東京都内の人口高度集中地域における行政の一体性及び統一性の確保の観点から特別区を規定して、都が一体的に処理することが必要な事務を除き、一般的に市が処理する事務を特別区が処理する制度である。

特別区は、特別地方公共団体の一種で、市に準ずる基礎的地方公共団体ではあるが、一般に市が処理している上下水道や消防等の事務については、特別区ではなく、特別区の連合体としての都が行っている。また、都市計画や建築確認についても一定規模以上のものについては、法令により都に権限が留保され、都が直接事務を行っている。そのほか、他の政令指定都市が通常行っている公営交通、公立病院、公立大学、公営住宅、霊園・火葬場設置なども、東京都がそのほとんどを行っている。こうしたこと

図表　日本の大都市制度の概要

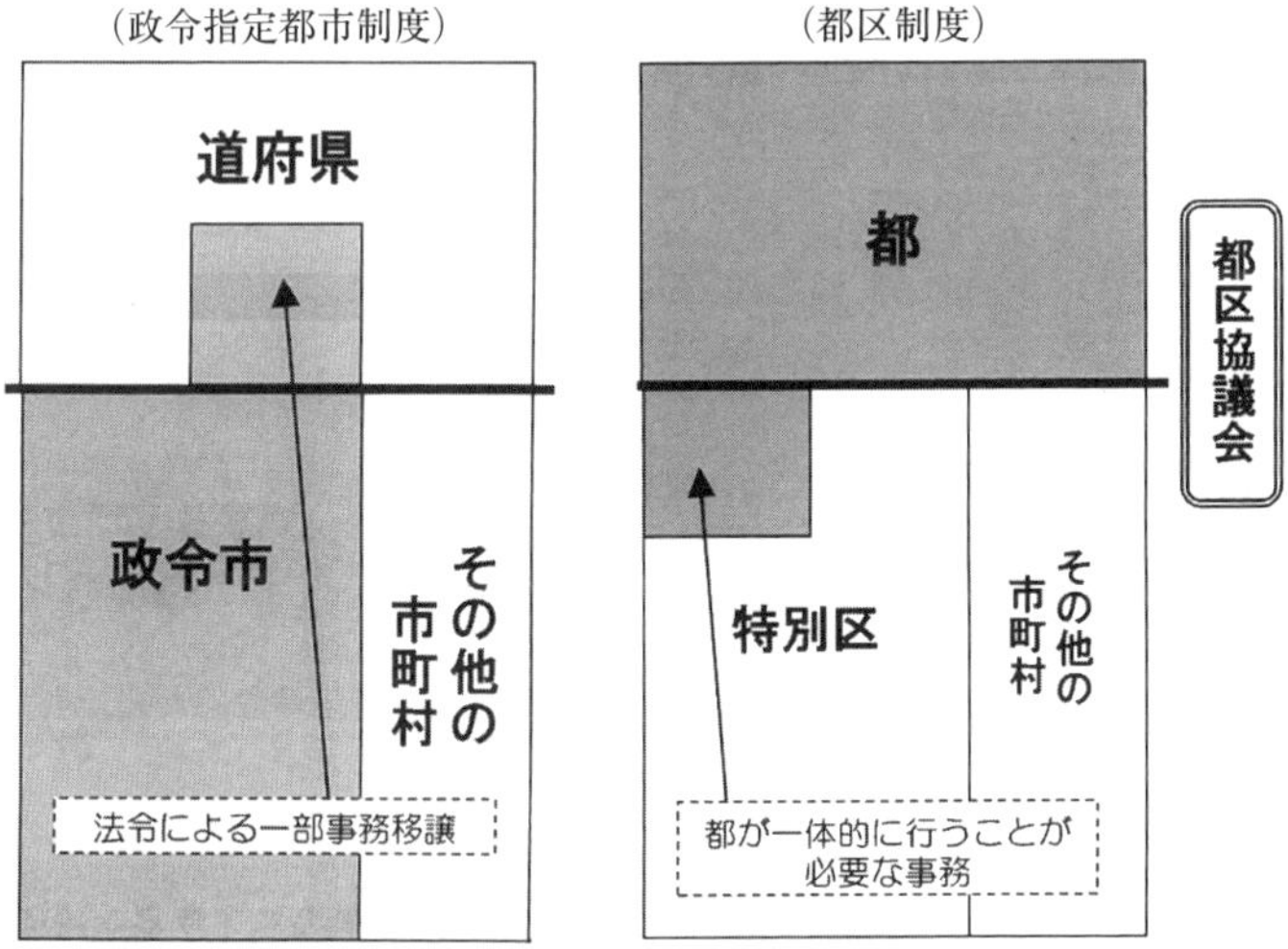

出典：「大阪にふさわしい新たな大都市制度を目指して　大阪再編に向けた論点整理」（大阪府自治制度研究会最終まとめ、平成23年1月27日）

から、都と特別区の間には二重行政がある、という批判がある。

②政令指定都市制度の概要

政令指定都市制度とは、地方自治法に定められた日本の大都市制度の一つであり、政令で指定する人口（法定人口）五〇万以上の市を政令指定都市と呼ぶ。現時点では、京都市、大阪市、名古屋市、神戸市、横浜市、北九州市、札幌市など、全国で二〇都市が指定されている。また、政令指定都市は、市長の権限に属する事務を分掌させるため、条例で区（通称：行政区）を設け、その区長は、当該指定都市の職員の中から市長が任命するのが通例である。

政令指定都市は、一般の市とは異なり、通常は都道府県が処理する次の事務について、その全部又は一部を処理することができる。すなわち、児童福祉をはじめ、母子家庭、老人、身体障害者、知的障害者、精神障害者等の福祉、生活保護、社会福祉事業、食品衛生、墓地・埋葬等の規制、興行場・旅館及び公衆浴場の営業の規制、都市計画、土地区画整理事業、屋外広告物の規制等に関する事務などについては、政令で定めるところにより政令指定都市が処理することができる。こうしたことから、都道府県と政令指定市の間には二重行政がある、という批判がある。

〈日本の大都市制度の変遷〉

①戦前の変遷

明治二十二年（一八八九）に我が国における近代的な地方行政制度である市制・町村制が施行された際には、東京・京都・大阪の三都市については、国家的に極めて重要な地位を占めているとの考えから、市長を置かずに国の直轄とし、その職務を府知事が行うなど、官治的な特例が設けられた。これは、これら三都市が政治・経済・社会・行政などあらゆる面において他の自治体を凌駕しているためであり、この特例は三都市の制度撤廃運動により明治三十一年（一八九八）に廃止された。

大正期に入ると、都市の発展が顕著となり、農村から都市への人口の流入が増す中で、交通、衛生（水道等）、社会福祉（スラム対策等）のような都市問題が大都市で大きな課題となり始め、これに主体的に取り組むことができるよう、東京市・横浜市・名古屋市・京都市・大阪市・神戸市の六大市が、府県からの分離・独立をめざすという特別市制運動が展開され、以後、昭和期にかけて幾度となく帝国議会に特別市制に関する法律案が提案されたが、結局、実現には至っていない。その後、昭和十八年（一九四三）に戦時下の首都に関する統制の一環として、従来の東京府と東京市を合体し、官選の都長官がこれを統括するという「東京都制」が実現した。

②戦後の変遷

戦争の終結とともに、GHQの民主化方針の一環である「地方分権の徹底的強化」と「地方行政の民主化」の基本線に沿って、当時の地方制度調査会が昭和二十一年（一九四六）に、横浜市、名古屋市、京都市、大阪市及び神戸市の五大市については府県から独立し、府県の事務と市の事務を併せ行う特別市制度を創設すべきとの答申を提出した。政府はこの答申に基づき、地方自治法案に特別市制度も盛り込み、昭和二十二年（一九四七）に施行された。

しかし、この特別市制度に対して、五大市の属する五府県が激しい反対運動を展開した。その論拠は二つあり、一つは府県を構成している大都市と残りの市町村は密接不可分の状況にあり、大都市が特別市として府県から分離すると、残存部だけでは自立した行財政運営ができないこと、いま一つは法律で特別市を指定する際には、憲法第九十五条の規定に基づき、五大市を含む府県民全体の過半数の同意が必要である、と主張した。論拠の後者については、日本国憲法九十五条で「特定の自治体のみに適用される法律（いわゆる地方自治特別法）は、その自治体の住民投票で過半数の同意を得なければ制定できない」と定められており、問題となったのは住民投票の範囲であった。すなわち、当該市の市民の投票でいいのか、当該市が所在する府県民の投票が必要であるのか、制定当初の地方自治法では明確でなく、議論の余地があった。特別市への移行を目指した五大市は前者の解釈を、五大市が所在する五大府県は後者の解釈を主張し、激しく対立した。結局、ＧＨＱの支持を得た後者の解釈が勝利を収め、地方自治法が改正されて、特別市を指定する法律は、関係都道府県の住民投票に付さなければならないことが明記された。五大市が府県民投票で特別市への移行を勝ち取る望みは薄く、特別市制度は、事実上、凍結状態に置かれることとなった。

その後も昭和二十六年（一九五一）には五大市が『特別市制理由書』を、昭和二十七年（一九五二）に五大府県が『特別市制反対理由書』をそれぞれ公表するなど、両者の激しい対立は続いた。昭和二十八年（一九五三）に新設された地方制度調査会は、その答申において、「差し当たって事務及び財源の配分により、大都市行政の運営の合理化を図るものとすること」と述べ、府県事務の一部を大都市に移譲する案を示した。これを受けて昭和三十一年（一九五六）に地方自治法が改正され、特別市制度の廃止と引き換えに、現行の指定都市制度が創設されることとなった。

（２）海外の大都市制度の概要

指定都市市長会の「諸外国の大都市制度に関する調査報告書」（平成二十二年三月）を参考に、ドイツ、フランス、韓国の概要を取りまとめると、次のとおりである。

①ドイツの地方制度

東西ドイツ統一（一九九〇）により形成された今日の国家形態では、ドイツ連邦共和国は一六の州（ラント：Land）から構成される連邦制国家であり、連邦制の下での三層制を採用している。各州はそれぞれ基本的には国家的な性格を有しており、郡の設置権限を持っている。州は基本法の規定の枠内で地方自治に関する法的な規定や行政の監督を行う権限を有しているため、各州における地方自治体の法的・行政的形態はそれぞれ異な

図表　ドイツの自治制度の概要

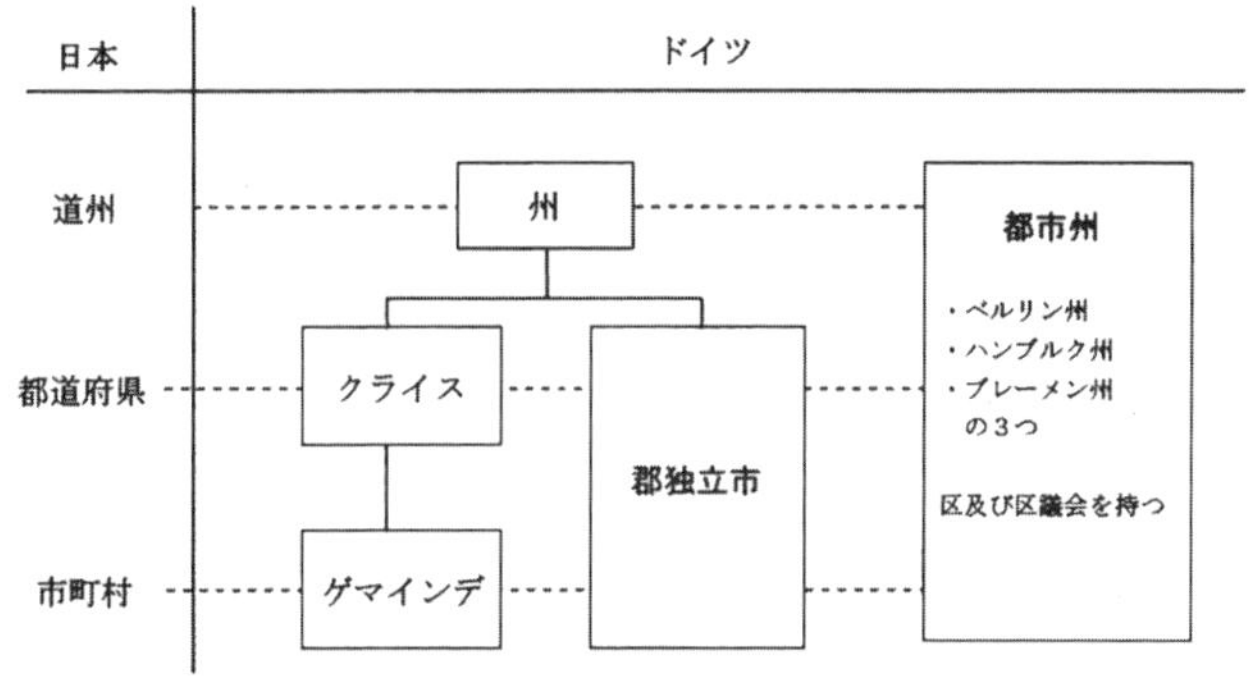

	都市州	郡独立市
広域自治体との包括関係	道、県の区域外	道に包括されるが、県の区域外
分権に関する特徴	【自治体の位置づけ】連邦を構成する州，県，市町村の位置付けを併せ持つ 【事務配分の特例】連邦を構成する州，県，市町村の事務を行う 【組織の特例】その内部に区を有する／直接公選の議員からなる区議会あり	【自治体の位置づけ】県，市町村の位置付けを併せ持つ 【事務配分の特例】県，市町村の事務を行う 【組織の特例】州によっては、その内部に区を設定することができる

注）「クライス」を「県」、「ゲマインデ」を「市町村」と表現。

出典：地方制度調査会「諸外国の大都市制度の比較」、福岡アジア都市研究所「広域自治都市のあり方に関する研究報告書」

っている。

ベルリン州、ハンブルク州、ブレーメン州の三州は「都市州」とされており、基本的にはひとつの都市で独立して州と同等の位置付けを付与され、広域自治体の権限と基礎自治体の権限を併せ持っている。

上記三州以外の各州における地方自治体は、最も基礎的な自治体である市町村（ゲマインデ）と、その上位レベルである郡（クライス）の二つをもつ。また、州に包括されるが、広域自治体からは独立している「郡独立市」があり、ミュンヘン、デュッセルドルフ、ケルン等が該当している。「郡独立市」は、郡と同様の権限を有する。

更に、市町村と郡の他に、市町村連合が設置されている。市町村連合はそれを構成する市町村が各々小規模なために、事務事業の遂行が困難な場合や、個々の市町村を超えて、より大きな領域での事業の実施がより効果的である場合に形成され、所属市町村に代わってその業務を遂行する。

②フランスの地方制度

首都パリは、その政治的重要性のため常に特別な法制下に置かれ、パリの行政に対して中央政府により密接なコントロールが行われてきた。

パリ以外の都市については例外を設けず、大都市にも数百人の村にも同じコミューン（コミューンは市町村に該当する）制度を長年適用してきたが、１９８２年に初めてパリ、マルセイユ、リヨンをともに扱った大都市制度についての特例が制定された。

フランスでは約三六、〇〇〇あるコミューンのうち、約九割が人口二、〇〇〇人未満である。そこで、より効率的な行政を行うため、コミューン間の協力体制（広域行政組織）が多く存在している。

③韓国の地方制度

韓国では、軍事政権下では地方分権は進まなかったが、一九八〇年代の民主化進展のなか、一九八八年に地方自治法が全面改正された。この改正の結果、広域自治体として特別市、広域市（二〇〇四年までは直轄市と呼ばれていた）、道が、基礎自治体として市、郡、自治区が設けられることとなった。このように二層制を採用しているが、後に述べる済州特別自治道については一層制である。

韓国の大都市制度としては首都ソウルにのみ適用されている「特別市」制度、概ね人口一〇〇万人以上の大都市

図表　フランスの自治制度の概要

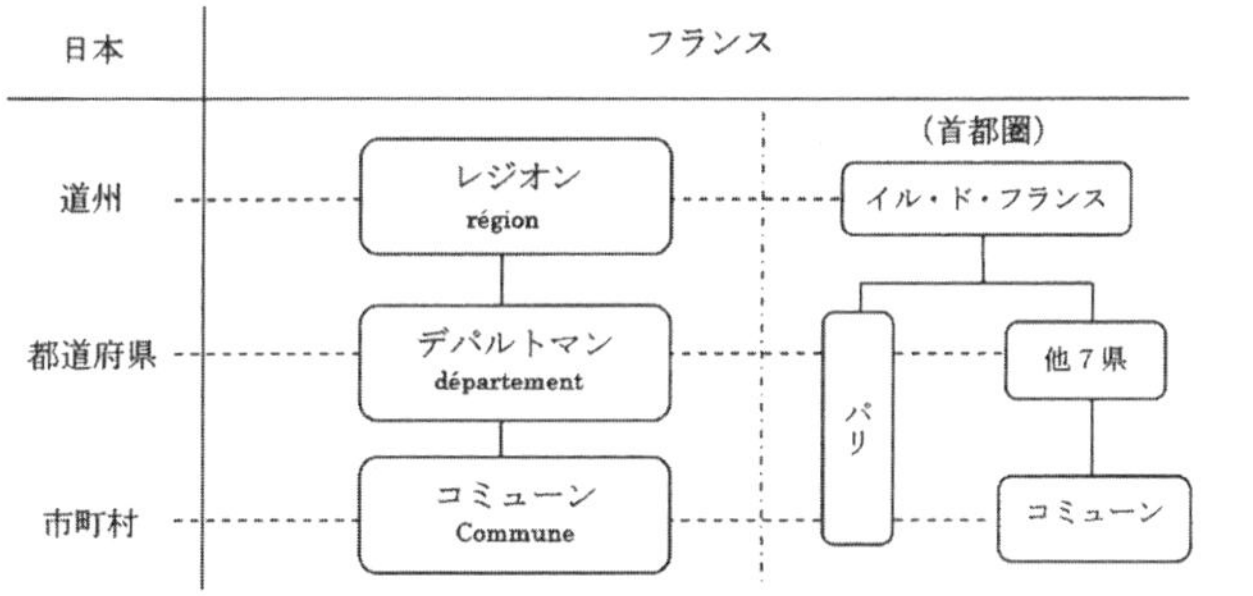

＊「大都市」であるマルセイユ、リヨンも「基礎自治体」コミューンのひとつである。

	マルセイユ, リヨン	パリ
広域自治体との包括関係	県に包括される	県の区域外
分権に関する特徴	大都市法の特例により、区および区議会を持つ。 県の事務のうち一部を行う。	【自治体の位置付け】県と市町村の位置付けを併せ持つ 【事務配分の特例】県と市町村の両方の事務を行う 【組織の特例】区および区議会を持つ 【国に留保される権限】警察権限

注）「デパルトマン」を「県」、「コミューン」を「市町村」と表現。

出典：地方制度調査会「諸外国の大都市制度の比較」、福岡アジア都市研究所「広域自治都市のあり方に関する研究報告書」

に適用されている「広域市」制度、人口五〇万人以上の大都市に適用されている「特例都市」（特定市と呼ばれることもある）制度がある。加えて済州道は二〇〇六年七月から、軍事・外交・司法以外の高度な自治権を付与された地方分権モデル「済州特別自治道」へ転換している。

基礎自治体と広域自治体との間の分担については、基礎自治体優先の原則がとられており、広域自治体の事務は広域的事務、統一基準による処理を要する事務、統一性維持を要する事務、基礎自治体の処理が不適当な事務等とされている。こうした規定は日本と類似しており、地方自治法上、広域自治体の担う事務が列挙されているわけではない。地方自治法では、大統領によ

図表　韓国の自治制度の概要

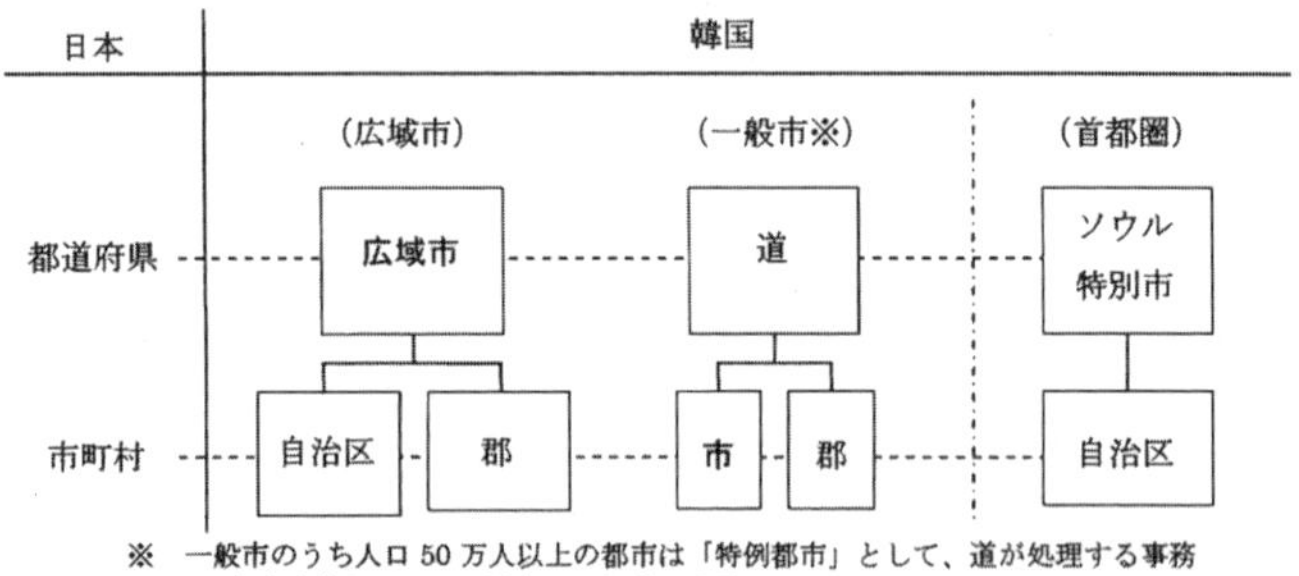

※　一般市のうち人口 50 万人以上の都市は「特例都市」として、道が処理する事務の一部を直接処理し、区域内には行政区が置かれる。

	広域市, ソウル特別市	特例都市（人口 50 万人以上）
広域自治体との包括関係	道の区域外	道に包括される。
分権に関する特徴	【事務配分の特例】 大都市の特殊性に鑑み、基礎自治体の事務のうち一定の事務については、ソウル特別市および広域市に帰属する。 【財政上の特例】 基礎自治体の税目のうち一定の税目はソウル特別市および広域市の税目	【事務配分の特例】 道が処理する事務の一部を直接処理することができる。 【組織の特例】 区域内に行政区を設置

出典：地方制度調査会「諸外国の大都市制度の比較」、福岡アジア都市研究所「広域自治都市のあり方に関する研究報告書」

り事務の種類が定められ、特別市・広域市・道と市・郡及び自治区間で互いに競合しないようにするとされている。

（3）今後の大都市制度のあり方

以上のような大都市制度に関する日本の変遷や海外事例を踏まえ、今後の日本の大都市制度について、その基本的なあり方を考察すると、次の三点が重要と考えられる。

①二重行政の解消

日本の地方自治制度は広域自治体の都道府県と、基礎自治体の市町村という二層制を採っているが、大都市制度である都区制度では、準基礎自治体である特別区の事務の一部を都が行っており、政令指定都市制度では、広域自治体である道府県の事務の一部を政令指定市が行うなど、二重行政を招きやすい構造が内包されている。都区制度は戦時下で制定された制度であり、政令指定都市制度も五大市と五大府県との対立を経た妥協の産物であり、いずれも特殊な条件下で制定されたものであるため、今日的に見直すべきである。

②基礎自治体としての区の位置づけ

海外事例では、大都市が広域自治体から独立市した市になる場合は、その中に基礎自治体的な区を設け、区議会など住民自治の仕組みを取り入れていることが多い。日本の政令指定市も基礎的自治体の役割を果たすには規模が過剰であり、補完のため行政区は設けられているが、行政区は基礎自治体に該当せず、区政に住民自治を取り入れる仕組みはできていない。政令指定都市での住民自治を進めるには、区長公選や区議会設置などによって、区を基礎的自治体として位置づけることが重要である

③大都市固有の問題への対応
日本の大都市制度は、都市化が進む当時の大都市固有の問題を解決するために制定されてきた経緯がある。当時の大都市固有の問題としては、市民の足となりうる交通（市電等の公共交通）、産業活動を支える物流基盤（港湾、貨物鉄道等）、市民の生活を支える生活基盤（水道等のライフライン）、大都市特有の社会事業（スラム対策、伝染病対策等）が挙げられ、農村地域を抱える広域自治体では、集中した取り組みが難しいことから、大都市が主体的に取り組めるような制度が追求されてきた。

一方、今日の大都市固有の問題としては、都市圏に広がる交通（鉄道）、産業振興につながる産業基盤（港湾、高速道路、産業団地）、大都市特有の社会福祉（ホームレス対応等）、企業誘致やインバウンドにつながるシティプロモーション等が想定され、これらを担うに相応しい自治体像を、具体的かつ柔軟に検討することが必要である。

3.「大阪都構想」の評価

前述の「住民参加の意義や可能性」と「大都市制度のあり方」に関する考察を踏まえ、関心を集めている「大阪都構想」について、一定の評価を行うことにする。
（1）「大阪都構想」の概要
「大阪都構想」の内容については、正式にまとめた資料がないため、大阪維新の会のホームページでの記述を参考に、その概要をまず以下に整理しておく。

（大阪都構想を支える二つの柱）

大阪都構想は「広域行政を現在の大阪府のエリアで一本化する」「大阪市内に公選の首長を八から九人置き、住民に身近な行政サービスを担わせる」という二つの大きな柱で支えられている。

①広域行政の一本化

●目　標

広域行政の一本化は、究極の成長戦略、景気対策・雇用対策であり、日本全体の景気を良くする、企業に儲けてもらい、従業員の給料を上げる。すなわち国民の所得を上げ、税収を上げる。これが目標である。

●仕組み

大阪の広域行政を一本化し、広域行政にかかわる財源を一つにまとめて、大阪全体のグランドデザインのもとに財源を集中投資する。大規模な二重投資を一掃し、世界の中での都市間競争に打ち勝つ政策を一本化する。

企業活動を活性化させる空港、港湾、高速道路、鉄道のインフラを整備し、人材を獲得しやすいよう大学等の教育機関の競争力を高める。従業員が暮らしやすいよう、病院や初等教育機関を整える。さらに、法人税の減税、規制緩和などを軸とする特区を設定する。また観光客を世界から集め、大阪で消費してもらう。このような政策を、大阪府、大阪市でバラバラと実施するのではなく、広域行政を一本化して、大阪全体のグランドデザインを描き、財源を集中投資し世界と勝負する。

●効　果

広域行政を一本化することで、バラ色の大阪が待ち受けていることを裏付ける証拠はない。しかし、世界の都市のあり方（大ロンドン市、最近の台湾の県市合併、上海、ソウル、バンコクの都市の構造）を見れば、今のままの大阪市・大阪府分断都市では、世界の都市間競争に打ち勝つ可能性は全く「0」である。

②区の再編

●目　標

大阪市内に八から九人の公選の首長を置くことは、その仕組み自体が住民にとってメリットである。具体の住民サービスではなく、公選の首長を置くことこそ第一の目標にすべき事柄である。

●仕組み

現在、大阪市内の区長は役人区長であり、区長の裁量予算は数千万円しかない。大阪市内には一〇万人規模や、大きいものであれば二〇万人規模の区が存在し、その規模であれば、日本全国に存在する市町村と比べても、かなり大規模な市に該当している。そうであれば区独自で予算編成をすればよく、わざわざ区の上に存在する市役所に予算編成をしてもらう必要も理由もない。そして区ごとに、区の実情に合わせて、住民が住民サービスを選択していけばいい。どのような住民サービスのあり方になるかは、まさに区長が公選され、通常の市と同様の予算編成権を握ることによって、住民のニーズに合わせたものになる。

つまり大阪都構想が実現した後に、区民が自ら住民サービスを決めることによって、大阪市内の住民生活が変わることになる。大阪都構想は、ただちに住民サービスをどうするこうするというものではなく、区民が自ら住民サービスを決められる仕組みにすることである。

●効　果

区長公選制になれば、公選区長は他の区と競争する。役人区長では年功序列の市役所人事の一環に乗せられ、しかも大阪市役所の市政運営の歯車となるから、必然横並びとなってしまう。公選区長は有権者から票を得なければならないので、他の区で良い行政サービスが実施されれば、当然自分の区でも実施する方向に向かう。これは公選市長を擁する市町村の動きを見れば明らかである。

もちろん公選区長よって全てバラ色になるわけではないが、現在の区制よりもガバナンスが明確になり、より区長に努力をさせる仕組みであることは間違いない。

（大阪都構想の意味合い）

大阪都構想は、大阪市以外の衛星市の住民にとっては、住民サービスがどう変わるのかという議論ではない。大阪全体のGDPを上げる、住民の所得を上げる、そして各市町村の税収を上げることが第一目標であり、個々の住民サービスは、上がった税収によって各市町村の首長が決めることになる。また大阪市内の住民にとっては、区長公選制になることによって、区民自ら住民サービスを決定できることになる。住民の生活がどう変わるかについては、基礎自治体の首長ないしは同議会の選挙のときに問われることになる。

都道府県知事や同議会選挙のときにも、若干であるが住民サービスに関して公約を掲げることがある。ところが、今回の大阪都構想の基本は、住民サービスを向上させるための財源捻出方法にかかわるものである。これまでは、首長も議会も、選挙前はあれをやるこれをやると言いながら、実現するものはほんのわずかである。議会の公約などは言いっ放しである。財源がないからで、全ては国に財源を求めている。まずは大阪全体の各自治体の税収を上げる、財源を確保することを第一目標としている。そして、上がった税収によってどのような住民サービスを拡充するかは、各市町村長・議会の判断に委ねられる。

以上が大阪都構想の概要であり、そこで提案されている二つの柱である「広域行政」と「区の再編」について、それぞれの有効性を以下で考察する。

（2）広域行政としての大阪都の有効性

大阪都構想における広域行政の考え方を再整理すると、成長戦略、景気対策・雇用対策をめざして、交通インフラ、教育機関、医療機関を整備し、特区設定やインバウンド誘致を推進するため、府市統合（大阪市解体）によって二重投資を一掃し、広域行政にかかわる財源を一つにまとめることと認識できる。そこで、こうした考え方のうち、共感できる点と、疑問に思う点に分けて、考察を進めることにする。

①共感できる点

●二重行政の解消

「今後の大都市制度のあり方」で論述したように、二重行政の解消は、今後の日本の大都市制度にとっての大きな課題である。どのような形で解消するかについては議論の余地はあるが、都区制度も政令指定都市制度も、二重行政を招きやすい構造が内包されており、今日的な見直しが望まれる。

●広域行政の課題の存在

大阪都構想では、交通インフラ、教育機関、医療機関等が、広域行政としての課題として挙げられており、これらの課題整理の過不足については議論の余地はあるが、こうした広域行政の課題が存在することと、それに相応しい行政機構を構築する必要があることは、賛同するところである。

②疑問に思う点

●府市統合の妥当性

二重行政を解消するためには、府市統合（大阪市解体）しか方法がない訳ではなく、過去の議論や海外事例を眺めると別の方法も考えられる。大阪府が設置した大阪府自治制度研究会最終まとめ「大阪にふさわしい新たな大都市制度を目指して　大阪再編に向けた論点整理」（平成二十三年一月二十七日）においても、こうした問題意識から大阪都構想につながる「大阪市分割型」とは別に、「特別市型」が設定されている。

この「特別市型」は、日本で過去に五大市が実現化に取り組んだ「特別市制度」の考え方であり、海外事例で紹介したドイツ

図表　二重行政の解消方法の概要

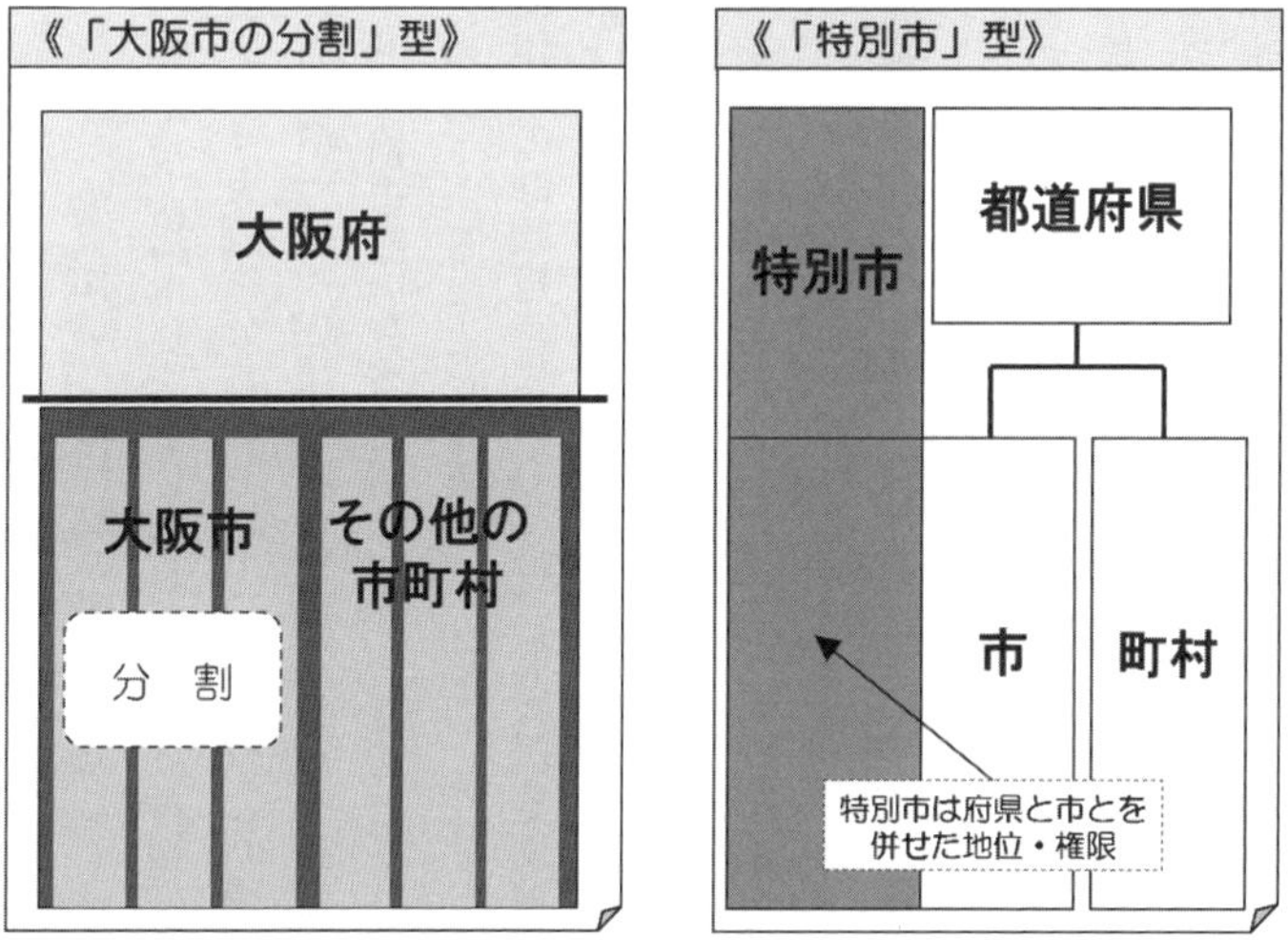

出典：「大阪にふさわしい新たな大都市制度を目指して　大阪再編に向けた論点整理」（大阪府自治制度研究会最終まとめ、平成23年１月27日）

の郡独立市（ミュンヘン等）」や、フランスのパリも、このタイプの大都市制度になっている。

そこで、「大阪市分割型」と「特別市型」を比較して、いずれが二重行政の解消に適しているのかを検討する必要があり、前記の「大阪にふさわしい新たな大都市制度を目指して 大阪再編に向けた論点整理」でも若干の考察がなされている。すなわち、「大阪市分割型」は、分割された基礎自治体間で大きな財政格差が残ることが課題とされ、「特別市型」は、広域機能と住民に身近な基礎機能を一つの自治のもとで実現することに限界があることと、都市圏の分断を招くことが課題とされているが、これらの課題認識とその対策について、さらに深めてみることにする。

まず、「大阪市分割型」の課題とされた分割自治体間の財政格差については、財政調整制度を組み込むことによって、対応は可能である。しかし課題はそれだけではないように思える。例えば、広域行政の課題として挙げられた交通インフラ、教育機関、医療機関等が、「大阪市分割型」＝府市統合で有効に対応できるのであろうか。空港については、大阪国際空港と関西国際空港の経営統合が既に行われており、府市統合は関わりがない。港湾については、阪神港が国際コンテナ戦略港湾の選定を受けるため、神戸港埠頭公社と大阪港埠頭公社が経営統合することが既に決まっており、府市統合とは別の枠組みで事態は進んでいる。高速道路については、京阪神地域に展開する阪神高速道路のネットワークが既にあり、今後は西日本高速道路の関西圏のネットワークとの連携あるいは統合が検討課題と思われるが、府市統合の範囲を既に超えている。鉄道については、大阪府域を超えて京阪神都市圏にネットワークが広がっており、「スルッと関西」がカバーするような圏域に責任が持てる広域行政でないと有効ではない。このように、広域行政の課題対応を考えた場合、府市統合では圏域が狭すぎ、大阪府を越えたマネジメント圏域を設定しない限り有効ではない。

一方、「特別市型」では、広域機能と住民に身近な基礎機能を一つの自治のもとで実現することに限界が指摘されているが、これは特別市の中に基礎自治体である特別区を設置することで対応が可能である。また、都市圏の分断を招くことが課題とされているが、これも広域的課題を担う広域組織を、大阪府や大阪市を包含する形で設置することで対応できるし、既にその一部は前述のように先行して取り組まれている。

以上のように考察すると、二重行政の解消は必要ではあるが、そのあり方として「大阪市分割型」が「特別市型」より有力とは言えず、むしろ広域行政の課題対応を別途適切に行えれば、「特別市型」の方が有力になる可能性もある。

●フルセット型広域行政組織の妥当性

上述の「府市統合の妥当性」に関する疑問に対して、府市統合を関西州に至る一つのステップとする反論が予想される。関西州のイメージは定かではないが、仮に関西の府県が統合する形を想定すれば、広域行政として求められている行政組織は、大阪府や関西州のように、あらゆる行政分野をフルセットで用意することが求められているのであろうか。例えば、大阪維新の会のホームページで参考として挙げられている大ロンドン市は、交通、警察、経済開発、消防、救急などの権限を有する地方行政府であり、ロンドン交通局、市長公安室、ロンドン開発公社、ロンドン消防・緊急時計画局の四つの機関を設置しているが、教育、福祉、医療、環境等に関する行政は、大ロンドン市はノータッチであり、これらは大ロンドン市内の三十二の特別区が担っている。

このように広域行政を担う組織については、府市統合型の大阪府や、府県統合型の関西州のようにフルセット型の行政体に限る必要性はなく、広域行政の課題に対応する機能のみを持った機関を必要な圏域に設置する方法も考えられる。こうした柔軟な対応ができれば、上述の交通インフラに関して進展している実態なども、現実的で円滑に織り込んでいけるものと考えられる。

（3）再編された特別区の有効性

大阪都構想のもう一つの柱である区の再編（特別区）についても、その有効性について考察する。大阪都構想における区の再編の考え方を再整理すると、大阪市内に八から九人の公選の首長を置くことと認識できる。そこで、こうした考え方のうち、共感できる点と、疑問に思う点に分けて、考察を進めることにする。

①共感できる点

●公選の首長を置くこと

現在の行政区は、単なる行政内の組織でしかなく、基礎的自治体ではない。このため、住民自治の面でも、団体自治の面でも機能が十分発揮できないことから、公選の首長を設置することは、極めて重要な前進である。あわせて、基礎自治体であることから区議会の設置も必要である。

②疑問に思う点

●現大阪市固有の都市問題への対応

区を八～九区に再編するとすれば、一区当たりの平均人口は三〇万人程度となる。このように再編された特別区が、現大阪市の固有の都市問題に適切に対応できるかどうか、疑問がある。例えば、大阪市の都心部のシティプロモーション（シティセールス）として、都心部の景観形成、ビジネス機能の集積促進、歴史文化の発信等を考えた場合、三〇万人規模に分割された特別区が担いうるのであろうか。仮に、統合された大阪府が担うと想定した場合、大阪府域全体に責任を持つ大阪府としては、他地区とのバランスもあって、集中的な取り組みが難しいと思われる。

●東京都区と同様な二重行政の懸念

大阪市を分割して区を再編し、特別区を設置するとして、特別区の権限をどうするかについては、何も語られていない。仮に東京都と同様な特別区となるのであれば、現在、東京都と同様の二重行政の問題が生じることが懸念される。

事実、東京都の都区制度については東京商工会議所も問題を指摘しており、「『道州制と大都市制度のあり方』についての報告～東京二十三区部を一体とする新たな『東京市』へ～」という委員会報告（二〇〇八年九月）において、魅力ある世界都市・東京を実現し、東京二十三区部において自己決定と自己責任を果たすにふさわしい自主自立の基礎自治体を実現するためには、都区制度を廃止し、東京二十三区部を一体とする新たな「東京市」が必要であると提言している。

（4）大阪における大都市制度のあり方試案

既に大阪都構想の評価の中で断片的に論点を述べているが、最後に大阪における大都市制度のあり方について、試案として取りまとめてみる。

①テーマ別の広域行政（フルセット型を越えて）

広域行政が求められている課題として、交通インフラ、産業インフラを想定した場合、広域的な視点から効率的な整備と運営を担う広域行政体が必要であるが、それは保健、福祉、住宅、環境等の行政まで担うフルセット型の行政体である必要はない。行政課題ごとに（テーマ別に）、対象圏域を設定し、必要な機能を備えた広域行政組織が設置される方が現実的であり、かつ効率的である。

例えば、鉄道に関する広域的課題として、既存の鉄道間の乗り継ぎの物理的・時間的・料金的抵抗を解消し、乗り継ぎを円滑にすることが、都市圏として極めて重要な施策であることが以前から指摘されている。乗り継ぐたびの初乗運賃をなくすだけでも、公共交通の利便性は著しく高まり、利用者の増加が、まちの活性化や環境負荷の抑制につながることが期待される。そのためには「スルッと関西」がカバーする程度の圏域を対象に、民間鉄道、公営鉄道、ＪＲ西日本と関係自治体が加わる（仮称）関西運輸連合を設置し、共通運賃制度やダイヤ調整をはじめ、鉄道ネットワーク全体の利便性を高める施策を積極的に講じる必要がある。これは、公共交通の利便性が高い欧米の大都市で幅広く用いられている方法であり、韓国のソウルでの地下鉄、バスのサービス水準が抜本的に向上したのも、この方策が功を奏したためである。同じ圏域内の新規の路線整備についても、この（仮称）関西運輸連合がインフラ整備を担当し、その運行は鉄道事業者に委ねる上下分離方式を導入することも考えられる。ちなみに、府市統合の施策の中で市営地下鉄の民営化が提案されているが、民営化よりも、こうした運輸連合の設置に伴う調整課題（リスク対策等）を、市営地下鉄の収益性や資産を活用することで対応する方がより有効だと考えられる。

また、産業団地の整備についても、広域行政の課題として認識する必要がある。近年、全国の工場立地動向の中で、兵庫県が常にトップグループに位置しているのは、県の誘致担当者の能力と努力によるところもあるが、あわせて県内の高速道路網の整備と、高速道路との接続性が優れた産業団地が整備されていることが大きく貢献していることを直視する必要がある。ところが、産業用地の整備から立地までの間の利子負担がリスクになって、近年、関西圏の産業用地の供給が激減しており、今後の産業振興のため、リスクのある投資が可能な広域行政体の設置が望まれるところである。

なお、これらのテーマ別広域行政体の設置方法については、関係する自治体が中心になって共同設置することが基本と考えられ、具体形態としては一部事務組合、広域連合、事業団等から選択することが考えられる。

②大阪区の設置（シティプロモーション可能な特別区の設置）

既に大阪都構想の評価の中で述べているように、二重行政の解消の方法としては「大阪市分割型」より「特別市型」の方が有効である可能性が高いと考えられるが、仮に大阪市が分割される場合を前提とすれば、大阪区の設置を提言したい。

現在の大阪都構想では、平均三〇万人程度の八～九区に分割されるイメージであるが、これでは、都心部の景観形成、ビジネス機能の集積促進、歴史文化の発信等、都心部に絞ったシティプロモーション（シティセールス）が有効に取り組まれることが期待できない。大阪の都心部（概ねＪＲ環状線の内側）は、大阪のビジネスや文化等の最もコアを形成するエリアであり、ここに責任を持ってシティプロモーションする行政体が必要である。現大阪市は周辺区も含んでいるため、少し大き過ぎたが、大阪府ではあまりにも大き過ぎるし、平均三〇万人程度の区ではカバーしきれない。そこで、大阪の都心部をカバーする大阪区の設置が考えられる。仮に、中央区、北区、福島区、西区、浪速区、天王寺区の六区で構成されるとすれば、約五〇万人程度の区となり、著しく大きな区になる訳ではない。

③基礎的自治体としての特別区

これも大阪市が分割される場合を前提とした提言であるが、再編される特別区は東京都とは異なって、本来の基礎自治体とすべきである。

特別区の住民自治と団体自治を確保するため、特別区は他の市町村と同様の基礎自治体とする必要がある。例えば、大阪市に集中しているホームレス対策を考えると、現在、東京都の事務になっている公営住宅を特別区の事務に変更し、地域福祉や雇用対策とあわせて総合的に、かつきめ細かに取り組んでいくことが重要である。こうした基礎的自治体としての総合行政を推進する一方で、特別区が個々に処理するより大阪都が一体的に処理した方がいい事務については、必要に応じて周辺市も含めた共同事業とし、大阪都に委ねるなどの工夫は考えられる。

今日、日本の地域社会が抱える少子高齢化の対策、地域内雇用の対策、新しい公共などを考慮すると、地方自治制度も変革が求められていることは当然である。本稿では紙面と能力の制約から制度論に絞って私見を述べてみたが、本稿を契機として、今後求められる施策との関連を重視してさらに考察を深めていきたい。

（株式会社　地域計画建築研究所（略称アルパック）代表）

付 〈ファイル〉百済文化伝道師が行く

静岡県幹部職員を対象とした講演会
静岡県庁大会議室　2013.6.27(木)
1.忠清南道と静岡県、そして韓国と日本
2.なぜ、今「百済文化」なのか
3.地方行政の達人ー地域外交・広報の達人ーへの道のり
4.東アジアにおいて「歴史」をどう認識すべきか
5.質疑応答
地域外交に学ぶ知と文化の「統摂」
충청남도

慶　祝
大韓民國 忠淸南道와 日本國 静岡縣 (시즈오카현)間 友好交流協定 締結
충청남도
忠清南道と静岡県との友好交流協定締結式
韓国忠清南道庁　大会議室
2013.4.30
충청남도

幹部職員を対象とした講演会
静岡県庁大会議室　2013.6.27(木)
지방행정의 달인 배출 부서
地域外交に学ぶ知と文化の「統摂」
洪萬杓 (地域政策学博士)
충청남도

地方行政の達人
「地域外交・広報の達人」
2013.2.15
大韓民国政府　行政安全部

전국시도지사협의회
GOVERNORS ASSOCIATION OF KOREA
全国市道知事協議会
コンサルティング
ソウル 2013.5
康津郡茶山教育館·修練院
(全羅南道) 2013.6

Contents
儉而不陋 華而不侈
百済本記より
PROFILE
ACTIVITIES & ACHIEVEMENTS
1. 百済文化の世界化、商品化
2. 人的ネットワークの活用
3. 草の根市民ガバナンス
4. 東アジア地域平和外交
百 濟
DIFFERENCES
洪博士のヴィジョンと洪萬杓活用法
충청남도

ACTIVITIES & ACHIEVEMENTS

Ⅰ. 百済文化の世界化, 商品化(1)

「古代同質文化」☞百済文化
≒日本飛鳥文化の源流

韓日両国関係改善キーワード
"百済歴史文化"

"2010 大百済典" 契機に世界に
「忠清南道」を知らせる

충청남도

ACTIVITIES & ACHIEVEMENTS

Ⅰ. 百済文化の世界化, 商品化(2)

熊本朝日TV
(KABニュース)
2010.1

北海道TV
(HTB生放送)
2010.2

충청남도

ACTIVITIES & ACHIEVEMENTS

Ⅰ. 百済文化の世界化, 商品化(3)

第11回百済フェスティバル ☞
大阪府枚方市
2012. 5

『韓国KBS報道』
札幌雪祭り百済王宮大雪像2010. 2

충청남도

ACTIVITIES & ACHIEVEMENTS

Ⅰ. 百済文化の世界化, 商品化(4)

2010 大百済典日本人誘致観覧客数

計	公務員	民間人
4,365	235	4,130

❖ 2010年 大百済典期間中総計
（観覧客数 約350万）

충청투데이

외국인관광객 유치 이끈 '협력의 달인'

대백제전을 빛내는 사람들④ 충남도 국제협력과 홍만표 동아시아 팀장

（忠清トデェイ新聞報道）『協力の達人』
「2010世界大百済典を耀かせた人達」
2010.10

충청남도

ACTIVITIES & ACHIEVEMENTS

Ⅰ. 百済文化の世界化, 商品化(5)

第1回　百済文化シンポジウム
大阪　2007.6

報道：毎日新聞　2010. 5

日本国家形成と渡来人
(シンポ：奈良県)

충청남도

ACTIVITIES & ACHIEVEMENTS

Ⅰ. 百済文化の世界化, 商品化(6)

百済文化祭観覧客誘致場面 (動画)

第2回　百済文化シンポジウム (2008.6 東京)

충청남도

ACTIVITIES & ACHIEVEMENTS

Ⅰ. 百済文化の世界化, 商品化(7)

日本の中の百済文化を求めて

2007. 大阪(シンポジウム開催)
2008. 東京(　　"　　)
2009. 奈良/熊本 (　"　/発表)
2010. 東京学芸大学/ 北海道(")
2011. 堺市 (NPO法人　"　)
2012. 群馬/ 静岡県　(講演会)

충청남도

ACTIVITIES & ACHIEVEMENTS

Ⅰ. 百済文化の世界化, 商品化(8)

ベトナム・ロンアン省長
2010.4

カンボジア・シェムリアップ州知事

충청남도

ACTIVITIES & ACHIEVEMENTS

Ⅱ. 人的ネットワークの活用(1)

第2回　東アジア地方政府会合
2011.10

奈良県知事と懇談 (地方自治制度)
2011.8

충청남도

ACTIVITIES & ACHIEVEMENTS

Ⅱ. 人的ネットワークの活用(2)

「静岡県ふじのくに親善大使」委嘱
2012.11

충청남도

ACTIVITIES & ACHIEVEMENTS

Ⅱ. 人的ネットワークの活用(3)

講　演　会
「百済・飛鳥文化から東アジアの隣人を考える」
静岡県立美術館
2012.12

충청남도

ACTIVITIES & ACHIEVEMENTS

Ⅱ. 人的ネットワークの活用(4)

충청투데이

충남도, 한-일 FTA 가교 역할 눈길

홍만표 道 국제교류팀장
홍문표 한나라 최고위원
오부치 유우코 日 중의원
공동 대응 모색 협력 추진

小渕優子衆議院議員特別懇談会開催
ソウル　ヨイド　2011.10

群馬県百済文化シンポジウム（基調講演）
群馬県庁　2012.12

충청남도

ACTIVITIES & ACHIEVEMENTS

Ⅱ. 人的ネットワークの活用(5)

百済飛鳥文化を考える市民の集い (開催地：公州) 2011.10

天皇「私は百済系の子孫」(2010.10.8)

충청남도
Chungcheongnam-do

ACTIVITIES & ACHIEVEMENTS

Ⅲ. 草の根市民ガバナンス(1)

国際シンポジウム：明治大学　2012.8

企画：明治大学市民ガバナンス研究所

市民の真の声を聞く

～ 討議型民主主義への期待と挑戦 ～

Real Citizen, Real Saying

～ Promises and Challenges of the Deliberative Democracy ～

日 時：2012年9月23日（日） 13:00～16:30
場 所：明治大学駿河台校舎リバティータワー1Fホール

・基調講演　(13：15～14：00)

ジェームス・フィシュキン氏（スタンフォード大学教授）

・パネルディスカッション
(14:00～16:30 質疑応答含む 休息:15:30-15:40)

池田謙一氏（東京大学教授）
ジョン・ヨンドク氏（ソウル大学教授）
海老根靖典氏（前藤沢市長）
ロザリオ・ララッタ氏（明治大学特任講師）

司 会：
兼村高文氏（明治大学教授）

・特別ゲスト：
曽根泰教氏（慶応大学教授）
洪萬杓氏（韓国忠清南道庁国際チーム長）

主催：ガバナンス研究科
後援：（株）ぎょうせい、イマジン出版（株）

特別ゲスト　Special Guests

曽根泰教氏　Dr. Yasunori Sone
慶應義塾大学大学院政策・メディア研究科教授、同大学DP（討論型世論調査）研究センター代表、日本におけるDP研究の第一人者。

Yasunori Sone is professor of the Graduate School of Media and Governance and a Faculty of Policy Management. He is also the director of the Center for Deliberative Poll, Keio University and the leading person of the DP in Japan.

洪　萬杓氏　Dr. Manpyo Hong
韓国忠清南道庁国際チーム長、明治大学市民ガバナンス研究所客員研究員。韓国とアジアとの文化経済交流促進に尽力しながら市民参加予算を調査研究。

Manpyo Hong is head of the International Section of Chungcheongnam-do Provincial Government, Korea. He is guest Researcher of the Institute of Citizen Governance and a leading person of the Citizen Participatory Budgeting in Korea.

충청남도
Chungcheongnam-do

ACTIVITIES & ACHIEVEMENTS

Ⅲ. 草の根市民ガバナンス(2)

国際シンポジウム
「市民の真の声を聞く」
－討議型民主主義への期待と挑戦－

明治大学市民ガバナンス研究所
明治大学　2012.8

※ 2011. 11. 明治大学市民ガバナンス研究所国際シンポジウム (上)

2012. 08. 明治大学市民ガバナンス研究所国際シンポジウム (下)
※ ジェームスパシキンス教授との意見交換

충청남도
Chungcheongnam-do

ACTIVITIES & ACHIEVEMENTS

Ⅲ. 草の根市民ガバナンス(3)

2011.11 地方自治学会（福島県）発表、討論

충청투데이　2011년 08월 26일 (금) 22면 지역

국제고려학회는 24-25일(현지시각) 이틀간 캐나다 밴쿠버 브리티시컬럼비아 대학에서 창립 20주년 기념 '제10차 한국학 국제학술토론회'를 개최했다. 국제고려학회 제공

국제고려학회 '한국학 국제학술토론회' 열어

국제고려학회는 24~25일(현지시각) 이틀간 캐나다 밴쿠버 브리티시컬럼비아 대학에서 창립 20주년 기념 '제10차 한국학 국제학술토론회'를 개최한다. 이번 토론회에서는 카네부라 타카후미 메이지대 시민거버넌스연구소장과 동연구소 객원연구원인 홍만표 충남도국제전문팀장이 '주민참여예산제도의 국제비교를 통한 지방정부의 시민거버넌스의 변모'를 주제로 공동 발표했다. 특히 홍 팀장은 대전시와 충남도의 주민참여예산제도 현황을 소개하고, 세계 각국의 선진제도와 비교분석을 통한 향후 발전적 정책방향을 제시한다. 홍 팀장은 "주민참가 예산제는 각국에서 주도적으로 도입하고 있지만 제도설계에 따라 '결점'이 발생하게 된다"며 "특정 단체에 참가를 독려해 조작이 행해지거나 주민참가의 이름으로 정책유도가 자행되는 경우도 있다"고 지적했다. 서희철 기자 seeker@cctoday.co.kr

10.0 X 12.8 cm

国際高麗学会「第10回韓国学国際学術討論会」論文発表
2011.8

충청남도
Chungcheongnam-do

ACTIVITIES & ACHIEVEMENTS

Ⅳ. 東アジア地域平和外交(1)

忠南-上海市間友好協力協約式
(李完九当時知事と上海市長)
2008.11

ベトナム・ハノイ市副市長との懇談
2009.1

ベトナム・ハノイ貿易大学

충청남도

ACTIVITIES & ACHIEVEMENTS

Ⅳ. 東アジア地域平和外交(2)

特設授業 (南百済小学校：大阪府大阪市)
2010.5

충청남도

ACTIVITIES & ACHIEVEMENTS

Ⅳ. 東アジア地域平和外交(3)

NPO法人「東アジア隣人ネットワーク」開催の市民に集い及びNPO法人設立記念講演会

大阪

〝開き直り〟で栄冠

「生涯、音楽の勉強」

小野竹喜郎

真の隣人関係を

大阪　ニューオオタニホテル
2009.11

東京　昭和女子大学
2010.2

충청남도

ACTIVITIES & ACHIEVEMENTS

Ⅳ. 東アジア地域平和外交(4)

2012年10月　「第58回百済文化祭」観覧客誘致

公州市(２列左から三番目が李市長)

論山市 (左から５番目が黄市長)

충청남도

ACTIVITIES & ACHIEVEMENTS

Ⅳ. 東アジア地域平和外交(5)

第2回　東アジア地方政府会合

東アジア地方政府会合

- 2009 提唱者会議(3カ国19自治体)
- 2010 第1回(6カ国34自治体)
- 2011 第2回(6カ国45自治体)
- 2012 第3回(5カ国38自治体)

충청남도

ACTIVITIES & ACHIEVEMENTS

Ⅳ. 東アジア地域平和外交(6-1)

「(財)百済文化祭推進委員会 (諮問委員)」
委嘱状　2007.5

委　嘱　状

忠清南道
國際通商課　洪萬杓

貴下를『財團法人 百濟文化祭推進委員會』諮問委員으로 委嘱합니다.

2007年　5月　1日

財團法人 百濟文化祭推進委員會執行委員長

「奈良県まほろば大使」
委嘱状　2008.6

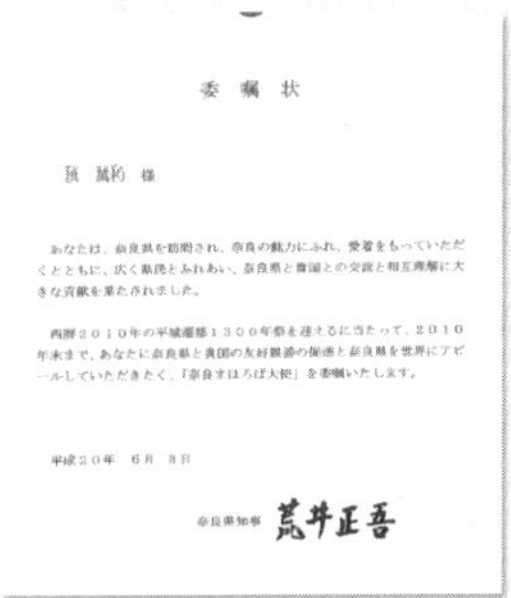

委 嘱 状

洪萬杓 様

あなたは、奈良県を訪問され、奈良の魅力にふれ、愛着をもっていただくとともに、広く県民とふれあい、奈良県と貴国との交流と相互理解に大きな貢献を果たされました。

西暦２０１０年の平城遷都１３００年祭を迎えるに当たって、２０１０年末まで、あなたに奈良県と貴国の友好親善の推進と奈良県を世界にアピールしていただきたく、「奈良まほろば大使」を委嘱いたします。

平成２０年　６月　８日

奈良県知事　荒井正吾

충청남도

ACTIVITIES & ACHIEVEMENTS

Ⅳ. 東アジア地域平和外交(6-2)

「静岡県ふじのくに親善大使」
委嘱状　2012.11

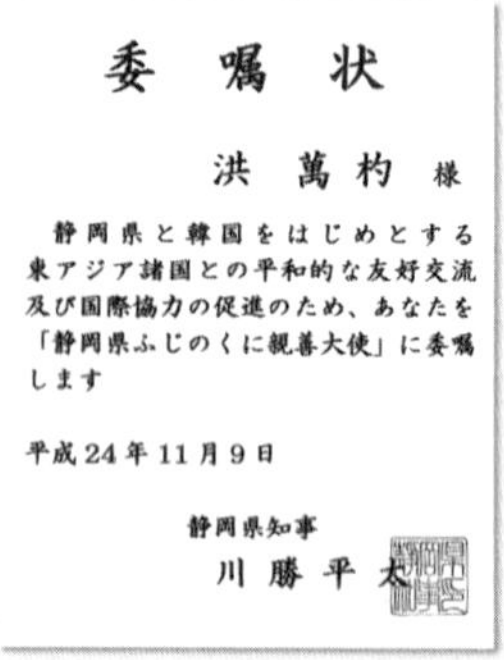

委嘱状

洪萬杓 様

静岡県と韓国をはじめとする東アジア諸国との平和的な友好交流及び国際協力の促進のため、あなたを「静岡県ふじのくに親善大使」に委嘱します

平成24年11月9日

静岡県知事
川勝平太

「東京赤坂ロータリークラブ」
感謝状　2012.4

感謝状

洪萬杓殿

貴殿は忠清南道 國際専門Team Team長として日頃から日韓両国の産業交流の増進にご尽力されており また東京赤坂ロータリークラブと韓国との交流にも多大なるご協力をいただきました
本日ここに当クラブへの貢献に対しまして深く感謝の意を表します

平成二十四年四月十三日

東京赤坂ロータリークラブ
会長 高須康有

ACTIVITIES & ACHIEVEMENTS

Ⅳ. 東アジア地域平和外交(7)

申珏秀駐日韓国大使 (2012.12.1)

「韓国は戦後の日本、日本は戦前の韓国学んで」

日韓市民交流の未来

駐日韓国大使 申珏秀さん

寄稿(東アジア文化共同体の断想)
2011.7

충청투데이

기고

동아시아 문화공동체 단상

DIFFERNCE

Ⅰ.東アジアの平和を最優先する人的信頼ネットワーク

→ 商業的現実感覚

Ⅱ.幅広い学識、豊富な経験による問題解決能力

→書生（ソンビ：士）的問題意識

Ⅲ.情熱と確信 →「行政は行動の行」

Ⅳ.常に納税者の立場から考える「生活行政」
と洗練された地域外交

충청남도
Chungcheongnam-do

洪博士のヴィジョンと洪萬杓活用法

Ⅰ. 洪博士のヴィジョン

- 新しいゲマインシャフト社会から「新たなアジア的価値」を希求
- 「政治は私たちの意識を支配するが、文化は私たちの無意識を左右する」

Ⅱ. 洪萬杓活用

- 東アジアの民間団体、学会、公共機関などの人的ネットワークを提供
  →フォローアップ(follow up) を前提にコーディネーター及びマネージメント
- 地域間「生活行政」コンサルティング:365日24時間行動を基本とする使命感

충청남도
Chungcheongnam-do

参考資料(1)　関西地区ふじのくに交流会　2013.2.5
ふじのくに交流会
"静岡と関西から東アジアの隣人を考える"
～百済と飛鳥、そして交流～
"静岡と関西から東アジアの隣人を考える"
～百済と飛鳥、そして交流～
충청남도

参考資料(2)　日本列島行脚、出入国に関する事実証明
札幌雪祭り開会式
CERTIFICATE OF THE ENTRY & EXIT
アスペン研究所　41期
충청남도

映像(1)　荒井正吾奈良県知事 洪萬杓を語る (2013.1)

・洪萬杓さんの事についてお話したいと思います。

・洪萬杓さんは、忠清南道のお役人ですけれども、実は奈良県の職員の様に働いていただいています。
・奈良県と忠清南道は昔の百済と奈良王朝という関係が歴史上あります。
・それは1400年前から1300年前の間のことですけれども、百済の文化が伝わった跡が奈良には色濃く残っています。

・その様なことで奈良県では、百済との関係、忠清南道との関係を発展させたいと思っていますし、また、百済から頂いた昔の文明を生かして感謝をして、東アジアのこれからの発展に、繋げたいという活動をしています。
・その中で洪萬杓さんは、奈良県のためにも、百済の忠清南道のためにも、また、東アジアのためにも大きな活躍をしていただいています。
・その活躍が、ひとつの道の職員の範囲を超える大きなものであります。

・たとえば、東アジアの政府会合を奈良はしていますけれども、60以上の東アジアの地方政府が集まって勉強をするという会合ですが、洪さんはその中でも大きな役割を果たしていただいています。
・また、日本の地方政府の間でも、洪さんの活躍は著しいものがあります。
・例えば、静岡県知事と私は、大変仲がいいのですけれども、静岡県知事と奈良県知事と、また、洪さんと一緒に韓国と日本の今後の事を考える大きな事業の中心人物になっていただいています。

・それと、忠清南道のいろんな人脈の立派な方がおられますが、それらの方と日本の政界、官界の橋渡しをする役目をしていただいている。
・これも、洪さんの知識と見識と語学の能力、それと、お人柄によるものだと思っています。

・これからは、忠清南道だけのためだけでなく、東アジアの大きなネットワーク形成に活躍されることを期待している次第です。

충청남도

民際——知と文化

発行日　二〇一三年九月一〇日
企　画　NPO法人 東アジア隣人ネットワーク
監　修　上田正昭
編　者　洪　萬　杓
発行者　加曽利達孝
発行所　鼎　書　房
〒132-0031　東京都江戸川区松島二-一七-二
TEL・FAX　〇三-三六五四-一〇六四
http://www.kanae-shobo.com
印刷所　太平印刷社
製本所　エイワ

ISBN978-4-907282-05-9　C0020